来华留学生本科汉语言专业课程教学大纲

（一、二年级）

主　　编：张　浩

编委会成员：弓月亭　朱　彤　唐　伶　韩立冬

臧　青　金海月　李建成

来华留学生本科
汉语言专业课程教学大纲

（一、二年级）

张浩　主编

北京语言大学出版社
BEIJING LANGUAGE AND CULTURE
UNIVERSITY PRESS

© 2024 北京语言大学出版社，社图号 23258

图书在版编目（CIP）数据

来华留学生本科汉语言专业课程教学大纲. 一、二年

级 / 张浩主编. -- 北京：北京语言大学出版社，

2024.1

ISBN 978-7-5619-6473-6

Ⅰ．①来… Ⅱ．①张… Ⅲ．①汉语－语言学－高等学

校－教学大纲 Ⅳ．①H19-41

中国国家版本馆 CIP 数据核字 (2023) 第 236729 号

来华留学生本科汉语言专业课程教学大纲（一、二年级）

LAIHUA LIUXUESHENG BENKE HANYUYAN ZHUANYE KECHENG JIAOXUE DAGANG (YI, ER NIANJI)

排版制作：北京青侣文化创意设计有限公司
责任印制：周 燚

出版发行：北京语言大学出版社
社　　址：北京市海淀区学院路 15 号，100083
网　　址：www.blcup.com
电子信箱：service@blcup.com
电　　话：编辑部　　8610-82303647/3592/3395
　　　　　国内发行　8610-82303650/3591/3648
　　　　　海外发行　8610-82303365/3080/3668
　　　　　北语书店　8610-82303653
　　　　　网购咨询　8610-82303908
印　　刷：北京富资园科技发展有限公司

版　　次：2024 年 1 月第 1 版　　　印　　次：2024 年 1 月第 1 次印刷
开　　本：880 毫米 × 1230 毫米　1/16　　印　　张：25.5
字　　数：542 千字
定　　价：98.00 元

PRINTED IN CHINA

凡有印装质量问题，本社负责调换。售后QQ号1367565611，电话010-82303590

前　言

　　北京语言大学国际中文学院（原汉语学院，2023年更名为国际中文学院）的来华留学生本科汉语言专业是中国最早面向来华留学生开设的本科学历教育专业。自1978年正式开始招生以来，教学规模不断扩大，课程体系逐步完善，至今已经累计为170多个国家和地区培养了7000余名汉语人才。国际中文学院拥有一支教学经验丰富、科研能力突出的教学团队，曾经荣获"国家级优秀教学团队"和"北京市优秀教学团队"称号。2019年，汉语学院的汉语言（来华留学生）专业入选国家级一流本科专业和北京高校"重点建设一流专业"。

　　40多年来，为了适应学科发展的新趋势和来华留学生特点的新变化，国际中文学院始终在探索如何在原有的汉语教学的优势下拓展专业设置，进行课程体系建设，每年对2—3门核心课程完成重点建设和升级改造工程，每学期有计划地开设4—6门新课和实验课，逐项打造精品课程，使培养出来的留学生更加适应国际市场的新需求。在管理方面，学院逐步形成了严格的管理制度，为人才培养提供了有力的保障，包括学分制管理制度、入学标准制度、升级制度、网上选课制度、考试制度、网上教学评估制度、网上选择论文指导教师制度、毕业标准制度等。

　　国际中文学院在人才培养目标方面不断深化发展，从最初单一的语言技能目标逐步拓宽为语言技能目标加专业知识结构目标。在人才培养层次方面，由单一的本科教育发展为从学士到博士的完整学历教育体系。与此同时，在留学生人才培养定位中学院逐步明确要培养具有国际视野的世界公民：在思想上，培养留学生的国际意识，增进不同民族、不同文化的相互理解，使其能够深刻理解多元文化，能够在国际文化交流中充分沟通思想，能够从国际社会和全人类的广阔视野出发认识事物；在能力上，培养留学生在未来工作中需要具备的知识和技能，使其具有较强的国际竞争力和创新能力，能够适应国际社会的工作和生活环境。

　　为了更好地适应学科发展的新趋势、国际人才市场的新需求和来华留学生特点的新变化，国际中文学院正在进行培养模式、教学内容和教学管理体制的深化改革，特别是基于国外基础教育阶段对汉语教育人才的需求，学院强化了与国外高校的合作培养机制，推进"1+2+1""1+3""2+2""2.5+2"等多种与国外知名大学及企业协作的模式，拓宽了学生在海外就业的渠道。学院将更有针对性地研究制订专业发展计划，加强各个专业方向的求异性设计，在不断完善人才培养方案的同时，更加突出各个方向人才培养的特色，在巩固传统优势专业的同时，增设相近或相关专业，拓宽选修课的范围，以扩展学生的视野，满足学生个性化发展的需求，突出课程体系宽口径、厚基础的特色，设计出与世界主要生源国社会发展和外语教育人才需求相适应的更加全面的人才培养方案和专业课程体系。

经过 40 多年在教育教学改革方面的不懈努力，国际中文学院逐步形成了"汉语＋方向""汉语＋外语"等不同的教学模式，汉语言本科专业陆续发展出汉语言、经贸汉语、汉英双语、汉日双语、日韩翻译、韩汉翻译和汉语教学等方向，从而构建起以语言教育为重心的优势突出、特色鲜明的本科教育格局及专业教学课程体系，其教学规模之庞大、专业结构之合理、教学质量之优秀、教学管理之科学，均居全国高校同类专业之首。

40 多年来，从事来华留学生汉语言专业教学的教师们积累了丰富的教学经验，先后形成了一大批有指导意义的教学资源。这部《来华留学生本科汉语言专业课程教学大纲》是国际中文学院的教师在多年的教学实践中积累下来的经验总结，是学科建设的宝贵财富，希望可以为高校来华留学生汉语言专业课程教学提供参考和借鉴。我们深知，这部大纲还远远不够成熟，需要根据今后的教学实践和科研的最新成果不断进行增删和修订。

本大纲受北京市重点建设一流专业（来华留学生汉语言专业）项目资助，是该项目的基础研究成果之一。在大纲即将出版之际，我们谨向支持这一工作并提出修改意见的各位专家表示诚挚的谢意！

张浩

2023 年 1 月 11 日

目　录

一年级课程教学大纲

二年级课程教学大纲

一年级课程教学大纲

第一章　初级汉语综合课程教学大纲

一、课程概览

课程中文名称	初级汉语综合			
课程英文名称	Elementary Chinese Comprehensive Course			
课程学分	18	课程总学时数	288 学时（理论教学 252 学时，实践教学 36 学时）	
课程类别	专业课	课程性质	必修	课程形态 线上／线下／线上线下混合
考核方式	考试			
开课学部（学院）	国际中文学院	授课对象	本科留学生	
面向专业（方向）	所有专业（方向）	开课学期	一年级上、下	
大纲编写人	魏新红、彭锦维、刘畅、闻亭、孙文访、刘敬华、郑海燕、董政、高红、张浩、李金莲、全军、高扬、陈克禄	审核人	高扬	
课程简介	初级汉语综合课是本科留学生在一年级学习阶段的必修课。本课程以语言知识（语音、语法、词汇、汉字）的讲解与操练为基础，以听、说、读、写四项语言技能训练为手段，以培养交际能力为目标，语言知识训练与语言技能训练相互结合，同步进行。本课程要求学生基本掌握现代汉语语音和语法的基础知识，并学会比较准确地运用汉语进行书面表达和口语表达。在教学方法上，本课程突出精讲多练的实践性原则，教师充分利用课堂时间对学生的语言技能进行训练，促进学生语言要素、语言技能、句法语义语用知识的共同发展，提高跨文化交际能力。			

二、课程目标

项目	具体内容
课程总目标	使学生在初级阶段学习汉语语言知识、培养语言技能的同时，强化学习动机，制订有效的学习策略，提高自主学习与合作学习的能力，最终提高语言综合运用能力，拓宽国际视野，为中级阶段的学习奠定基础。
价值塑造目标	1.使学生具有坚定的理想信念、崇高的思想品格、优良的道德品质，建立积极健康的生活观、正确的价值观。 2.引导学生学会尊重文化差异，能够深入理解中国人"崇尚和谐，以求大同"的传统精神。
知识传授目标	1.让学生掌握汉语初级阶段的语音、词汇、语法、汉字知识。 2.让学生掌握汉语初级阶段的文化知识和跨文化交际知识。
能力培养目标	1.帮助学生提高听、说、读、写等语言综合运用能力。 2.帮助学生提高文化理解能力和跨文化交际能力。 3.帮助学生制订有效的学习策略。

三、各课教学内容和学时分配

上学期：

《尔雅中文：初级汉语综合教程》（上）

第一课　很高兴认识您

教学目标

1.掌握本课词语和语法，流利地朗读课文并能复述及表演。

2.运用本课所学句型进行自我介绍、与人相识，并能走出课堂完成交际任务。

3.了解与本课内容有关的语音、词汇、汉字、文化方面的知识，并进行有针对性的学习和练习。

教学内容

1.话题：介绍、相识。

2.词语36个：词语一14个、词语二17个、专有名词5个。

3.重点词语11个：先、一下、以后、商量、教（jiāo）、有意思、特别、对了、自己、比如、什么的。

4.重点句：

（1）谁先介绍一下？

（2）你叫什么名字?

（3）你是哪国人?

（4）你多大?

（5）对了，我忘了介绍自己，我叫山口爱子。

5. 语法：

（1）句式总结 1——动词谓语句、名词谓语句、形容词谓语句。

（2）疑问句总结 1——特指问句：①用疑问代词表示疑问；②（有＋）多＋Adj。

6. 课文 2 篇:《很高兴认识您》课文一、课文二。

7. 实践活动：

语音练习	j、q、x
词汇积累	国家和语言
汉字认知	汉字的笔画和笔顺
交际任务	走出课堂，去询问中国人的姓名，并了解他们姓名的含义
文化阅读	中国人的姓名

教学重点

1. 重点词语 11 个：先、一下、以后、商量、教（jiāo）、有意思、特别、对了、自己、比如、什么的。

2. 重点句：

（1）谁先介绍一下?

（2）你叫什么名字?

（3）你是哪国人?

（4）你多大?

（5）对了，我忘了介绍自己，我叫山口爱子。

教学难点

语法：

（1）句式总结 1——动词谓语句、名词谓语句、形容词谓语句。

（2）疑问句总结 1——特指问句：①用疑问代词表示疑问；②（有＋）多＋Adj。

学时分配

6 学时

第二课 这是我朋友

教学目标

1. 掌握本课词语和语法，流利地朗读课文并能复述及表演。

2. 运用本课所学句型介绍朋友、跟人打招呼，并能走出课堂完成交际任务。

3. 了解与本课内容有关的语音、词汇、汉字、文化方面的知识，并进行有针对性的学习和练习。

教学内容

1. 话题：介绍、打招呼。

2. 词语33个：词语一13个、词语二18个、专有名词2个。

3. 重点词语11个：来、比较、打招呼、方法、以前、只、常、好、最近、等、试。

4. 重点句：

（1）我来介绍一下。

（2）你也在北语学习汉语吗?

（3）我们去超市，你去不去?

（4）他们告诉我许多打招呼的方法。

（5）上课去?

5. 语法：

（1）句式总结2——连动句、双宾语句。

（2）疑问句总结2——是非问句、正反疑问句、陈述疑问句。

6. 课文2篇：《这是我朋友》课文一、课文二。

7. 实践活动：

语音练习　　j—zh、q—ch、x—sh

词汇积累　　亲属称谓

汉字认知　　繁体字和简体字

交际任务　　走出课堂，去了解中国人怎么跟人打招呼

文化阅读　　中国人的称谓

教学重点

1. 重点词语11个：来、比较、打招呼、方法、以前、只、常、好、最近、等、试。

2. 重点句：

（1）我来介绍一下。

（2）你也在北语学习汉语吗?

（3）我们去超市，你去不去?

（4）他们告诉我许多打招呼的方法。

（5）上课去？

教学难点

语法：

（1）句式总结 2——连动句、双宾语句。

（2）疑问句总结 2——是非问句、正反疑问句、陈述疑问句。

学时分配

6 学时

第三课　去邮局怎么走

教学目标

1. 掌握本课词语和语法，流利地朗读课文并能复述及表演。

2. 运用本课所学句型问路、给人指路，并能走出课堂完成交际任务。

3. 了解与本课内容有关的语音、词汇、汉字、文化方面的知识，并进行有针对性的学习和练习。

教学内容

1. 话题：问路、指路。

2. 词语 30 个：词语一 14 个、词语二 16 个。

3. 重点词语 9 个：附近、拐、打算、正好、然后、一直、大概、方便、带。

4. 重点句：

（1）去邮局怎么走？

（2）从学校东门出去往右拐。

（3）邮局就在超市旁边。

（4）我正好要去邮局买邮票。

（5）一直往前走，大概三四百米。

5. 语法：

（1）介词总结——"从""离""往"。

（2）概数的表达。

（3）存在的表达总结——"在""有""是"。

6. 课文 2 篇：《去邮局怎么走》课文一、课文二。

7. 实践活动：

语音练习　　z—zh、c—ch、s—sh

词汇积累　　常见处所及功能

汉字认知　　　独体字

交际任务　　　走出课堂，让学生练习如何问路并记录路线

文化阅读　　　汉语方位词

教学重点

1.重点词语9个：附近、拐、打算、正好、然后、一直、大概、方便、带。

2.重点句：

（1）去邮局怎么走？

（2）从学校东门出去往右拐。

（3）邮局就在超市旁边。

（4）我正好要去邮局买邮票。

（5）一直往前走，大概三四百米。

教学难点

语法：

（1）介词总结——"从""离""往"。

（2）概数的表达。

（3）存在的表达总结——"在""有""是"。

学时分配

6学时

第四课　你想吃中餐还是西餐

教学目标

1.掌握本课词语和语法，流利地朗读课文并能复述及表演。

2.运用本课所学句型点菜、介绍自己的生活习惯，并能走出课堂完成交际任务。

3.了解与本课内容有关的语音、词汇、汉字、文化方面的知识，并进行有针对性的学习和练习。

教学内容

1.话题：点菜、每日生活。

2.词语38个：词语一19个、词语二17个、补充词语2个。

3.重点词语8个：挺、不错、请客、平时、好好儿、又……又……、有时候、聊天儿。

4.重点句：

（1）我喜欢吃西红柿炒鸡蛋，你呢？

（2）来两碗米饭吧。

（3）你想吃中餐还是西餐？

（4）食堂的饭菜又好吃又便宜。

（5）我有时候上网跟朋友聊聊天儿。

5. 语法：疑问句总结3——省略问句、选择问句。

6. 课文2篇：《你想吃中餐还是西餐》课文一、课文二。

7. 实践活动：

语音练习	f、h
词汇积累	餐具
汉字认知	合体字
交际任务	走出课堂，调查留学生和中国学生的生活习惯并进行对比
文化阅读	中国菜

教学重点

1. 重点词语8个：挺、不错、请客、平时、好好儿、又……又……、有时候、聊天儿。

2. 重点句：

（1）我喜欢吃西红柿炒鸡蛋，你呢？

（2）来两碗米饭吧。

（3）你想吃中餐还是西餐？

（4）食堂的饭菜又好吃又便宜。

（5）我有时候上网跟朋友聊聊天儿。

教学难点

语法：疑问句总结3——省略问句、选择问句。

学时分配

6学时

第五课　我们正在包饺子

教学目标

1. 掌握本课词语和语法，流利地朗读课文并能复述及表演。

2. 运用本课所学句型发出邀约、模拟待客与做客的场景，并能走出课堂完成交际任务。

3. 了解与本课内容有关的语音、词汇、汉字、文化方面的知识，并进行有针对性的学习和练习。

教学内容

1. 话题：邀请、做客。

2. 词语 34 个：词语一 18 个、词语二 15 个、专有名词 1 个。

3. 重点词语 9 个：空儿；发；（一）点儿；客气；对；一边……，一边……；习惯；一般；之一。

4. 重点句：

（1）你在做什么呢？

（2）我们正在包饺子。

（3）欧阳兰的父母对他们很热情。

（4）大家一边聊天儿，一边吃饺子。

（5）中秋节是中国重要的传统节日之一。

5. 语法：

（1）动作的进行——"在""正""正在"。

（2）情态补语。

6. 课文 2 篇：《我们正在包饺子》课文一、课文二。

7. 实践活动：

语音练习　　r、l

词汇积累　　通信方式

汉字认知　　食字旁（饣）的汉字

交际任务　　走出课堂，去了解中国有哪些重要节日，在这些节日里，一般要吃什么食物，有哪些风俗习惯

文化阅读　　中国的节日

教学重点

1. 重点词语 9 个：空儿；发；（一）点儿；客气；对；一边……，一边……；习惯；一般；之一。

2. 重点句：

（1）你在做什么呢？

（2）我们正在包饺子。

（3）欧阳兰的父母对他们很热情。

（4）大家一边聊天儿，一边吃饺子。

（5）中秋节是中国重要的传统节日之一。

教学难点

语法：

（1）动作的进行——"在""正""正在"。

（2）情态补语。

学时分配

6学时

第六课　昨天你做什么了

教学目标

1.掌握本课词语和语法，流利地朗读课文并能复述及表演。

2.运用本课所学句型描述课外生活，并能走出课堂完成交际任务。

3.了解与本课内容有关的语音、词汇、汉字、文化方面的知识，并进行有针对性的学习和练习。

教学内容

1.话题：课外生活。

2.词语34个：词语一17个、词语二13个、专有名词4个。

3.重点词语9个：没错儿、原来、都、陪、约、一样、差不多、有的、利用。

4.重点句：

（1）昨天下午你去美术馆了没有？

（2）你不是说昨天要去美术馆吗？

（3）你们都去哪儿玩儿了？

（4）昨天你做什么了？

（5）我去动物园看熊猫了。

5.语法：

（1）动作的完成1——语气助词"了"。

（2）反问句1——不是……吗。

6.课文2篇：《昨天你做什么了》课文一、课文二。

7.实践活动：

语音练习　　i、u、ü

词汇积累　　常见动物及量词

汉字认知　　单人旁（亻）的汉字

交际任务　　走出课堂，去了解同学和中国老师的周末生活

文化阅读　　中国茶

教学重点

1.重点词语9个：没错儿、原来、都、陪、约、一样、差不多、有的、利用。

2. 重点句：

（1）昨天下午你去美术馆了没有？

（2）你不是说昨天要去美术馆吗？

（3）你们都去哪儿玩儿了？

（4）昨天你做什么了？

（5）我去动物园看熊猫了。

教学难点

语法：

（1）动作的完成 1——语气助词"了"。

（2）反问句 1——不是……吗。

学时分配

6 学时

第七课　你能帮我买杯咖啡吗

教学目标

1. 掌握本课词语和语法，流利地朗读课文并能复述及表演。

2. 运用本课所学句型描述学习生活，并能走出课堂完成交际任务。

3. 了解与本课内容有关的语音、词汇、汉字、文化方面的知识，并进行有针对性的学习和练习。

教学内容

1. 话题：谈学习。

2. 词语 35 个：词语一 16 个、词语二 19 个。

3. 重点词语 10 个：别、帮、别的、马上、遍、该……了、不过、还是、担心、一定。

4. 重点句：

（1）有的词语我还不会写呢。

（2）一会儿该上课了。

（3）今天我很早就去教室了，想在上课前多写几遍词语。

（4）昨天晚上真应该多练练。

（5）今天晚上一定要好好儿复习。

5. 语法：

（1）能愿动词——"得"和"应该"。

（2）"就"和"才"。

6. 课文 2 篇：《你能帮我买杯咖啡吗》课文一、课文二。

7. 实践活动：

语音练习　　an—ang、en—eng、in—ing

词汇积累　　常见办公用品及功能

汉字认知　　口字旁（口）的汉字

交际任务　　了解本班同学吃早餐的情况

文化阅读　　中国的辞书

教学重点

1. 重点词语 10 个：别、帮、别的、马上、遍、该……了、不过、还是、担心、一定。

2. 重点句：

（1）有的词语我还不会写呢。

（2）一会儿该上课了。

（3）今天我很早就去教室了，想在上课前多写几遍词语。

（4）昨天晚上真应该多练练。

（5）今天晚上一定要好好儿复习。

教学难点

语法：

（1）能愿动词——"得"和"应该"。

（2）"就"和"才"。

学时分配

6 学时

第八课　大夫给我开了一些药

教学目标

1. 掌握本课词语和语法，流利地朗读课文并能复述及表演。

2. 运用本课所学句型描述看病过程，并能走出课堂完成交际任务。

3. 了解与本课内容有关的语音、词汇、汉字、文化方面的知识，并进行有针对性的学习和练习。

教学内容

1. 话题：看病。

2. 词语 30 个：词语一 18 个、词语二 12 个。

3. 重点词语 7 个：舒服、就、发烧、怕、结果、容易、注意。

4. 重点句：

（1）我就吃了一碗海鲜面。

（2）这药不错，吃了就会好。

（3）我昨天吃了一碗海鲜面，结果晚上拉肚子了。

（4）大夫给我开了一些药。

（5）一些留学生因为不太习惯中国的气候和饮食，很容易感冒、拉肚子或者过敏。

5. 语法：

（1）句式总结3——主谓谓语句、兼语句。

（2）动作的完成2——动态助词"了"。

（3）"还是"和"或者"。

6. 课文2篇:《大夫给我开了一些药》课文一、课文二。

7. 实践活动：

语音练习	b—p、d—t、g—k
词汇积累	五种味道及代表食物
汉字认知	病字旁（疒）的汉字
交际任务	走出课堂，去了解医院里有哪些科室，这些科室可以看哪些常见病
文化阅读	中医与中药

教学重点

1. 重点词语7个：舒服、就、发烧、怕、结果、容易、注意。

2. 重点句：

（1）我就吃了一碗海鲜面。

（2）这药不错，吃了就会好。

（3）我昨天吃了一碗海鲜面，结果晚上拉肚子了。

（4）大夫给我开了一些药。

（5）一些留学生因为不太习惯中国的气候和饮食，很容易感冒、拉肚子或者过敏。

教学难点

语法：

（1）句式总结3——主谓谓语句、兼语句。

（2）动作的完成2——动态助词"了"。

（3）"还是"和"或者"。

学时分配

6学时

第九课　那件比这件便宜两百块

教学目标

1. 掌握本课词语和语法，流利地朗读课文并能复述及表演。

2. 运用本课所学句型描述购物经历，并能走出课堂完成交际任务。

3. 了解与本课内容有关的语音、词汇、汉字、文化方面的知识，并进行有针对性的学习和练习。

教学内容

1. 话题：购物。

2. 词语 33 个：词语一 15 个、词语二 17 个、专有名词 1 个。

3. 重点词语 7 个：款；打折；……是……，就是……；还是；更；不如；这么。

4. 重点句：

（1）那件花的比这件紫的便宜两百块。

（2）我觉得那件没有这件漂亮。

（3）这件紫的漂亮是漂亮，就是太贵了。

（4）还是这件更好。

（5）我们那儿旗袍的颜色和样子都没有北京的多。

5. 语法：比较的表达。

6. 课文两篇：《那件比这件便宜两百块》课文一、课文二。

7. 实践活动：

语音练习	uo—ou
词汇积累	颜色与形状
汉字认知	双耳旁（阝）的汉字
交际任务	了解附近超市里商品的价格，与自己国家的物价进行比较
文化阅读	旗袍

教学重点

1. 重点词语 7 个：款；打折；……是……，就是……；还是；更；不如；这么。

2. 重点句：

（1）那件花的比这件紫的便宜两百块。

（2）我觉得那件没有这件漂亮。

（3）这件紫的漂亮是漂亮，就是太贵了。

（4）还是这件更好。

（5）我们那儿旗袍的颜色和样子都没有北京的多。

教学难点

语法：比较的表达。

学时分配

6 学时

第十课　我每周六学一个小时武术

教学目标

1. 掌握本课词语和语法，流利地朗读课文并能复述及表演。

2. 运用本课所学句型谈论自己的周末生活，并能走出课堂完成交际任务。

3. 了解与本课内容有关的语音、词汇、汉字、文化方面的知识，并进行有针对性的学习和练习。

教学内容

1. 话题：周末生活。

2. 词语 30 个：词语一 14 个、词语二 16 个。

3. 重点词语 10 个：迟到、看来、工作、怎么说呢、记得、不同、年轻、参加、场、希望。

4. 重点句：

（1）我原来也常睡懒觉。

（2）看来你工作很忙。

（3）我每周六学一个小时武术。

（4）你学武术学了多长时间了？

（5）不同年龄的人有不同的特点。

5. 语法：

（1）时量补语。

（2）离合词。

6. 课文 2 篇：《我每周六学一个小时武术》课文一、课文二。

7. 实践活动：

　　语音练习　　轻声

　　词汇积累　　体育与文艺

　　汉字认知　　足字旁（𧾷）的汉字、走之旁（辶）的汉字

　　交际任务　　走出课堂，去了解其他人的周末生活

　　文化阅读　　中国武术

教学重点

1. 重点词语 10 个：迟到、看来、工作、怎么说呢、记得、不同、年轻、参加、场、希望。

2. 重点句：

（1）我原来也常睡懒觉。

（2）看来你工作很忙。

（3）我每周六学一个小时武术。

（4）你学武术学了多长时间了？

（5）不同年龄的人有不同的特点。

教学难点

语法：

（1）时量补语。

（2）离合词。

学时分配

6 学时

第十一课　我说汉语说得越来越好了

教学目标

1. 掌握本课词语和语法，流利地朗读课文并能复述及表演。

2. 运用本课所学句型谈论自己及其他事物的变化，并能走出课堂完成交际任务。

3. 了解与本课内容有关的语音、词汇、汉字、文化方面的知识，并进行有针对性的学习和练习。

教学内容

1. 话题：谈变化。

2. 词语 29 个：词语一 17 个、词语二 12 个。

3. 重点词语 9 个：照相、好像、刚、约会、变化、发现、越来越……、越……越……、办。

4. 重点句：

（1）秋天快要到了。

（2）你好像瘦了。

（3）时间马上就要到了。

（4）现在我说汉语说得越来越好了。

（5）中国菜我越吃越爱吃。

5. 语法：

（1）变化的表达——语气助词"了"。

（2）动作即将发生——"要……了""快……了""快要……了""就要……了"。

6. 课文 2 篇：《我说汉语说得越来越好了》课文一、课文二。

7. 实践活动：

语音练习	儿化
词汇积累	与季节相关的事物（天气、自然现象、活动）
汉字认知	火字旁（火）的汉字、四点底（灬）的汉字
交际任务	采访所在学校的 5 位留学生，请他们谈谈自己来中国以后的变化
文化阅读	中国的市制单位——里、斤

教学重点

1. 重点词语 9 个：照相、好像、刚、约会、变化、发现、越来越……、越……越……、办。

2. 重点句：

（1）秋天快要到了。

（2）你好像瘦了。

（3）时间马上就要到了。

（4）现在我说汉语说得越来越好了。

（5）中国菜我越吃越爱吃。

教学难点

语法：

（1）变化的表达——语气助词"了"。

（2）动作即将发生——"要……了""快……了""快要……了""就要……了"。

学时分配

6 学时

第十二课　我想在学校外面租套房子

教学目标

1. 掌握本课词语和语法，流利地朗读课文并能复述及表演。

2. 运用本课所学句型模拟在中介公司租房的场景，并能走出课堂完成交际任务。

3. 了解与本课内容有关的语音、词汇、汉字、文化方面的知识，并进行有针对性的学习和练习。

教学内容

1. 话题：租房子。

2. 词语 29 个：词语一 14 个、词语二 15 个。

3. 重点词语 7 个：租、要求、当然、越、外面、面积、交通。

4. 重点句:

（1）你想租多大的房子?

（2）要是租的时间长，租金应该还可以商量。

（3）要是他有时间的话，我们马上就可以去一趟。

（4）这套房子虽然离学校有点儿远，但是交通比较方便。

（5）不但房子很好，而且房东也很有意思。

5. 语法:

（1）不但……，而且……

（2）因为……，所以……

（3）要是……（的话），……

（4）虽然……，但是……

6. 课文 2 篇:《我想在学校外面租套房子》课文一、课文二。

7. 实践活动:

语音练习	"一""不"的变调
词汇积累	家具与电器
汉字认知	宝盖头（宀）的汉字
交际任务	请到一家中介公司去看看，了解学校附近的房租情况，要求询问三套以上不同大小的房子
文化阅读	北京的胡同儿和四合院

教学重点

1. 重点词语 7 个:租、要求、当然、趟、外面、面积、交通。

2. 重点句:

（1）你想租多大的房子?

（2）要是租的时间长，租金应该还可以商量。

（3）要是他有时间的话，我们马上就可以去一趟。

（4）这套房子虽然离学校有点儿远，但是交通比较方便。

（5）不但房子很好，而且房东也很有意思。

教学难点

语法:

（1）不但……，而且……

（2）因为……，所以……

（3）要是……（的话），……

（4）虽然……，但是……

学时分配

6学时

第十三课　我记错时间了

教学目标

1. 掌握本课词语和语法，流利地朗读课文并能复述及表演。

2. 运用本课所学句型谈论接人时的时间安排，并能走出课堂完成交际任务。

3. 了解与本课内容有关的语音、词汇、汉字、文化方面的知识，并进行有针对性的学习和练习。

教学内容

1. 话题：接人。

2. 词语31个：词语一20个、词语二11个。

3. 重点词语9个：都……了；着急；晚点；不是……，而是……；总是；放心；明白；顺利；准时。

4. 重点句：

（1）我还没说完呢，不是早上，而是晚上。

（2）我记错时间了，记成早上八点了。

（3）放心，我这次记住了。

（4）我们等了一个多小时也没等到。

（5）希望他这次能记住时间。

5. 语法：结果补语。

6. 课文2篇：《我记错时间了》课文一、课文二。

7. 实践活动：

语音练习　　综合语音练习及诗歌朗读——《一去二三里》

词汇积累　　心理动词及情绪表达动词

汉字认知　　日字旁（日）的汉字、日字头（日）的汉字

交际任务　　问问你的朋友，他们有没有记错过时间、地方或者什么事情，结果如何，至少写出三件

文化阅读　　迎来送往

教学重点

1. 重点词语9个：都……了；着急；晚点；不是……，而是……；总是；放心；明白；顺利；准时。

2. 重点句：

（1）我还没说完呢，不是早上，而是晚上。

（2）我记错时间了，记成早上八点了。

（3）放心，我这次记住了。

（4）我们等了一个多小时也没等到。

（5）希望他这次能记住时间。

教学难点

语法：结果补语。

学时分配

6 学时

第十四课　你当过导游吗

教学目标

1. 掌握本课词语和语法，流利地朗读课文并能复述及表演。

2. 运用本课所学句型和词语谈论自己旅游和打工的经历，并能走出课堂完成交际任务。

3. 了解与本课内容有关的语音、词汇、汉字、文化方面的知识，并进行有针对性的学习和练习。

教学内容

1. 话题：谈经历。

2. 词语 34 个：词语一 13 个、词语二 17 个、专有名词 4 个。

3. 重点词语 8 个：像……什么的、时、选择、合适、经历、大多、参观、职业。

4. 重点句：

（1）我以前来过一次中国。

（2）这是我第一次来北京。

（3）你去过北京的哪些地方？

（4）来北京以后，我去过很多地方，像长城、故宫什么的。

（5）我简单地介绍了一下自己的工作经历。

5. 语法：

（1）过去的经验或经历——动态助词"过"。

（2）状语与结构助词"地"。

6. 课文 2 篇：《你当过导游吗》课文一、课文二。

7. 实践活动：

语音练习　　综合语音练习及诗歌朗读——《锄禾》

词汇积累　　职业及工作地

汉字认知　　言字旁（讠）的汉字

交际任务　　了解五位同学或中国朋友的旅游经历并填写表格

文化阅读　　北京的名胜古迹

教学重点

1. 重点词语 8 个：像……什么的、时、选择、合适、经历、大多、参观、职业。

2. 重点句：

（1）我以前来过一次中国。

（2）这是我第一次来北京。

（3）你去过北京的哪些地方？

（4）来北京以后，我去过很多地方，像长城、故宫什么的。

（5）我简单地介绍了一下自己的工作经历。

教学难点

语法：

（1）过去的经验或经历——动态助词"过"。

（2）状语与结构助词"地"。

学时分配

6 学时

第十五课　　我是前天回来的

教学目标

1. 掌握本课词语和语法，流利地朗读课文并能复述及表演。

2. 运用本课所学句型进行有关强调的表达，并能介绍自己居住的城市。

3. 了解与本课内容有关的语音、词汇、汉字、文化方面的知识，并进行有针对性的学习和练习。

教学内容

1. 话题：介绍城市。

2. 词语 29 个：词语一 14 个、词语二 14 个、专有名词 1 个。

3. 重点词语 8 个：举行、开会、尝、紧张、其中、有名、全、搬。

4. 重点句：

（1）您是什么时候回来的？

（2）我是坐火车回来的。

（3）是不是飞机票不好买？

（4）我是在火车站买的。

（5）除了风景优美以外，青岛还有很多企业。

5. 语法:

    （1）强调的表达——是……的。

    （2）除了……（以外），……

6. 课文 2 篇:《我是前天回来的》课文一、课文二。

7. 实践活动:

语音练习	综合语音练习及诗歌朗读——《天净沙·秋思》
词汇积累	天气和自然现象
汉字认知	三点水（氵）的汉字
交际任务	请介绍一下你居住的城市
文化阅读	中国的交通

教学重点

1. 重点词语 8 个:举行、开会、尝、紧张、其中、有名、全、搬。

2. 重点句:

    （1）您是什么时候回来的?

    （2）我是坐火车回来的。

    （3）是不是飞机票不好买?

    （4）我是在火车站买的。

    （5）除了风景优美以外,青岛还有很多企业。

教学难点

语法:

    （1）强调的表达——是……的。

    （2）除了……（以外），……

学时分配

6 学时

第十六课　我只好走上来了

教学目标

1. 掌握本课词语和语法,流利地朗读课文并能复述及表演。

2. 运用本课所学句型描述动作的趋向,并能走出课堂完成交际任务。

3. 了解与本课内容有关的语音、词汇、汉字、文化方面的知识,并进行有针对性的学习和练习。

教学内容

1. 话题:谈坏习惯。

2. 词语30个：词语一18个、词语二12个。

3. 重点词语9个：用、修、只好、好处、改、经常、丢三落四、原来、拿。

4. 重点句：

（1）优盘我忘带回去了。

（2）电梯坏了，我只好走上来了。

（3）我经常丢三落四的。

（4）我只好跑上楼去拿我的手机。

（5）我和他一起走回学校去了。

5. 语法：

（1）简单趋向补语。

（2）复合趋向补语。

6. 课文2篇:《我只好走上来了》课文一、课文二。

7. 实践活动：

语音练习	综合语音练习及诗歌朗读——《绝句》
词汇积累	电脑及相关设备
汉字认知	金字旁（钅）的汉字
交际任务	问一问你的朋友们，他们有什么坏习惯，至少采访五位朋友
文化阅读	汉语成语

教学重点

1. 重点词语9个：用、修、只好、好处、改、经常、丢三落四、原来、拿。

2. 重点句：

（1）优盘我忘带回去了。

（2）电梯坏了，我只好走上来了。

（3）我经常丢三落四的。

（4）我只好跑上楼去拿我的手机。

（5）我和他一起走回学校去了。

教学难点

语法：

（1）简单趋向补语。

（2）复合趋向补语。

学时分配

6学时

第十七课 她穿着婚纱真漂亮

教学目标

1. 掌握本课词语和语法，流利地朗读课文并能复述及表演。

2. 运用本课所学句型描述结婚时的穿戴及如何准备婚礼，并能走出课堂完成交际任务。

3. 了解与本课内容有关的语音、词汇、汉字、文化方面的知识，并进行有针对性的学习和练习。

教学内容

1. 话题：婚礼。

2. 词语31个：词语一16个、词语二14个、专有名词1个。

3. 重点词语8个：结婚、拍照、从来、听说、热闹、换、开心、下雨。

4. 重点句：

（1）我还从来没参加过中国人的婚礼呢！

（2）最近我们正忙着订酒店呢。

（3）欧阳兰穿着婚纱真漂亮！

（4）他们拍了很多照片，还换了好几套衣服，有些是西服、婚纱，有些是中国传统服装。

（5）欧阳兰站着，李伟跪着，捧着鲜花，两个人都笑得很开心。

5. 语法：状态的持续或动作的进行——V着。

6. 课文2篇：《她穿着婚纱真漂亮》课文一、课文二。

7. 实践活动：

语音练习	综合语音练习及诗歌朗读——《关雎》
词汇积累	有关衣服的名词、动词与量词
汉字认知	绞丝旁（纟）的汉字
交际任务	了解不同国家结婚时的风俗
文化阅读	中国人的婚礼

教学重点

1. 重点词语8个：结婚、拍照、从来、听说、热闹、换、开心、下雨。

2. 重点句：

（1）我还从来没参加过中国人的婚礼呢！

（2）最近我们正忙着订酒店呢。

（3）欧阳兰穿着婚纱真漂亮！

（4）他们拍了很多照片，还换了好几套衣服，有些是西服、婚纱，有些是中国传统服装。

（5）欧阳兰站着，李伟跪着，捧着鲜花，两个人都笑得很开心。

教学难点

语法：状态的持续或动作的进行——V着。

学时分配

6课时

第十八课　我把旅行箱搬到你房间了

教学目标

1. 掌握本课词语和语法，流利地朗读课文并能复述及表演。

2. 运用本课所学句型描述搬家前如何收拾东西、如何布置房间，并能走出课堂完成交际任务。

3. 了解与本课内容有关的语音、词汇、汉字、文化方面的知识，并进行有针对性的学习和练习。

教学内容

1. 话题：搬家。

2. 词语32个：词语一20个、词语二12个。

3. 重点词语10个：放、摆、贴、倒、布置、收拾、准备、装、最后、以为。

4. 重点句：

（1）我把旅行箱搬到你房间了。

（2）把"福"字贴在门上吧。

（3）你可以把房间布置成"武术世界"。

（4）先把书、杂志、光盘什么的放到纸箱子里，然后把衣服装到旅行箱里，最后把小条儿贴在箱子上。

（5）我打算把不用的东西送给朋友。

5. 语法："把"字句1。

6. 课文2篇：《我把旅行箱搬到你房间了》课文一、课文二。

7. 实践活动：

语音练习　综合语音练习及诗歌朗读——《元日》

词汇积累　"打、推、拉、提、踢、跳"及其搭配的宾语

汉字认知　提手旁（扌）的汉字、反文旁（攵）的汉字

交际任务　问问朋友过重要的节日时如何布置自己的家

文化阅读　中国的历法

教学重点

1. 重点词语10个：放、摆、贴、倒、布置、收拾、准备、装、最后、以为。

2. 重点句：

（1）我把旅行箱搬到你房间了。

（2）把"福"字贴在门上吧。

（3）你可以把房间布置成"武术世界"。

（4）先把书、杂志、光盘什么的放到纸箱子里，然后把衣服装到旅行箱里，最后把小条儿贴在箱子上。

（5）我打算把不用的东西送给朋友。

教学难点

语法："把"字句1。

学时分配

6学时

第十九课　那边走过来一个人

教学目标

1. 掌握本课词语和语法，流利地朗读课文并能复述及表演。

2. 运用本课所学句型描述自己的购物经历、介绍自己的房间，并能走出课堂完成交际任务。

3. 了解与本课内容有关的语音、词汇、汉字、文化方面的知识，并进行有针对性的学习和练习。

教学内容

1. 话题：网上购物、介绍房间。

2. 词语30个：词语一12个、词语二18个。

3. 重点词语7个：一共、检查、签字、铺、挂、空、来得及。

4. 重点句：

（1）那边走过来一个人。

（2）怀里抱着一个大箱子。

（3）床上铺着新买的床单。

（4）墙上挂着一幅中国的山水画。

（5）衣服还没来得及收拾呢。

5. 语法：存现的表达——存现句。

6. 课文2篇：《那边走过来一个人》课文一、课文二。

7. 实践活动：

语音练习　综合语音练习及诗歌朗读——《游子吟》

词汇积累　　家庭用品的名字及与之相关的数量词和动作词

汉字认知　　竹字头（⺮）的汉字

交际任务　　介绍购物经历、介绍自己的房间

文化阅读　　中国互联网的发展

教学重点

1. 重点词语 7 个：一共、检查、签字、铺、挂、空、来得及。

2. 重点句：

（1）那边走过来一个人。

（2）怀里抱着一个大箱子。

（3）床上铺着新买的床单。

（4）墙上挂着一幅中国的山水画。

（5）衣服还没来得及收拾呢。

教学难点

语法：存现的表达——存现句。

学时分配

4—6 学时

第二十课　我把桌子和椅子都摆好了

教学目标

1. 掌握本课词语和语法，流利地朗读课文并能复述及表演。

2. 运用本课所学句型模拟做客的场景、介绍某种菜的做法，并能走出课堂完成交际任务。

3. 了解与本课内容有关的语音、词汇、汉字、文化方面的知识，并进行有针对性的学习和练习。

教学内容

1. 话题：做客、做菜。

2. 词语 28 个：词语一 14 个、词语二 14 个。

3. 重点词语 9 个：打开、递、帮忙、麻烦、需要、做客、倒、炒、味道。

4. 重点句：

（1）等一会儿咱们把酒打开。

（2）我去把椅子搬过来。

（3）麻烦你把这些水果洗一下。

（4）我把桌子和椅子都摆好了。

（5）她把炒土豆丝的做法告诉了我。

5. 语法：

（1）"把"字句 2。

（2）无标志被动句。

6. 课文 2 篇：《我把桌子和椅子都摆好了》课文一、课文二。

7. 实践活动：

语音练习　　双音节练习、多音节练习、朗读诗歌

词汇积累　　菜的做法及各种调料

汉字认知　　草字头（艹）的汉字、木字旁（木）的汉字

交际任务　　了解一道中国菜的做法

文化阅读　　乔迁之喜

教学重点

1. 重点词语 9 个：打开、递、帮忙、麻烦、需要、做客、倒、炒、味道。

2. 重点句：

（1）等一会儿咱们把酒打开。

（2）我去把椅子搬过来。

（3）麻烦你把这些水果洗一下。

（4）我把桌子和椅子都摆好了。

（5）她把炒土豆丝的做法告诉了我。

教学难点

语法：

（1）"把"字句 2。

（2）无标志被动句。

学时分配

6 学时

第二十一课　我一点儿也看不出来

教学目标

1. 掌握本课词语和语法，流利地朗读课文并能复述及表演。

2. 运用本课所学句型模仿邀约、讨论演出、介绍京剧，并能走出课堂完成交际任务。

3. 了解与本课内容有关的语音、词汇、汉字、文化方面的知识，并进行有针对性的学习和练习。

教学内容

1. 话题：看京剧。

2. 词语 31 个：词语一 16 个、词语二 14 个、专有名词 1 个。

3. 重点词语 7 个：清楚、话、吵、一……也不/没……、代表、部分、倒数。

4. 重点句：

（1）我听不清楚你的话。

（2）现在还买得到票吗？

（3）演女主角的是个男演员，你看得出来看不出来？

（4）我一点儿也看不出来！

（5）大部分我都听不懂。

5. 语法：

（1）可能补语。

（2）趋向补语"出来"的引申用法。

6. 课文 2 篇：《我一点儿也看不出来》课文一、课文二。

7. 实践活动：

语音练习	双音节练习、多音节练习、朗读诗歌
词汇积累	影视与戏剧
汉字认知	竖心旁（忄）的汉字、心字底（心）的汉字
交际任务	查询最近有哪些演出，了解这些演出的时间、地点、票价等信息
文化阅读	中国的传统戏剧

教学重点

1. 重点词语 7 个：清楚、话、吵、一……也不/没……、代表、部分、倒数。

2. 重点句：

（1）我听不清楚你的话。

（2）现在还买得到票吗？

（3）演女主角的是个男演员，你看得出来看不出来？

（4）我一点儿也看不出来！

（5）大部分我都听不懂。

教学难点

语法：

（1）可能补语。

（2）趋向补语"出来"的引申用法。

学时分配

6 学时

第二十二课　我想一放假就回国

教学目标

1. 掌握本课词语和语法，流利地朗读课文并能复述及表演。

2. 运用本课所学句型谈谈旅行计划，并能走出课堂完成交际任务。

3. 了解与本课内容有关的语音、词汇、汉字、文化方面的知识，并进行有针对性的学习和练习。

教学内容

1. 话题：旅行计划。

2. 词语 36 个：词语一 13 个、词语二 17 个、专有名词 6 个。

3. 重点词语 8 个：放假、计划、一……就……、决定、连……都/也……、再说、俗话、实现。

4. 重点句：

（1）我想一放假就回国。

（2）我也想利用假期去哪儿玩儿玩儿。

（3）你没听说过吗？

（4）我已经决定回国了，连飞机票都买好了。

（5）我一直想什么时候去看看。

5. 语法：

（1）反问句 2——用"没（有）……吗"表示反问、用疑问代词表示反问。

（2）疑问代词表示虚指。

6. 课文 2 篇：《我想一放假就回国》课文一、课文二。

7. 实践活动：

语音练习	双音节练习、多音节练习、朗读诗歌
词汇积累	名山大川
汉字认知	国字框（囗）的汉字
交际任务	采访本班同学，让他们说出自己的旅行计划（包括目的地、选择此地的原因、出行方式等）

文化阅读　　　中国的行政区划

教学重点

1. 重点词语 8 个：放假、计划、一……就……、决定、连……都/也……、再说、俗话、实现。

2. 重点句：

（1）我想一放假就回国。

（2）我也想利用假期去哪儿玩儿玩儿。

（3）你没听说过吗？

（4）我已经决定回国了，连飞机票都买好了。

（5）我一直想什么时候去看看。

教学难点

语法：

（1）反问句 2——用"没（有）……吗"表示反问、用疑问代词表示反问。

（2）疑问代词表示虚指。

学时分配

6 学时

第二十三课　　他被撞倒了

教学目标

1. 掌握本课词语和语法，流利地朗读课文并能复述及表演。

2. 运用本课所学句型讨论比赛，并能走出课堂完成交际任务。

3. 了解与本课内容有关的语音、词汇、汉字、文化方面的知识，并进行有针对性的学习和练习。

教学内容

1. 话题：看比赛、谈成长经历。

2. 词语 33 个：词语一 19 个、词语二 14 个。

3. 重点词语 8 个：罚、可惜、赢、从小、成为、可……了、后来、摔。

4. 重点句：

（1）红队被罚了两张黄牌。

（2）他应该没被撞伤。

（3）他让裁判罚下去了。

（4）我从小喜欢踢足球，希望成为一个足球明星。

（5）我踢球的历史可长了！

5. 语法:"被"字句。

6. 课文 2 篇:《他被撞倒了》课文一、课文二。

7. 实践活动:

语音练习	双音节练习、多音节练习、朗读诗歌
词汇积累	体育项目
汉字认知	肉月旁(月)的汉字
交际任务	问一问你的朋友们,他们喜欢什么运动,喜欢看什么比赛,喜欢哪些球队或者运动员
文化阅读	中国的体育运动

教学重点

1. 重点词语 8 个:罚、可惜、赢、从小、成为、可……了、后来、摔。

2. 重点句:

（1）红队被罚了两张黄牌。

（2）他应该没被撞伤。

（3）他让裁判罚下去了。

（4）我从小喜欢踢足球,希望成为一个足球明星。

（5）我踢球的历史可长了!

教学难点

语法:"被"字句。

学时分配

6 学时

第二十四课　想去哪儿就去哪儿

教学目标

1. 掌握本课词语和语法,流利地朗读课文并能复述及表演。

2. 运用本课所学句型谈论"进步"这一话题,并能走出课堂完成交际任务。

3. 了解与本课内容有关的语音、词汇、汉字、文化方面的知识,并进行有针对性的学习和练习。

教学内容

1. 话题:谈进步。

2. 词语 28 个:词语一 13 个、词语二 15 个。

3. 重点词语 10 个:进步、敢、帮助、认为、感兴趣、另外、影响、尤其、毕业、有关。

4. 重点句：

（1）我刚来的时候什么也不会说。

（2）我现在想去哪儿就去哪儿。

（3）只要努力学习，就一定能学好汉语。

（4）只有对汉语感兴趣，才能学好它。

（5）我希望毕业以后，也像妈妈一样做与汉语有关的工作。

5. 语法：

（1）疑问代词活用。

（2）只要……，就……

（3）只有……，才……

6. 课文 2 篇：《想去哪儿就去哪儿》课文一、课文二。

7. 实践活动：

语音练习	双音节练习、多音节练习、朗读诗歌
词汇积累	学历与学位
汉字认知	形声字
交际任务	调查一下同学们学习汉语的难点
文化阅读	汉语的特点

教学重点

1. 重点词语 10 个：进步、敢、帮助、认为、感兴趣、另外、影响、尤其、毕业、有关。

2. 重点句：

（1）我刚来的时候什么也不会说。

（2）我现在想去哪儿就去哪儿。

（3）只要努力学习，就一定能学好汉语。

（4）只有对汉语感兴趣，才能学好它。

（5）我希望毕业以后，也像妈妈一样做与汉语有关的工作。

教学难点

语法：

（1）疑问代词活用。

（2）只要……，就……

（3）只有……，才……

学时分配

6 学时

余裕学时分配

一年级上学期学时分配情况如下：

总学时 160 ＝ 教材教学 144 ＋ 期中考试 2 ＋ 语言实践 4 ＋ 余裕学时 10

关于余裕的 10 个学时，各任课教师可以依据本班实际情况安排课堂活动、复习或者测验。例如：

余裕学时 10 ＝ 期中复习 2 ＋ 期末复习 2 ＋ 测验 2×3 次

余裕学时 10 ＝ 期中复习 2 ＋ 期末复习 2 ＋ 测验 2×2 次 ＋ 课堂活动 2

余裕学时 10 ＝ 期中复习 2 ＋ 期末复习 2 ＋ 课堂活动 2×3 次

下学期：

《尔雅中文：初级汉语综合教程》（下）

第一课　父亲的爱

教学目标

1. 掌握本课词语并能灵活运用。

2. 掌握本课语言点并能灵活运用。

3. 能流利地朗读课文、理解课文内容并复述课文，在此基础上就课文内容表达自己的想法与观点，进行自由表达练习，提高成段表达能力。

教学内容

1. 词语 42 个。

2. 重点词语 7 个：让、只是、而、却、偷偷、靠、似乎。

3. 语言点：

（1）趋向补语的引申用法 1：V ＋ 下来、Adj/V ＋ 起来。

（2）复杂的情态补语。

4. 课文：《父亲的爱》。

5. 课后练习。

教学重点

重点词语 7 个：让、只是、而、却、偷偷、靠、似乎。

教学难点

语言点：

（1）趋向补语的引申用法 1：V ＋ 下来、Adj/V ＋ 起来。

（2）复杂的情态补语。

学时分配

6 学时

第二课　愿望

教学目标

1.掌握本课词语并能灵活运用。

2.掌握本课语言点并能灵活运用。

3.能流利地朗读课文、理解课文内容并复述课文，在此基础上就课文内容表达自己的想法与观点，进行自由表达练习，提高成段表达能力。

教学内容

1.词语 43 个。

2.重点词语 6 个：真、肯定、并、终于、亲手、果然。

3.语言点：

（1）即使……，也……

（2）名词重叠。

（3）形容词重叠。

4.课文：《愿望》。

5.课后练习。

教学重点

重点词语 6 个：真、肯定、并、终于、亲手、果然。

教学难点

语言点：

（1）即使……，也……

（2）名词重叠。

（3）形容词重叠。

学时分配

6 学时

第三课　多年父子成兄弟

教学目标

1.掌握本课词语并能灵活运用。

2. 掌握本课语言点并能灵活运用。

3. 能流利地朗读课文、理解课文内容并复述课文，在此基础上就课文内容表达自己的想法与观点，进行自由表达练习，提高成段表达能力。

教学内容

1. 词语 42 个。

2. 重点词语 6 个：其实、发脾气、为难、到处、作为、保持。

3. 语言点：

（1）趋向补语的引申用法 2：V + 起来。

（2）为了。

4. 课文：《多年父子成兄弟》。

5. 课后练习。

教学重点

重点词语 6 个：其实、发脾气、为难、到处、作为、保持。

教学难点

语言点：

（1）趋向补语的引申用法 2：V + 起来。

（2）为了。

学时分配

6 学时

第四课　共同经历一场爱情

教学目标

1. 掌握本课词语并能灵活运用。

2. 掌握本课语言点并能灵活运用。

3. 能流利地朗读课文、理解课文内容并复述课文，在此基础上就课文内容表达自己的想法与观点，进行自由表达练习，提高成段表达能力。

教学内容

1. 词语 40 个。

2. 重点词语 7 个：一下子、忍不住、于是、故意、干脆、忽然、仍然。

3. 语言点：V + 结果补语"上"。

4. 课文：《共同经历一场爱情》。

5. 课后练习。

教学重点

重点词语 7 个：一下子、忍不住、于是、故意、干脆、忽然、仍然。

教学难点

语言点：V + 结果补语"上"。

学时分配

6 学时

第五课　春节回家吗

教学目标

1. 掌握本课词语并能灵活运用。

2. 掌握本课语言点并能灵活运用。

3. 能流利地朗读课文、理解课文内容并复述课文，在此基础上就课文内容表达自己的想法与观点，进行自由表达练习，提高成段表达能力。

教学内容

1. 词语 46 个。

2. 重点词语 6 个：进行、主要、花、犹豫、派、催。

3. 语言点：

（1）既……又……

（2）因为……而……

4. 课文：《春节回家吗》。

5. 课后练习。

教学重点

重点词语 6 个：进行、主要、花、犹豫、派、催。

教学难点

语言点：

（1）既……又……

（2）因为……而……

学时分配

6学时

第六课　谁家的孩子

教学目标

1. 掌握本课词语并能灵活运用。

2. 掌握本课语言点并能灵活运用。

3. 能流利地朗读课文、理解课文内容并复述课文，在此基础上就课文内容表达自己的想法与观点，进行自由表达练习，提高成段表达能力。

教学内容

1. 词语40个。

2. 重点词语6个：万一、不料、负责、没准儿、竟然、彼此。

3. 语言点：

（1）既然……，就……

（2）要不。

4. 课文：《谁家的孩子》。

5. 课后练习。

教学重点

重点词语6个：万一、不料、负责、没准儿、竟然、彼此。

教学难点

语言点：

（1）既然……，就……

（2）要不。

学时分配

6学时

第七课　学习汉语的苦与乐

教学目标

1. 掌握本课词语并能灵活运用。

2. 掌握本课语言点并能灵活运用。

3. 能流利地朗读课文、理解课文内容并复述课文，在此基础上就课文内容表达自己的想法与观点，进行自由表达练习，提高成段表达能力。

教学内容

1. 词语44个。

2. 重点词语6个：多么、实在、变、确实、掌握、体会。

3. 语言点：

（1）经过……，……

（2）如果……（的话），……

4. 课文：《学习汉语的苦与乐》。

5. 课后练习。

教学重点

重点词语6个：多么、实在、变、确实、掌握、体会。

教学难点

语言点：

（1）经过……，……

（2）如果……（的话），……

学时分配

6学时

第八课　第一被淘汰了

教学目标

1. 掌握本课词语并能灵活运用。

2. 掌握本课语言点并能灵活运用。

3. 能流利地朗读课文、理解课文内容并复述课文，在此基础上就课文内容表达自己的想法与观点，进行自由表达练习，提高成段表达能力。

教学内容

1. 词语42个。

2. 重点词语6个：弄、便、几乎、根本、直到、总。

3. 语言点：

（1）以。

（2）不仅……，而且……

4. 课文：《第一名被淘汰了》。

5. 课后练习。

教学重点

重点词语 6 个：弄、便、几乎、根本、直到、总。

教学难点

语言点：

（1）以。

（2）不仅……，而且……

学时分配

6 学时

第九课　名人与高考

教学目标

1. 掌握本课词语并能灵活运用。

2. 掌握本课语言点并能灵活运用。

3. 能流利地朗读课文、理解课文内容并复述课文，在此基础上就课文内容表达自己的想法与观点，进行自由表达练习，提高成段表达能力。

教学内容

1. 词语 48 个。

2. 重点词语 6 个：曾经、改变、出差、意味着、回、必须。

3. 语言点："万"以上的称数法。

4. 课文：《名人与高考》。

5. 课后练习。

教学重点

重点词语 6 个：曾经、改变、出差、意味着、回、必须。

教学难点

语言点："万"以上的称数法。

学时分配

6 学时

第十课　中国点心

教学目标

1. 掌握本课词语并能灵活运用。

2. 掌握本课语言点并能灵活运用。

3. 能流利地朗读课文、理解课文内容并复述课文，在此基础上就课文内容表达自己的想法与观点，进行自由表达练习，提高成段表达能力。

教学内容

1. 词语 46 个。

2. 重点词语 6 个：按照、由、恐怕、白、把握、够。

3. 语言点：

　　（1）数量词重叠、量词重叠。

　　（2）V＋结果补语"下"、V＋得／不＋下。

4. 课文：《中国点心》。

5. 课后练习。

教学重点

重点词语 6 个：按照、由、恐怕、白、把握、够。

教学难点

语言点：

　　（1）数量词重叠、量词重叠。

　　（2）V＋结果补语"下"、V＋得／不＋下。

学时分配

6 学时

第十一课　我染上了中国人的"急"

教学目标

1. 掌握本课词语并能灵活运用。

2. 掌握本课语言点并能灵活运用。

3. 能流利地朗读课文、理解课文内容并复述课文，在此基础上就课文内容表达自己的想法与观点，进行自由表达练习，提高成段表达能力。

教学内容

1. 词语 43 个。

2. 重点词语 6 个：有关、通知、甚至、突然、来不及、通常。

3. 语言点：

（1）V＋得／不＋了。

（2）尽管……，……

4. 课文：《我染上了中国人的"急"》。

5. 课后练习。

教学重点

重点词语 6 个：有关、通知、甚至、突然、来不及、通常。

教学难点

语言点：

（1）V＋得／不＋了。

（2）尽管……，……

学时分配

6 学时

第十二课　女儿的婚礼

教学目标

1. 掌握本课词语并能灵活运用。

2. 掌握本课语言点并能灵活运用。

3. 能流利地朗读课文、理解课文内容并复述课文，在此基础上就课文内容表达自己的想法与观点，进行自由表达练习，提高成段表达能力。

教学内容

1. 词语 43 个。

2. 重点词语 5 个：正式、特意、根据、接着、分别。

3. 语言点：

（1）无论……，都／也……

（2）在……下。

4. 课文：《女儿的婚礼》。

5. 课后练习。

教学重点

重点词语5个：正式、特意、根据、接着、分别。

教学难点

语言点：

（1）无论……，都 / 也……

（2）在……下。

学时分配

6学时

第十三课　中国人的生活观

教学目标

1. 掌握本课词语并能灵活运用。

2. 掌握本课语言点并能灵活运用。

3. 能流利地朗读课文、理解课文内容并复述课文，在此基础上就课文内容表达自己的想法与观点，进行自由表达练习，提高成段表达能力。

教学内容

1. 词语40个。

2. 重点词语6个：表明、对于、获得、相比、显得、将。

3. 语言点：分数的表达。

4. 课文:《中国人的生活观》。

5. 课后练习。

教学重点

重点词语6个：表明、对于、获得、相比、显得、将。

教学难点

语言点：分数的表达。

学时分配

6学时

第十四课　人民币背面的风景

教学目标

1. 掌握本课词语并能灵活运用。

2. 掌握本课语言点并能灵活运用。

3. 能流利地朗读课文、理解课文内容并复述课文，在此基础上就课文内容表达自己的想法与观点，进行自由表达练习，提高成段表达能力。

教学内容

1. 词语 46 个。

2. 重点词语 6 个：留意、位于、排名、设计、考察、出现。

3. 语言点：V＋结果补语"为"。

4. 课文：《人民币背面的风景》。

5. 课后练习。

教学重点

重点词语 6 个：留意、位于、排名、设计、考察、出现。

教学难点

语言点：V＋结果补语"为"。

学时分配

6 学时

第十五课　全世界都爱大熊猫

教学目标

1. 掌握本课词语并能灵活运用。

2. 掌握本课语言点并能灵活运用。

3. 能流利地朗读课文、理解课文内容并复述课文，在此基础上就课文内容表达自己的想法与观点，进行自由表达练习，提高成段表达能力。

教学内容

1. 词语 41 个。

2. 重点词语 6 个：打气、的确、刮目相看、贡献、大量、火。

3. 语言点：

（1）由于……

（2）在 / 从……上。

4. 课文：《全世界都爱大熊猫》。

5. 课后练习。

教学重点

重点词语 6 个：打气、的确、刮目相看、贡献、大量、火。

教学难点

语言点：

（1）由于……

（2）在 / 从……上。

学时分配

6 学时

第十六课　钱该怎么花

教学目标

1. 掌握本课词语并能灵活运用。

2. 掌握本课语言点并能灵活运用。

3. 能流利地朗读课文、理解课文内容并复述课文，在此基础上就课文内容表达自己的想法与观点，进行自由表达练习，提高成段表达能力。

教学内容

1. 词语 43 个。

2. 重点词语 7 个：陆续、是否、总之、值、关于、相当于、另。

3. 语言点：

（1）V + 得 / 不 + 起。

（2）V 来 V 去。

4. 课文：《钱该怎么花》。

5. 课后练习。

教学重点

重点词语 7 个：陆续、是否、总之、值、关于、相当于、另。

教学难点

语言点：

（1）V + 得 / 不 + 起。

（2）V 来 V 去。

学时分配

6 学时

第十七课　洋快餐与老北京小吃

教学目标

1. 掌握本课词语并能灵活运用。

2. 掌握本课语言点并能灵活运用。

3. 能流利地朗读课文、理解课文内容并复述课文，在此基础上就课文内容表达自己的想法与观点，进行自由表达练习，提高成段表达能力。

教学内容

1. 词语 47 个。

2. 重点词语 6 个：使、彻底、占、继续、统一、适应。

3. 语言点：

（1）V＋趋向补语"下来"。

（2）V＋趋向补语"下去"。

4. 课文：《洋快餐与老北京小吃》。

5. 课后练习。

教学重点

重点词语 6 个：使、彻底、占、继续、统一、适应。

教学难点

语言点：

（1）V＋趋向补语"下来"。

（2）V＋趋向补语"下去"。

学时分配

6 学时

第十八课　微博病

教学目标

1. 掌握本课词语并能灵活运用。

2. 掌握本课语言点并能灵活运用。

3. 能流利地朗读课文、理解课文内容并复述课文，在此基础上就课文内容表达自己的想法与观点，进行自由表达练习，提高成段表达能力。

教学内容

1. 词语 39 个。

47

2. 重点词语 5 个：联系、渐渐、受不了、真正、理想。

3. 语言点：

（1）V＋结果补语"着（zháo）"。

（2）（在）……中。

4. 课文：《微博病》。

5. 课后练习。

教学重点

重点词语 5 个：联系、渐渐、受不了、真正、理想。

教学难点

语言点：

（1）V＋结果补语"着（zháo）"。

（2）（在）……中。

学时分配

6 学时

四、实践环节及要求

要求学生在生活中尽量用自己课上所学的知识进行语言实践，了解中国社会，学习中国文化，结交中国朋友。

要求学生扩展阅读，深入了解与课文相关的话题，就相关话题提出自己感兴趣的问题，观察生活、观看影视资料，与周围的同学进行交流。

上下学期各组织一次参观北京市内文化景点的活动，如参观故宫博物院、圆明园等，每次半天计 4 学时，共 8 学时。

五、课程学生成绩评定

成绩评定方式表

考核环节	百分比（%）	考核／评价细则
平时成绩	30	出勤及课堂表现、作业、小测验
期中成绩	30	闭卷考核，占总成绩的 30%
期末成绩	40	闭卷考核，占总成绩的 40%

六、教学资源

课程的基本教学资源

资源类型	资源
教材	《尔雅中文：初级汉语综合教程》（上、下），魏新红主编，北京语言大学出版社，2013—2014 年

第二章　初级汉语听力课程教学大纲

一、课程概览

课程中文名称	初级汉语听力			
课程英文名称	Elementary Chinese Listening Course			
课程学分	8	**课程总学时数**	128 学时（理论教学 124 学时，实践教学 4 学时）	
课程类别	专业课	**课程性质** 必修	**课程形态**	线上／线下／线上线下混合
考核方式	考试		**授课对象**	本科留学生
开课学部（学院）	国际中文学院		**开课学期**	一年级上、下
面向专业（方向）	所有专业（方向）		**审核人**	刘畅
大纲编写人	第一册：钱亮亮、文瑛、葛娟、冯传强、李靖华 第二册：钱亮亮、文瑛、刘畅、彭锦维、唐伶、魏苹、吴超颖、张淑娟 第三册：钱亮亮、文瑛、唐伶、张俊萍、常爱军、焦凡、孙兴峰、高红			
课程简介	初级汉语听力课是面向本科一年级留学生的基础汉语技能课。听、说、读、写是语言技能学习的四要素，而"听"正是这四项技能中的第一项技能，可以让学生通过"听"学习汉语、了解中国。 　　本课程使用的教材为《汉语听力教程》（第三版），课程教授的内容从第一册的第 16 课开始，到第三册的第 30 课结束，每一课都包括听力理解练习和语音语调练习。听力理解练习主要从字、词、句、对话、篇章等多维度对留学生进行听力理解能力的训练，这部分以重点语法、短语、句型为线索，从易到难、由简到繁，逐步提升学生的汉语听力能力，让学生学会迅速找到关键词、关键信息。语音语调练习包括了声、韵、调等多方面、多维度的练习，还着重介绍了"重音"这一语音学概念，帮助学生更好地理解和使用汉语。 　　本课程的教学方法主要包括听前练、听后讲、跟读、听后复述等，教师在课上可以通过各种方法提高学生的开口率。 　　在听力内容上，本课程选择了大量融入中国文化元素的语音材料。教学中，教师要注重在中华优秀文化的熏陶中培养学生正确的人生观、价值观、世界观，将"立德树人"作为教学的根本理念。			

二、课程目标

项目	具体内容
课程总目标	1. 消除学生汉语听力的各种障碍，让听、说统一。 2. 建立起基础汉语听力理解体系，全面提升学生的汉语听力能力，从"听会"到"会听"。
价值塑造目标	1. 让学生对中国传统的道德伦理有比较广泛的接触和了解。 2. 让学生了解中国传统社会和现代社会的特点，了解中国人之间相处的社会准则，了解社会主义核心价值观。 3. 帮助学生树立个人的理想信念，引导学生保持正确的人生观、价值观和世界观。
知识传授目标	1. 语言知识，包括语音、语法、重点词语、重点句型的意义和使用。 2. 语用知识，主要指对所学语言知识的使用环境的了解和掌握。 3. 文化知识，主要指对与汉语言关系密切的传统中国文化、当代中国文化及各种子文化的熟悉。
能力培养目标	基础汉语听辨能力，主要包括快速找到关键词、在不同的语境中听懂并回应他人的能力。

三、各课教学内容和学时分配

上学期：

《汉语听力教程》（第三版）（第一册）（仅讲授部分内容）

第十六课

教学目标

1. 听辨时间词语。

2. 领会并听辨"还是"和"或者"。

3. 理解并听辨语气词"吧"。

教学内容

（一）语言知识

1. 时间词语做状语。

2. "还是"和"或者"的区别。

（二）语言技能

1. 听辨时间词语的能力。

2. 听辨语气词"吧"的能力。

3. 边听边记和辨音正调的能力。

教学重点

1. 时间词语做状语。

2. "还是"和"或者"的区别。

教学难点

"还是"和"或者"的区别。

学时分配

2 学时

第十七课

教学目标

1. 学习并听辨汉语表示动作进行的句式。

2. 理解并听辨汉语双宾句。

3. 听辨汉语疑问句"怎么＋V？"。

4. 体会并听辨汉语双宾句的句重音和"吧"表示的语气。

教学内容

（一）语言知识

1. 动作的进行。

2. 双宾句。

3. 疑问句"怎么＋V？"。

（二）语言技能

1. 听辨双宾句的句重音的能力。

2. 巩固语气词"吧"在疑问句和祈使句中的句调及意义。

教学重点

1. 动作的进行。

2. 双宾句。

3. 疑问句"怎么＋V？"。

教学难点

双宾句。

学时分配

2 学时

第十八课

教学目标

1. 理解并听辨汉语连动句"来 / 去 + 地方 + 做什么"。

2. 理解并听辨表示怎么做某事的连动句。

3. 听辨汉语的逻辑重音。

教学内容

（一）语言知识

1. 连动句"来 / 去 + 地方 + 做什么"。

2. 表示怎么做某事的连动句。

（二）语言技能

1. 听辨汉语句子逻辑重音的能力。

2. 听音辨调的能力。

教学重点

1. 连动句"来 / 去 + 地方 + 做什么"。

2. 表示怎么做某事的连动句。

教学难点

1. 连动句"来 / 去 + 地方 + 做什么"。

2. 表示怎么做某事的连动句。

学时分配

2 学时

第十九课

教学目标

1. 学习并听辨人民币的单位和数量。

2. 理解动词重叠的意义。

3. 听辨"又……又……"。

4. 理解"有点儿"和"一点儿"的意义及区别。

5. 听辨汉语的词重音。

教学内容

（一）语言知识

1. 动词重叠的用法和意义。

2. "又……又……"。

3. "有点儿"和"一点儿"的用法及区别。

（二）语言技能

1. 听辨汉语词重音的能力。

2. 听辨汉语语调的能力。

教学重点

1. 动词重叠的用法和意义。

2. "又……又……"。

3. "有点儿"和"一点儿"的用法及区别。

教学难点

1. 动词重叠的用法和意义。

2. "有点儿"和"一点儿"的用法及区别。

学时分配

2 学时

第二十课

教学目标

1. 学习汉语名词谓语句。

2. 学习并听辨汉语年、月、日的表达。

3. 听辨疑问语调。

教学内容

（一）语言知识

1. 名词谓语句。

2. 汉语年、月、日的表达。

（二）语言技能

1. 听辨疑问语调的能力。

2. 提高听辨汉语语调的能力。

教学重点

　　1. 名词谓语句。

　　2. 汉语年、月、日的表达。

教学难点

　　名词谓语句。

学时分配

　　2 学时

第二十一课

教学目标

　　1. 学习并听辨汉语中时间的各种表达。

　　2. 提高听辨汉语词重音和句重音的能力。

教学内容

　　（一）语言知识

　　用汉语表达时间的方法。

　　（二）语言技能

　　听辨汉语时间表达的能力。

教学重点

　　用汉语表达时间的方法。

教学难点

　　"分"和"分钟"的区别。

学时分配

　　2 学时

第二十二课

教学目标

　　1. 理解汉语兼语句的意义和用法。

　　2. 掌握汉语兼语句的句重音。

教学内容

（一）语言知识

1. 汉语兼语句。

2. "以前"和"以后"的意义及区别。

（二）语言技能

1. 听辨汉语兼语句的句重音的能力。

2. 听辨汉语兼语句的动作发出者和汉语中表示使令意义的词语的能力。

3. 提高听音辨调的能力。

教学重点

1. 汉语兼语句。

2. "以前"和"以后"的意义及区别。

教学难点

汉语兼语句。

学时分配

2 学时

第二十三课

教学目标

1. 学习并听辨汉语中的方位词。

2. 理解并听辨表示存在的"有"字句、"在"字句和"是"字句。

3. 听辨汉语"多＋Adj？"表疑问的句式。

4. 听辨汉语介词"离、从、往"。

教学内容

（一）语言知识

1. 表存在的"有"字句、"在"字句和"是"字句。

2. "多＋Adj？"表疑问。

3. 介词"离、从、往"的意义和区别。

（二）语言技能

1. 听辨表存在的"有"和"是"的轻读的能力。

2. 进一步提高听音辨调和听辨句重音的能力。

教学重点

1. 表存在的"有"字句、"在"字句和"是"字句。

2. 介词"离、从、往"的意义和区别。

教学难点

1. 表存在的"有"字句、"在"字句和"是"字句。

2. 介词"离、从、往"的意义和区别。

学时分配

2 学时

第二十四课

教学目标

1. 理解并听辨能愿动词"能、会、要、想"。

2. 听辨"能"和"可以"。

3. 理解用"怎么+没+V？"询问原因的表达方式。

教学内容

（一）语言知识

1. 能愿动词"能、会、要、想"的意义和区别。

2. 询问原因的句式"怎么+没+V？"。

（二）语言技能

边听边记句子的能力。

（三）文化要点

第一部分的第三大题谈到了中国人常说的一句话"早上锻炼身体好"，由此引入中国人的健康理念，介绍传统文化中中国人对于"晨"的珍惜，从而将中国人的健康理念传达给学生。

教学重点

能愿动词"能、会、要、想"的意义和区别。

教学难点

能愿动词"能、会、要、想"的意义和区别。

学时分配

2 学时

第二十五课

教学目标

1. 理解并听辨汉语中的状态补语。

2. 培养听辨状态补语重读的能力。

教学内容

（一）语言知识

状态补语。

（二）语言技能

听辨状态补语重读的能力。

教学重点

状态补语。

教学难点

状态补语。

学时分配

2 学时

《汉语听力教程》（第三版）（第二册）

第一课

教学目标

1. 理解并听辨汉语中的反问句。

2. 理解并听辨"了"字句。

教学内容

（一）语言知识

1. 表反问的"不是……吗？"。

2. 语气助词"了"。

（二）语言技能

1. 听辨祈使句的语气的能力。

2. 听辨反问句的语气的能力。

3. 进一步提高听音辨调和听辨句重音的能力。

教学重点

1. 表反问的"不是……吗？"。

2. 语气助词"了"。

教学难点

语气助词"了"。

学时分配

2 学时

第二课

教学目标

1. 学习汉语中的"V + 了"。

2. 理解并听辨"了"字句。

教学内容

（一）语言知识

"V + 了"的意义和用法。

（二）语言技能

进一步提高听音辨调和听辨句重音的能力。

教学重点

"V + 了"的意义和用法。

教学难点

"V + 了"的意义和用法。

学时分配

2 学时

第三课

教学目标

1. 理解并听辨"就、才"。

2. 正确理解"要是……（的话），就……""虽然……但是……"等结构。

教学内容

（一）语言知识

1.“就”和“才”。

2.“要是……（的话），就……”和“虽然……但是……”。

（二）语言技能

进一步提高听音辨调和听辨句重音的能力。

教学重点

1.“就”和“才”。

2.“要是……（的话），就……”和“虽然……但是……”。

教学难点

“就”和“才”。

学时分配

2 学时

第四课

教学目标

理解并听辨汉语结果补语。

教学内容

（一）语言知识

结果补语。

（二）语言技能

进一步提高听音辨调和听辨句重音的能力。

教学重点

结果补语。

教学难点

结果补语。

学时分配

2 学时

第五课

教学目标

理解并听辨汉语时量补语及概数的表达。

教学内容

（一）语言知识

1. 时量补语。

2. 概数的表达。

（二）语言技能

进一步提高听音辨调和听辨句重音的能力。

教学重点

时量补语。

教学难点

时量补语。

学时分配

2 学时

第六课

教学目标

1. 理解并掌握比较句的意义和用法。

2. 理解数量补语的意义和用法。

3. 能基本听懂关于两国不同生活习惯的简单表达。

4. 提高辨别分析和边听边记的能力。

教学内容

（一）语言知识

1. 比较句："比"字句、"有 / 没有"句、"不如"句。

2. 如"小王比他小两岁"这类形式中的数量补语。

3. "不是……吗"的意义。

（二）语言技能

1. 听音辨调的能力。

2. 边听边记数字的能力。

3. 听后回答问题和听后表达的能力。

教学重点

1. 比较句："比"字句、"有 / 没有"句、"不如"句。

2. 如"小王比他小两岁"这类形式中的数量补语。

教学难点

比较句："比"字句、"有 / 没有"句、"不如"句。

学时分配

2 学时

第七课

教学目标

1. 理解并掌握"跟……一样 / 不一样"的意义和用法。

2. 理解并掌握"不但……，而且……"的意义和用法。

3. 理解"气候、时差、季节、春、夏、秋、冬"等重点词语，掌握有关气候和天气的基本表达。

4. 提高听辨分析和听后模仿的能力。

教学内容

（一）语言知识

1. "跟……一样 / 不一样"的意义和用法。

2. "不但……，而且……"的意义和用法。

3. "气候、时差、季节、春、夏、秋、冬"等重点词语的意义。

（二）语言技能

1. 听音辨调的能力。

2. 边听边记数字的能力。

3. 听后模仿的能力。

4. 捕捉主要信息的监听检索能力。

教学重点

"跟……一样 / 不一样"的意义和用法。

教学难点

"跟……一样 / 不一样"的意义和用法。

学时分配

2 学时

第八课

教学目标

1. 理解"了"的意义和用法。

2. 掌握"快……了"和"要……了"在话语中的实际意义。

3. 提高记忆储存和监听检索的能力。

教学内容

（一）语言知识

1. "了"在话语中的意义。

2. "快……了""要……了"等表示"即将发生"的结构。

3. "又"和"再"在话语中的区别意义。

（二）语言技能

1. 听音辨调的能力。

2. 记忆储存的能力。

3. 捕捉主要信息的监听检索能力。

教学重点

1. "了"在话语中的意义。

2. "快……了""要……了"等表示"即将发生"的结构。

3. "又"和"再"在话语中的区别意义。

教学难点

"了"在话语中的意义。

学时分配

2 学时

第九课

教学目标

1. 理解并掌握简单趋向补语"V＋来／去"的意义和用法。

2. 理解结果补语"住"在话语中的实际意义。

3. 提高听辨分析和边听边记的能力。

教学内容

（一）语言知识

1. 趋向补语"V＋来／去"的意义和用法。

2. 结果补语"住"的意义和用法。

3. "捎、取、记"等重点词语的意义和用法。

（二）语言技能

1. 听音辨调的能力。

2. 捕捉主要信息的监听检索能力。

3. 听后模仿的能力。

教学重点

1. 趋向补语"V＋来／去"的意义和用法。

2. 结果补语"住"的意义和用法。

教学难点

1. 趋向补语"V＋来／去"的意义和用法。

2. 结果补语"住"的意义和用法。

学时分配

2 学时

第十课

教学目标

1. 理解并掌握动态助词"过"的意义和用法。

2. 理解并掌握"次、趟、遍"等动量补语的意义和用法。

3. 掌握"中医、中药"等词语。

4. 提高听辨分析和听后模仿的能力。

教学内容

（一）语言知识

1. "过"作为动态助词表示"经历"的意义和用法。

2. "次、遍、趟"等动量补语。

3. "一……也……"表示完全否定。

（二）语言技能

1. 听辨分析的能力。

64

2. 边听边记地名和具体事物的能力。

3. 听后回答问题和听后表达的能力。

教学重点

1. "过"作为动态助词表示"经历"的意义和用法。

2. "次、遍、趟"等动量补语。

教学难点

"过"作为动态助词表示"经历"的意义和用法。

学时分配

2 学时

第十一课

教学目标

1. 理解并掌握"是……的"结构在话语中的实际意义和用法。

2. 掌握"一……就……"的意义和用法。

3. 能基本听懂一段对某人家庭的简单介绍。

4. 提高听辨分析和听后模仿的能力。

教学内容

（一）语言知识

1. "是……的"结构的意义和用法。

2. "一……就……"结构的意义和用法。

3. "打工、延长"等重点词语的意义。

（二）语言技能

1. 听辨分析的能力。

2. 快速反应的能力。

3. 听后模仿的能力。

教学重点

"是……的"结构的意义和用法。

教学难点

"是……的"结构的意义和用法。

学时分配

2学时

第十二课

教学目标

1. 理解并听辨汉语中的反问句。

2. 理解并听辨"了"字句。

教学内容

（一）语言知识

1. "放在客厅、洗成、找着、写好、输给"等有结果补语的结构及用法。

2. "半天、办签证"等重点词语的意义。

（二）语言技能

1. 辨别分析的能力。

2. 记忆储存的能力。

3. 听后模仿的能力。

教学重点

1. 表反问的"不是……吗？"。

2. 语气助词"了"。

教学难点

语气助词"了"。

学时分配

2学时

第十三课

教学目标

1. 理解被动句的意义，并初步掌握其用法。

2. 掌握"一点儿也不、差点儿、之一、像……一样"等重点结构和词语的意义及用法。

3. 提高听辨分析和记忆储存的能力。

教学内容

（一）语言知识

1. "受事主语＋V＋其他成分"、被动句。

2. "一点儿也不"的意义和用法。

3. "差点儿"和"差点儿没"。

4. "别提了、不怎么样"的意义和用法。

5. "之一、像……一样"等重点词语和结构的意义及用法。

（二）语言技能

1. 听辨分析的能力。

2. 记忆储存的能力。

3. 听后模仿的能力。

教学重点

1. "受事主语＋V＋其他成分"、被动句。

2. "一点儿也不"的意义和用法。

教学难点

"差点儿"和"差点儿没"。

学时分配

2 学时

第十四课

教学目标

1. 理解并听辨复合趋向补语。

2. 理解并掌握"退、丢三落四"等词语在话语中的实际意义。

3. 掌握有关邮寄、讨价还价的词语及用法。

4. 提高辨别分析的能力、边听边记的能力、抓主要信息联想猜测的能力和跨越词汇障碍的能力。

教学内容

（一）语言知识

1. 复合趋向补语在话语中的意义。

2. "退、丢三落四"等词语的意义。

3. 反问句的意义。

（二）语言技能

1. 听音辨调的能力。

2. 理解话语中隐含义的能力。

3. 听后回答问题和听后表达的能力。

教学重点

1. 复合趋向补语在话语中的意义。

2. "退、丢三落四"等词语的意义。

教学难点

复合趋向补语在话语中的意义。

学时分配

2 学时

第十五课

教学目标

1. 理解并掌握表示动作或状态持续的"V+着"结构及重点词语在话语中的实际意义。

2. 掌握有关婚礼的词语及用法。

3. 提高辨别分析的能力、边听边记的能力、抓主要信息联想猜测的能力和跨越词汇障碍的能力。

教学内容

（一）语言知识

1. "V+着"在话语中的用法和意义。

2. "社会地位、倒酒、新郎、新娘"等词语的意义。

3. 由特殊疑问形式构成的反问句在话语中的意义。

4. 结果补语在话语中的意义。

（二）语言技能

1. 听音辨调的能力。

2. 理解话语中隐含义的能力。

3. 听后回答问题和听后表达的能力。

教学重点

1. "V+着"在话语中的用法和意义。

2. "社会地位、倒酒、新郎、新娘"等词语的意义。

3. 由特殊疑问形式构成的反问句在话语中的意义。

4. 结果补语在话语中的意义。

教学难点

1. 由特殊疑问形式构成的反问句在话语中的意义。

68

2. 结果补语在话语中的意义。

学时分配

2 学时

下学期：

《汉语听力教程》（第三版）（第三册）

第一课　迎来送往

教学目标

1. 完成词语的听力练习。

2. 结合课文录音讲解重点和难点部分的语言点。

3. 启发学生在听后讨论部分联系实际进行充分的口语表达。

教学内容

1. 让学生理解并掌握"果然、只好、临……时候、一下子、难得、说 V 就 V、尽可能、甚至"等词语和结构在话语中的实际意义。

2. 使学生掌握一些比较得体的迎来送往的交际方式。

3. 提高学生辨别分析的能力和跨越障碍的能力。

4. 让学生了解中国人热情的待客之道和去中国人家里做客的礼仪，帮助学生学会使用欢迎和送别的礼貌用语，并深刻理解中国人尊老爱幼、热情好客的礼节表现。

教学重点

1. "果然"的意义。

2. "只好"的意义。

3. "临……时候"的意义。

4. "一下子"的意义。

5. "难得"的意义。

6. "说 V 就 V"的意义。

7. "尽可能"的意义。

8. "甚至"的意义。

教学难点

1. 跨越障碍、提取重要内容的能力。

2. 听后回答问题和听后表达等自主表达能力。

学时分配

2 学时

第二课　左邻右舍

教学目标

1. 完成词语的听力练习。

2. 结合课文录音讲解重点和难点部分的语言点。

3. 启发学生在听后讨论部分联系实际进行充分的口语表达。

教学内容

1. 让学生理解并掌握"连……都……、庆幸、V + 起来、好意思 / 不好意思、几乎、看起来、同时、别说……就连……、不是……而是……"等词语和结构在话语中的实际意义。

2. 让学生了解时代变化给邻里关系带来的变化及中国人处理邻里关系的方式，使学生深刻理解家庭和睦、邻里和谐、人们安居乐业是新时代中国社会和谐的坚实基础。

教学重点

1. "连……都……"的意义。

2. "庆幸"的意义。

3. "V + 起来"的意义。

4. "好意思 / 不好意思"的意义。

5. "几乎"的意义。

6. "看起来"的意义。

7. "同时"的意义。

8. "别说……就连……"的意义。

9. "不是……而是……"的意义。

教学难点

1. 跨越障碍、提取重要内容的能力。

2. 听后回答问题和听后表达等自主表达能力。

学时分配

2 学时

第三课　跟中国不一样

教学目标

1. 完成词语的听力练习。

2. 结合课文录音讲解重点和难点部分的语言点。

3. 启发学生在听后讨论部分联系实际进行充分的口语表达。

教学内容

1. 让学生理解并掌握"其实、至于、满 + N、没准儿、怕、Adj + 着呢、也就是、跟 / 同 / 和 / 与……有关系"等词语和结构在话语中的实际意义。

2. 使学生了解不同国家的生活习惯。

3. 提高学生辨别分析的能力和跨越障碍的能力。

4. 让学生了解不同国家在地址、日期、姓名表达顺序上的差异。

教学重点

1. "其实"的意义。

2. "至于"的意义。

3. "满 + N"的意义。

4. "没准儿"的意义。

5. "怕"的意义。

6. "Adj + 着呢"的意义。

7. "也就是"的意义。

8. "跟 / 同 / 和 / 与……有关系"的意义。

教学难点

1. 跨越障碍、提取重要内容的能力。

2. 听后回答问题和听后表达等自主表达能力。

学时分配

2 学时

第四课　送什么礼物好

教学目标

1. 完成词语的听力练习。

2. 结合课文录音讲解重点和难点部分的语言点。

3.启发学生在听后讨论部分联系实际进行充分的口语表达。

教学内容

1.让学生理解并掌握"从来没、曾经、要是当初……、适合、算、看透、空手、要不、只要……就……、只有……才……"等词语和结构在话语中的实际意义。

2.让学生掌握"要我说啊、说不定、话是这么说"等重点词语。

3.提高学生辨别分析的能力和边听边记的能力。

教学重点

1."算"在话语中的意义。

2."要不、只要……就……、只有……才……"等词语和结构的意义。

3."曾经"和"当初"、"既……又……"和"既然……就……"在话语中的区别意义。

4."不是……吗、比什么都重要、真不是滋味、嘴上说得好听"等表达的意义及用法。

5.中国人讨论送礼物时的一些常用语，如"好是好、要我说啊、说不定、话是这么说"等。

教学难点

1.与别人讨论买礼物、送礼物等问题的能力。

2.边听边记人名、物名、相关价值和意义的能力。

3.听后回答问题和听后表达等自主表达能力。

学时分配

2学时

第五课　谢谢你的"生日"

教学目标

1.完成词语的听力练习。

2.结合课文录音讲解重点和难点部分的语言点。

3.启发学生在听后讨论部分联系实际进行充分的口语表达。

教学内容

1.让学生理解并掌握"根本、无论、故意、例外、对面、既然"等词语在话语中的实际意义。

2.让学生掌握"遍"做补语、"好在"做状语的用法及重点结构"一＋M＋接＋一＋M"表示"不停地"的用法。

3.提高学生辨别分析的能力和边听边记的能力。

4.让学生感受中国人助人为乐的雷锋精神。在现实生活中，正是身边的小事体现着人与人之间的善和美。在弘扬社会主义核心价值观的新时代，不仅要助人为乐，还要注意方法，保护好被助者的自尊心。

教学重点

1. "根本" 的意义。

2. "无论" 的意义。

3. "故意" 的意义。

4. "好在" 的意义。

5. "遍" 的意义。

6. "既然" 的意义。

7. "一＋M＋接＋一＋M" 的用法。

教学难点

1. 跨越障碍、提取重要内容的能力。

2. 听后回答问题和听后表达等自主表达能力。

学时分配

2 学时

第六课　谈婚论嫁

教学目标

1. 完成词语的听力练习。

2. 结合课文录音讲解重点和难点部分的语言点。

3. 启发学生在听后讨论部分联系实际进行充分的口语表达。

教学内容

1. 让学生理解并掌握 "白、犹豫、竟然、不料、一个劲儿（地）、有的是、尽到……责任" 等词语和结构在话语中的实际意义。

2. 让学生掌握重点词语 "再说" 及重点结构 "可＋V/Adj＋可＋V/Adj" 的用法。

3. 提高学生辨别分析的能力和边听边记的能力。

教学重点

1. "犹豫、一个劲儿" 在话语中的意义。

2. "不料、有的是、尽到……责任" 等表达的意义。

3. "可有可无、怎么……呢、比……更……" 等表达的意义。

4. 中国人描述对婚姻及家庭的态度时的一些常用语，如"因为、寂寞、再说、熟悉、陌生、成熟、越来越、离婚、害怕、理解"等。

教学难点

1. 听辨描述个人性格、爱好的能力。

2. 边听边记征婚要求或条件的能力。

3. 听后回答问题和听后表达等自主表达能力。

学时分配

2 学时

第七课　男人和女人

教学目标

1. 完成词语的听力练习。

2. 结合课文录音讲解重点和难点部分的语言点。

3. 启发学生在听后讨论部分联系实际进行充分的口语表达。

教学内容

1. 让学生理解并掌握"奇怪、意外、再、当然、吵起架来、尽管、A＋跟＋B＋打招呼"等词语和结构在话语中的实际意义。

2. 让学生掌握重点词语"一来二去、竟然、只是"的用法。

3. 提高学生辨别分析的能力和边听边记的能力。

教学重点

1. "一来二去、竟然、只是"的意义和用法。

2. "再、当然、吵起架来"等词语的意义。

3. "相信"和"信心"、"准确"和"标准"在话语中的区别意义。

4. 反问句式"有什么好看的？""不就是……吗？"的意义。

5. 中国人表述事物不同点时的一些常用语，如"比如、其实、确实、最好、而、往往"等。

教学难点

1. 听辨相近词语和结构的能力。

2. 听后回答问题和听后表达等自主表达能力。

学时分配

2 学时

第八课 "二人世界"的家庭

教学目标

1. 完成词语的听力练习。

2. 结合课文录音讲解重点和难点部分的语言点。

3. 启发学生在听后讨论部分联系实际进行充分的口语表达。

教学内容

1. 让学生理解并掌握"简直、连想都不敢想、要不是、可买可不买、没准儿、问也不问一声、一连、不是滋味"等词语在话语中的实际意义。

2. 让学生掌握重点词语"何况、难道"和重点结构"不但不……反而……"的用法。

3. 提高学生辨别分析的能力和边听边记的能力。

教学重点

1. "连……都……，何况……""不但不……反而……"在话语中的意义。

2. 中国人用反问句表达强调时的一些常用语，如"不就是……吗、这有什么不好的、何况……呢、难道……、算什么家啊、什么呀"等。

教学难点

1. 听辨汉语不同语气的能力。

2. 对表达强调意义的汉语反问句进行边听边记的能力。

3. 听后回答问题和听后表达等自主表达能力。

学时分配

2学时

第九课 望子成龙

教学目标

1. 完成词语的听力练习。

2. 结合课文录音讲解重点和难点部分的语言点。

3. 启发学生在听后讨论部分联系实际进行充分的口语表达。

教学内容

1. 让学生理解并掌握"保持、联系、进行、提高能力、认出来、说起来、老毛病、点头、摇头、赚钱"等词语在话语中的实际意义。

2. 让学生掌握重点结构和词语"不是……，就是……（，要不就是……）""不但不 / 没有……，反而 / 相反……""真拿他没办法"的用法。

3. 提高学生辨别分析的能力和边听边记的能力。

教学重点

1. "认出来、说起来、老毛病"在话语中的意义。

2. "点头、摇头、赚钱、连忙、临、松了一口气"等词语的意义。

3. "A 换上 B"和"C 换下 D"在话语中的区别意义。

4. "不是……，就是……（，要不就是……）""不但不 / 没有……，反而 / 相反……"的意义。

5. 中国人谈家庭教育时的一些习惯表达，如"……（还）不如……、不就……吗、对……有好处、连……都……、一定要、改掉、仔细、认真"等。

教学难点

1. 对调查分析中的数字、比例及主要内容进行边听边记的能力。

2. 听后回答问题和听后表达等自主表达能力。

学时分配

2 学时

第十课　妈妈和儿子

教学目标

1. 完成词语的听力练习。

2. 结合课文录音讲解重点和难点部分的语言点。

3. 启发学生在听后讨论部分联系实际进行充分的口语表达。

教学内容

1. 让学生理解并掌握"心里发酸、耐心、收起来、上不下去、难为、瞪眼睛、看不懂、缺"等词语在话语中的实际意义。

2. 让学生掌握重点词语"万一"、强调结构"……就是……"和"非……不可"的意义及用法。

3. 提高学生辨别分析的能力和边听边记的能力。

教学重点

1. "V +（不）下去、V + 起来"在话语中的意义。

2. "（不）管 + 某人"的意义。

3. "要不是……，还不……""即使……也 / 还……""除了……，谁还……"等结构在话语中的意义。

4."……就是……、非……不可"的意义。

5.中国人表达不同意见时的一些用语,如"A是A,B是B""A+不比+B+Adj+吗""有什么不好呢""不是……吗"等。

教学难点

1.听辨汉语中的强调结构和反问结构的真实语义的能力。

2.对不同的观点进行边听边记的能力。

3.听后回答问题和听后表达等自主表达能力。

学时分配

2学时

小测试（一）

教学目标

1.在45分钟内完成小测试（一）。

2.对测试中的试题进行讲解并做语言点练习。

教学内容

1.检查学生是否掌握"难得、尽可能、装、难道、白、再说、几乎、有关、即使、为了"等词语在话语中的实际意义。

2.检查学生是否掌握"别说……就连……、一杯接一杯、话是这么说、哪能……呢、不是……就是……、一方面……一方面……、对于……来说"等表达的意义和用法。

3.提高学生辨别分析的能力和边听边记的能力。

教学重点

1."难得、尽可能、装、难道、白、再说、几乎、有关、即使、为了"等词语在话语中的实际意义。

2."别说……就连……、一杯接一杯、话是这么说、哪能……呢、不是……就是……、一方面……一方面……、对于……来说"等表达的意义和用法。

教学难点

1.理解词语和结构在话语中的具体意义的能力。

2.对身高、长相、性格、工作、收入、学历、家庭、专业等相关表达进行边听边记的能力。

3.听后回答问题的能力。

学时分配

2学时

第十一课　命都不要了

教学目标

1. 完成词语的听力练习。

2. 结合课文录音讲解重点和难点部分的语言点。

3. 启发学生在听后讨论部分联系实际进行充分的口语表达。

教学内容

1. 让学生理解并掌握"怪、好不……、淋湿、恐怕、难免、三天两头、一……也……"等词语和结构在话语中的实际意义。

2. 提高学生辨别分析的能力和边听边记的能力。

教学重点

1. "难免、三天两头"等词语的意义。

2. "一＋V＋就是＋数量"在话语中的意义。

3. "一……也……"的用法及意义。

4. "哪儿还……啊？"的意义。

教学难点

1. 听音辨调的能力。

2. 边听边记的能力。

3. 听后回答问题和听后表达等自主表达能力。

学时分配

2学时

第十二课　充电

教学目标

1. 完成词语的听力练习。

2. 结合课文录音讲解重点和难点部分的语言点。

3. 启发学生在听后讨论部分联系实际进行充分的口语表达。

4. 帮助学生确立正确的学习态度。

教学内容

1. 让学生理解并掌握"干不下去、拍桌子、好不羡慕、充电、打扰、千差万别、各种各样、培训"等词语在话语中的实际意义。

2. 提高学生辨别分析的能力和边听边记的能力。

教学重点

1. "打扰、充电、培训、千差万别、好不羡慕"等词语的意义。

2. 体会"质量能好吗？""不是说……""哪儿还有……"等反问句的意义。

教学难点

1. 听音辨调的能力。

2. 边听边记的能力。

3. 听后回答问题和听后表达等自主表达能力。

学时分配

2 学时

第十三课　　想开点儿

教学目标

1. 完成词语的听力练习。

2. 结合课文录音讲解重点和难点部分的语言点。

3. 启发学生在听后讨论部分联系实际进行充分的口语表达。

教学内容

1. 让学生理解并掌握"反而、用不着、哪怕、算了吧、跟自己过不去、穿不下"等词语在话语中的实际意义。

2. 使学生了解一些关于减肥的话题。

3. 提高学生辨别分析的能力和跨越障碍的能力。

教学重点

1. "反而"的意义。

2. "用不着"的意义。

3. "哪怕"的意义。

4. "算了吧"的意义。

5. "跟自己过不去"的意义。

6. "穿不下"的意义。

教学难点

1.跨越障碍、提取重要内容的能力。

2.听后回答问题和听后表达等自主表达能力。

学时分配

2学时

第十四课　你最好还是戒了吧

教学目标

1.完成词语的听力练习。

2.结合课文录音讲解重点和难点部分的语言点。

3.启发学生在听后讨论部分联系实际进行充分的口语表达。

教学内容

1.让学生理解并掌握"精彩、受不了、特意、轧、告辞、到处"等词语在话语中的实际意义。

2.提高学生辨别分析的能力和边听边记的能力。

教学重点

1."精彩、受不了、特意"等词语的意义。

2."说不上、原来……还以为……"在话语中的意义。

3.体会叹词"咦"的感情色彩。

4.体会反问句的意义。

教学难点

1.听音辨调的能力。

2.边听边记（数字、时间）的能力。

3.听后回答问题和听后表达等自主表达能力。

学时分配

2学时

第十五课　怎样才能休息好

教学目标

1.完成词语的听力练习。

2.结合课文录音讲解重点和难点部分的语言点。

3.启发学生在听后讨论部分联系实际进行充分的口语表达。

教学内容

1.让学生理解并掌握"唯一、不怎么、说到底、保准、惹、噩梦、下降、调节、浅睡眠"等词语在话语中的实际意义。

2.提高学生辨别分析的能力和边听边记的能力。

教学重点

1."不怎么、说到底、唯一、保准"等词语的意义。

2."没有比……更……、连……更不要说……"的含义及用法。

3.体会"哎、咳"等叹词的语气。

教学难点

1.听音辨调的能力。

2.边听边记的能力。

3.听后回答问题和听后表达等自主表达能力。

学时分配

2学时

第十六课 该听谁的

教学目标

1.完成词语的听力练习。

2.结合课文录音讲解重点和难点部分的语言点。

3.启发学生在听后讨论部分联系实际进行充分的口语表达。

教学内容

1.让学生理解并掌握"千万、下决心、好容易、马大哈、幸亏、明明、按照"等词语在话语中的实际意义。

2.使学生了解一些关于戒烟的话题。

3.提高学生辨别分析的能力和跨越障碍的能力。

教学重点

1."千万"的意义。

2."下决心"的意义。

3."好容易"的意义。

4."马大哈"的意义。

5."幸亏"的意义。

6."明明"的意义。

7."按照"的意义。

教学难点

1.跨越障碍、提取重要内容的能力。

2.听后回答问题和听后表达等自主表达能力。

学时分配

2学时

第十七课　差异

教学目标

1.完成词语的听力练习。

2.结合课文录音讲解重点和难点部分的语言点。

3.启发学生在听后讨论部分联系实际进行充分的口语表达。

教学内容

1.让学生理解并掌握"够、经过、靠、否则、趁早、发脾气、与其……不如、一天到晚"等词语和结构在话语中的实际意义。

2.使学生了解南北方在方向表达上的差异。

3.提高学生辨别分析的能力和跨越障碍的能力。

教学重点

1."够"的意义。

2."经过"的意义。

3."靠"的意义。

4."否则"的意义。

5."趁早"的意义。

6."发脾气"的意义。

7."与其……不如"的意义。

8."一天到晚"的意义。

教学难点

1.跨越障碍、提取重要内容的能力。

2.听后回答问题和听后表达等自主表达能力。

学时分配

2学时

第十八课　该怎么说

教学目标

1.完成词语的听力练习。

2.结合课文录音讲解重点和难点部分的语言点。

3.启发学生在听后讨论部分联系实际进行充分的口语表达。

教学内容

1.让学生理解并掌握"本来、不是一回两回了、其中、首先……另外……、开不了口"等词语和结构在话语中的实际意义。

2.使学生了解中国传统文化中的一些禁忌。

3.提高学生辨别分析的能力和跨越障碍的能力。

教学重点

1."本来"的意义。

2."不是一回两回了"的意义。

3."其中"的意义。

4."首先……另外……"的意义。

5."开不了口"的意义。

教学难点

1.跨越障碍、提取重要内容的能力。

2.听后回答问题和听后表达等自主表达能力。

学时分配

2学时

第十九课　起名字

教学目标

1.完成词语的听力练习。

2.结合课文录音讲解重点和难点部分的语言点。

3.启发学生在听后讨论部分联系实际进行充分的口语表达。

教学内容

1.让学生理解并掌握"趁着、没……吗、紧张什么、不得不、吃力、要是……就……、比如"等词语和结构在话语中的实际意义。

2.使学生了解一些中国人起名字的知识。

3.提高学生辨别分析的能力和跨越障碍的能力。

教学重点

1."趁着"的意义。

2."没……吗"的意义。

3."紧张什么"的意义。

4."不得不"的意义。

5."吃力"的意义。

6."要是……就……"的意义。

7."比如"的意义。

教学难点

1.跨越障碍、提取重要内容的能力。

2.听后回答问题和听后表达等自主表达能力。

学时分配

2学时

第二十课　换工作

教学目标

1.完成词语的听力练习。

2.结合课文录音讲解重点和难点部分的语言点。

3.启发学生在听后讨论部分联系实际进行充分的口语表达。

教学内容

　　1. 让学生理解并掌握"终于、何必、反正、哪儿……啊、合适、突然、以"等词语和结构在话语中的实际意义。

　　2. 提高学生辨别分析的能力和跨越障碍的能力。

　　3. 帮助学生树立正确的择业观。人类的幸福是社会发展的目标和需求，每个人择业时务必首先考虑社会需求这个大前提，把社会需求作为选择职业的出发点和归宿，把实现自身价值和满足社会需求统一起来。

教学重点

　　1. "终于"的意义。

　　2. "何必"的意义。

　　3. "反正"的意义。

　　4. "哪儿……啊"的意义。

　　5. "合适"的意义。

　　6. "突然"的意义。

　　7. "以"的意义。

教学难点

　　1. 跨越障碍、提取重要内容的能力。

　　2. 听后回答问题和听后表达等自主表达能力。

学时分配

　　2 学时

小测试（二）

教学目标

1. 在 45 分钟内完成小测试（二）。

2. 对测试中的试题进行讲解并做语言点练习。

教学内容

　　1. 检查学生是否掌握"何必、必然、只好、哪怕、恐怕、难免、幸亏、明明、尽力、经过"等词语在话语中的实际意义。

　　2. 检查学生是否掌握"一聊就是……、三天两头、住不起、何况……呢、说起来、说到底、不是一次两次了、与其……不如……"的意义和用法。

　　3. 提高学生辨别分析的能力和边听边记的能力。

教学重点

1. "何必、必然、只好、哪怕、恐怕、难免、幸亏、明明、尽力、经过"等词语在话语中的实际意义。

2. "一聊就是……、三天两头、住不起、何况……呢、说起来、说到底、不是一次两次了、与其……不如……"等词语和结构的意义及用法。

教学难点

1. 理解词语和结构在话语中的具体意义的能力。

2. 听后回答问题的能力。

学时分配

2学时

第二十一课　话说过年

教学目标

1. 完成词语的听力练习。

2. 结合课文录音讲解重点和难点部分的语言点。

3. 启发学生在听后讨论部分联系实际进行充分的口语表达。

教学内容

1. 让学生理解并掌握"哪怕……还、腊月、初、春联、上联、横批"等词语和结构在话语中的实际意义。

2. 提高学生辨别分析的能力和边听边记的能力。

3. 让学生了解中国的传统节日。

教学重点

1. "哪怕……还"的意义。

2. "这倒也是"在话语中的意义。

3. "就是啊"的意义。

4. 体会叹词"啊"的感情色彩。

教学难点

1. 听音辨调的能力。

2. 边听边记的能力。

3. 听后回答问题和听后表达等自主表达能力。

86

学时分配

2 学时

第二十二课　企鹅的婚恋

教学目标

1. 完成词语的听力练习。

2. 结合课文录音讲解重点和难点部分的语言点。

3. 启发学生在听后讨论部分联系实际进行充分的口语表达。

教学内容

1. 让学生理解并掌握"控制病情、保证、舍不得"等词语在话语中的实际意义。

2. 让学生掌握"无论如何也……""一＋M＋又＋一＋M""V 是 V 了，只是……"等结构的用法。

3. 提高学生辨别分析的能力和边听边记的能力。

教学重点

1. "控制、舍不得"等词语的意义。

2. "无论如何也……""一＋M＋又＋一＋M""V 是 V 了，只是……"等结构的意思及用法。

3. 中国人用反问句表达强调时的一些常用语，如"那有什么舍不得的"。

教学难点

1. 听辨汉语不同语气的能力。

2. 边听边记和边听边把握文章大意的能力。

3. 听后回答问题和听后表达等自主表达能力。

学时分配

2 学时

第二十三课　话说广告

教学目标

1. 完成词语的听力练习。

2. 结合课文录音讲解重点和难点部分的语言点。

3. 启发学生在听后讨论部分联系实际进行充分的口语表达。

教学内容

1. 让学生理解并掌握"差不多、有的是、优点、缺点、哪里、没完没了、话说回来、不见得"

等词语在话语中的实际意义。

2.让学生掌握"比想象的……""要不是……，非……不可""这不是……吗"等结构的用法。

3.提高学生辨别分析的能力和边听边记的能力。

教学重点

1."差不多、有的是、优点、缺点、哪里、没完没了、话说回来、不见得"等词语的意义。

2."比想象的……""要不是……，非……不可"等结构的意思及用法。

3.中国人用反问句表达强调时的一些常用语，如"这不是……吗"。

教学难点

1.听辨汉语不同语气的能力。

2.边听边记和边听边把握文章大意的能力。

3.听后回答问题和听后表达等自主表达能力。

学时分配

2学时

第二十四课　电脑的用途

教学目标

1.完成词语的听力练习。

2.结合课文录音讲解重点和难点部分的语言点。

3.启发学生在听后讨论部分联系实际进行充分的口语表达。

教学内容

1.让学生理解并掌握"有耐心、确实、绝不会、不妨、靠得住、盼"等词语在话语中的实际意义。

2.让学生掌握"跟……不一样、以……为主、你还不……吗"等结构的用法。

3.提高学生辨别分析的能力和边听边记的能力。

教学重点

1."有耐心、确实、绝不会、不妨、靠得住、盼"等词语的意义。

2."跟……不一样、以……为主、你还不……吗"等结构的意思及用法。

3.中国人用反问句表达强调时的一些常用语，如"你还不……吗、什么时候……呢"。

教学难点

1. 听辨汉语不同语气的能力。

2. 边听边记和边听边把握文章大意的能力。

3. 听后回答问题和听后表达等自主表达能力。

学时分配

2 学时

第二十五课　环境保护

教学目标

1. 完成词语的听力练习。

2. 结合课文录音讲解重点和难点部分的语言点。

3. 启发学生在听后讨论部分联系实际进行充分的口语表达。

教学内容

1. 让学生理解并掌握"不如、只见……、无法用语言来表达、不只是、不至于、不难看出"等词语和结构在话语中的实际意义。

2. 让学生掌握"而……则……、跟……成正比"等结构的用法。

3. 提高学生辨别分析的能力和边听边记的能力。

4. 培养和提高学生的环保意识。

教学重点

1. "不如、只见……、无法用语言来表达、不只是、不至于、不难看出"等词语和结构的意义。

2. "而……则……、跟……成正比"的意思及用法。

3. 汉语中表达转折意义时的惯用结构，如"只是……不至于……""……不过……""确实……，不过……"等。

教学难点

1. 听辨汉语不同语气的能力。

2. 边听边记和边听边把握文章大意的能力。

3. 听后回答问题和听后表达等自主表达能力。

学时分配

2 学时

第二十六课　人靠衣装

教学目标

1.完成词语的听力练习。

2.结合课文录音讲解重点和难点部分的语言点。

3.启发学生在听后讨论部分联系实际进行充分的口语表达。

教学内容

1.让学生理解并掌握"脸色不太好、闹矛盾、不怎么样、V＋遍、包装、刻意、值钱、降价、话到嘴边儿又咽了回去、V/Adj＋死了"等词语和结构在话语中的实际意义。

2.让学生掌握"别说……就是……也……""拿……来说"等结构的用法。

3.提高学生辨别分析的能力和边听边记的能力。

教学重点

1."脸色不太好、闹矛盾、话到嘴边儿又咽了回去"等词语的意义。

2."拿……来说、V/Adj＋死了"的意思及用法。

3.反问句"有什么事能闹这么大矛盾啊？"。

教学难点

1.听辨汉语不同语气的能力。

2.边听边记和边听边把握文章大意的能力。

3.听后回答问题和听后表达等自主表达能力。

学时分配

2学时

第二十七课　中国菜

教学目标

1.完成词语的听力练习。

2.结合课文录音讲解重点和难点部分的语言点。

3.启发学生在听后讨论部分联系实际进行充分的口语表达。

教学内容

1.理解并掌握"身体结实、免不了、嫉妒、没有哪家比得过、埋怨、开夜车"等词语在话语中的实际意义。

2.掌握"只要……一定……、就算……也……"等结构的用法。

3.提高学生辨别分析的能力和边听边记的能力。

4.让学生了解与中国菜相关的基础知识。

教学重点

1."身体结实、免不了、嫉妒、没有哪家比得过、埋怨、开夜车"等词语的意义。

2."只要……一定……、就算……也……"的意思及用法。

3.让步状语从句。

教学难点

1.听辨汉语不同语气的能力。

2.边听边记和边听边把握文章大意的能力。

3.听后回答问题和听后表达等自主表达能力。

学时分配

2学时

第二十八课 买房还是租房

教学目标

1.完成词语的听力练习。

2.结合课文录音讲解重点和难点部分的语言点。

3.启发学生在听后讨论部分联系实际进行充分的口语表达。

教学内容

1.让学生理解并掌握"可不是嘛、可、哪天我教你、演奏、集合、推迟、质量、污染"等词语在话语中的实际意义。

2.让学生掌握"难怪……原来……、除了……其他的……"等结构的用法。

3.提高学生辨别分析的能力和边听边记的能力。

教学重点

1."可不是嘛、可、哪天我教你、演奏、集合、推迟、质量、污染"等词语的意义。

2."难怪……原来……、除了……其他的……"的意思及用法。

3.反问句"这还不容易啊？""你还不知道？"。

教学难点

1. 听辨汉语不同语气的能力。

2. 边听边记和边听边把握文章大意的能力。

3. 听后回答问题和听后表达等自主表达能力。

学时分配

2学时

第二十九课　　你想买车吗

教学目标

1. 完成词语的听力练习。

2. 结合课文录音讲解重点和难点部分的语言点。

3. 启发学生在听后讨论部分联系实际进行充分的口语表达。

教学内容

1. 让学生理解并掌握"算不上、关系到、丝毫不亚于、只顾V、我说什么来着、丢三落四、人家、少说"等词语和结构在话语中的实际意义。

2. 让学生掌握"如果……要不……""可以……，可以……，但是不可以……""除非……才……""宁愿……也不……"等结构的用法。

3. 提高学生辨别分析的能力和边听边记的能力。

教学重点

1. "算不上、关系到、丝毫不亚于、只顾V、我说什么来着、丢三落四、人家"等词语和结构的意义。

2. "如果……要不……""可以……，可以……，但是不可以……""除非……才……""宁愿……也不……"的意思及用法。

教学难点

1. 听辨汉语不同语气的能力。

2. 边听边记和边听边把握文章大意的能力。

3. 听后回答问题和听后表达等自主表达能力。

学时分配

2学时

第三十课　请跟我来

教学目标

1. 完成词语的听力练习。

2. 结合课文录音讲解重点和难点部分的语言点。

3. 启发学生在听后讨论部分联系实际进行充分的口语表达。

教学内容

1. 让学生理解并掌握"干净、一干二净、还不如、精神面貌、喏、跟……打交道、打扮"等词语和结构在话语中的实际意义。

2. 让学生掌握"一＋M＋比＋一＋M＋……、还不是……嘛"等结构的用法。

3. 提高学生辨别分析的能力和边听边记的能力。

4. 让学生了解北京的旅游景点。

教学重点

1. "干净、一干二净、还不如、精神面貌、喏、跟……打交道、打扮"等词语和结构的意义。

2. "一＋M＋比＋一＋M＋……、还不是……嘛"的意思及用法。

3. 反问句"我们怎么去啊？"。

教学难点

1. 听辨汉语不同语气的能力。

2. 边听边记和边听边把握文章大意的能力。

3. 听后回答问题和听后表达等自主表达能力。

学时分配

2学时

小测试（三）

教学目标

1. 在45分钟内完成小测试（三）。

2. 对测试中的试题进行讲解并做语言点练习。

教学内容

1. 复习巩固"不可能 V、可能不 V、V 不 V 不一定、尽量、趁着、差不多、不亚于、只是……而已"等词语和结构在话语中的实际意义。

2. 提高学生辨别分析的能力和边听边记的能力。

3. 让学生了解努力学习的重要性，提高学习积极性。

教学重点

1. "不可能 V、可能不 V、V 不 V 不一定、尽量、趁着、差不多、不亚于、只是……而已"等词语和结构在话语中的意义。

2. 体会反问句的用法和含义。

3. 中国茶的基本知识。

教学难点

1. 理解对话的能力。

2. 边听边记的能力。

3. 听后回答问题和听后表达等自主表达能力。

学时分配

2 学时

四、实践环节及要求

实践环节：要求学生看一部中文电影，在题材选择上，尽量选取主旋律、正能量、能体现当代社会正气、反映时代发展的电影。

要求：

1. 能看懂电影的大概剧情。

2. 在教师指导下，能听懂重点对话，了解其内涵和深意。

3. 能就相关问题进行口头回答和讨论。

五、课程学生成绩评定

成绩评定方式表

考核环节	百分比（%）	考核 / 评价细则
平时成绩	30	出勤率、课堂参与度、课后作业
期末成绩	70	闭卷考试，试卷总分为 100 分，共 55 题

六、教学资源

课程的基本教学资源

资源类型	资源
教材	《汉语听力教程》（第三版）1—3 册，杨雪梅、胡波，北京语言大学出版社，2019—2020 年

第三章　初级汉语口语课程教学大纲

一、课程概览

课程中文名称	初级汉语口语				
课程英文名称	Elementary Chinese Speaking Course				
课程学分	8	**课程总学时数**		128 学时（理论教学 112 学时，实践教学 16 学时）	
课程类别	专业课	**课程性质**	必修	**课程形态**	线上／线下／线上线下混合
考核方式	考试				
开课学部（学院）	国际中文学院	**授课对象**		本科留学生	
面向专业（方向）	所有专业（方向）	**开课学期**		一年级上、下	
大纲编写人	胡孝斌、李建成	**审核人**		吴雪钰	
课程简介	初级汉语口语课是本科一年级留学生的必修课程，开课对象为北京语言大学国际中文学院所有专业的本科留学生。作为一门专项语言技能训练课，本课程通过教授口语特点鲜明的词汇、短语、句式并进行大量丰富的口语技能训练，着重培养学生理解、发问、对话、成段表达等综合口头交际能力和实际交际能力，使学生掌握符合汉语表达习惯的、自然得体的口语，同时训练学生能够用准确的语音、语调、节奏，以及贴近中国人的语速（每分钟 150 字左右）进行口头表达。 　　本课程将培养知华友华人士作为教学目标之一，希望通过教学让留学生了解并感受中国的语言之美、文化之美、自然之美、人文之美，让留学生更加了解中国、理解中国、信任中国。				

二、课程目标

项目	具体内容
课程总目标	1. 使学生能够达到《国际中文教育中文水平等级标准》初等二级与听说相关的语言量化指标，即掌握二级语言量化指标的音节，发音基本正确，能够听懂涉及二级话题任务的对话和一般性讲话，并能够使用本级所涉及的词语和语法完成相关的话题表达和交际任务。 2. 一年级上学期的学习使学生具备基本的口头表达能力，能够以简单句进行简短的问答、陈述和交际性谈话。一年级下学期的学习使学生掌握符合汉语表达习惯的、自然得体的口语，同时使学生能够用准确的语音、语调、节奏，以贴近中国人的语速得体地进行口头表达。
价值塑造目标	1. 让学生了解并感受中国的语言之美、文化之美、自然之美、人文之美，让学生更加了解中国、理解中国、信任中国。 2. 让学生感受到教师的专业、敬业、耐心和热情，在教学中培养美好的师生情谊，让对外汉语口语课堂成为潜移默化地影响国际学生的舞台。
知识传授目标	1. 让学生掌握教材中的词语、语法、课文、常用句式和简单的对话，掌握成段表达的框架，并能熟练应用。 2. 让学生了解中国人的思维方式和口头表达习惯，了解与课文或练习内容相关的文化背景知识，以达到准确恰当地运用语言的目的。
能力培养目标	1. 理解能力（在交际过程中准确有效地捕捉对方发出的信息）。 2. 发问能力（在交际过程中不仅能被动应答，还能主动发问）。 3. 对话能力（不仅能用正确的语言形式进行表达，还要自然得体）。 4. 成段表达能力（思索、排列、储存、记忆、表达的过程）。

三、各课教学内容和学时分配

上学期：

《初级汉语口语》（第二册）

第一课　您贵姓？

教学目标

1. 在理解课文意思的基础上流利地朗读课文并能背说。

2. 模仿课文熟练地进行情景对话，就课文中涉及的话题"介绍"进行成段表达。

3. 用正确的语调朗读句子。

4. 掌握重点句式的用法。

教学内容

1. 词语 23 个、补充词语 3 个。

2. 课文。

3. 课后练习。

教学重点

1. 重点词语：办（学生证 / 护照 / 签证）、取（信 / 包裹 / 钱）、女（同学 / 朋友）、次（量）、又（和"再"比较）。

2. 重点句式：

（1）请问，……

（2）我想问问，……了没有？

（3）您贵姓？

（4）是……吧？

（5）……以前，……V 过。

（6）哪里，……

（7）没 + V 什么。

3. 课文。

教学难点

1. 贵。

2. "再"和"又"。

学时分配

4 学时

第二课　便宜点儿吧

教学目标

1. 在理解课文意思的基础上流利地朗读课文并能背说。

2. 模仿课文熟练地进行情景对话，就课文中涉及的话题"买东西"进行成段表达练习。

3. 用正确的语调朗读句子。

4. 掌握重点句式的用法。

教学内容

1. 词语 25 个、补充词语 5 个。

2. 课文。

3. 课后练习。

教学重点

1. 重点词语：拿、收（钱／作业）、交（钱／作业）、付（钱／学费）、来（两公斤）、可、而且、可能、开（玩笑）、认真、深（浅）、厉害。

2. 重点句式：

（1）有好几＋M。

（2）你＋V＋哪一种？

（3）N＋多少钱一＋M？

（4）刚才……，现在……又……

（5）以前没＋V＋过。

（6）可（Adj＋V）了。

（7）V一V（尝一尝）。

（8）又……又……

3. 课文。

教学难点

1. 厉害。

2. "刚才"和"刚"。

3. 又……又……

学时分配

4 学时

第三课　离这儿有多远？

教学目标

1. 在理解课文意思的基础上流利地朗读课文并能背说。

2. 模仿课文熟练地进行情景对话，就课文中涉及的话题"参观一个景点"进行成段表达。

3. 用正确的语调朗读句子。

4. 掌握重点句式的用法。

教学内容

1. 词语 24 个、补充词语 5 个。

2. 课文。

3. 课后练习。

教学重点

1. 重点词语：出 / 好（主意）、朝（东 / 西）、往、大概、把（介词用法）、听（你的）、糟糕、

　　　　　充电。

2. 重点句式：

（1）……有……

（2）……离……有多远？

（3）……，就……？

（4）不是……吗？

（5）不用……，不用……

（6）糟糕，……

3. 课文。

教学难点

1. 离。

2. 朝、往。

学时分配

4 学时

第四课　她又聪明又用功

教学目标

1. 在理解课文意思的基础上流利地朗读课文并能背说。

2. 模仿课文熟练地进行情景对话，就课文中涉及的话题"学汉语"进行成段表达练习。

3. 用正确的语调朗读句子。

4. 掌握重点句式的用法。

教学内容

1. 词语 27 个、补充词语 6 个。

2. 课文。

3. 课后练习。

教学重点

1. 重点词语：进步（快）、互相、挺、慢慢、但是、同样、比如、好像、怕、帮助、担心。

2. 重点句式：

（1）……什么……？

（2）……，比如……

（3）……啦，……啦，……

（4）慢慢来。

（5）越……越……

（6）以前没＋V＋过。

（7）一……就……

（8）又……又……

3. 课文。

教学难点

1. 挺。

2. 越……越……

学时分配

4 学时

第五课　怎么了？

教学目标

1. 在理解课文意思的基础上流利地朗读课文并能背说。

2. 模仿课文熟练地进行情景对话，就课文中涉及的话题"打电话"进行成段表达。

3. 用正确的语调朗读句子。

4. 掌握重点句式的用法。

教学内容

1. 词语 26 个、补充词语 6 个。

2. 课文。

3. 课后练习。

教学重点

1. 重点词语：了、提、倒霉、肯定、被、遍、不一定、光、顾、可能、从前、吹、
　　　　　抱歉、方便。

2.重点句式：

（1）好是好，可是……。

（2）V＋不了了。

（3）别提了，……

（4）"被"字句。

（5）旧的不去，新的不来。

（6）光顾……

3.课文。

教学难点

1.肯定、遍、光、顾。

2.V＋不了了。

3.别提了，……

学时分配

4学时

第六课　我习惯……

教学目标

1.正确读写并使用本课的词语及一些常用口语词，能够按照教师的要求熟练地进行指定内容的会话，能流利地朗读课文。

2.能根据以下内容进行正确、得体的对话：

（1）中国人睡觉的习惯。

（2）留学生喜欢吃哪些中国菜？

（3）中国各地区的人饮食习惯的不同。

教学内容

1.词语30个、专有名词6个、补充词语8个。

2.课文。

3.关于生活习惯和饮食习惯的常用句式。

4.课后练习。

教学重点

1.重点词语：打扰、没事儿、请教、不敢当、那么、不如、原来。

2. 重点句式：

    （1）都……了，怎么还……？

    （2）要是……，……

    （3）VP + 多 + Adj + 啊！

    （4）……不如……

    （5）随便……吧。

    （6）怎么这么……

    （7）原来是这样。

3. 口语小词"没事儿、不敢当"的使用。

4. 理解某些惯用语的意思，如"睡懒觉""南甜北咸，东辣西酸"。

5. 课文。

6. 课后练习。

教学难点

1. 都……了。

2. VP + 多 + Adj + 啊！

3. ……不如……

学时分配

4 学时

第七课　天气越来越冷了

教学目标

1. 正确读写并使用本课的词语及一些常用口语词，能够按照教师的要求熟练地进行指定内容的会话，能流利地朗读课文。

2. 根据以下内容进行正确、得体的对话：

    （1）由天气的变化引出旅行的安排。

    （2）听天气预报谈天气。

    （3）关于天气变化的感慨。

3. 能复述课文内容，特别是成段表达部分。

教学内容

1. 词语 25 个、补充词语 7 个。

2. 课文：

    （1）课文第 1、2 段：天气越来越冷了，考完试打算去旅行。

（2）课文第 3、4 段：在房间里谈论看天气预报能听懂多少。

（3）课文第 5 段：天气变冷以后的感慨。

3. 与"天气"和"打算"相关的常用句式。

4. 课后练习。

教学重点

1. 重点词语：越来越、然后、差不多、马上、准、注意、特别。

2. 重点句式：

（1）早就……了。

（2）先……，然后……

（3）那要看……

（4）等……的时候，再……

（5）一边……，一边……

（6）一点儿都不……

（7）……的是……，……的是……

3. 理解某些惯用语的意思，如"吹牛"。

4. 课文。

教学难点

1. 差不多。

2. 准。

3. 一边……，一边……

学时分配

4 学时

第八课　你会包饺子吗？

教学目标

1. 正确读写并使用本课的词语及一些常用口语词，能够按照教师的要求熟练地进行指定内容的会话，能流利地朗读课文。

2. 根据以下内容进行正确、得体的对话：

（1）约朋友周末到自己家包饺子。

（2）一边喝茶一边聊包饺子的事。

3. 成段表达：怎样包饺子和煮饺子。

教学内容

1. 词语 27 个、补充词语 1 个。

2. 课文：

（1）课文第 1、2 段：约朋友周末到自己家包饺子，到家后寒暄，一个朋友不小心打碎了杯子。

（2）课文第 3 段：大家一边喝茶一边聊天儿，谈会不会包饺子的事。

（3）课文第 4 段：中国朋友教外国留学生包饺子和煮饺子。

3. 与"邀请做客"和"包饺子"相关的常用句式。

4. 课后练习。

教学重点

1. 重点词语：包、速、自己、可、打（碎）、碎、接（电话）、边、合、捏、破、进去、上来、一样。

2. 重点句式：

（1）先 V 着。

（2）A 没有 B……

（3）我把 + O + V……了。

（4）让…… V。

（5）反问句：怎么可能呢?

3. "有的是、那要看……了、我可不会"的使用。

4. 课文。

教学难点

1. A 没有 B……

2. 我把 + O + V……了。

3. 反问句：怎么……

学时分配

4 学时

第九课　帮我修修自行车吧

教学目标

1. 正确读写并使用本课的词语及一些常用口语词，能够按照教师的要求熟练地进行指定内容的会话，能流利地朗读课文。

2. 根据以下内容进行正确、得体的对话：

（1）与修车师傅交流修自行车的事。

（2）房间窗户、电话等坏了，报修。

（3）跟朋友叙述感冒看病的经历。

教学内容

1. 词语 28 个、补充词语 7 个。

2. 课文。

3. 课后练习。

教学重点

1. 重点词语：出（毛病）、好几、等不及、重复、捂、难受、经验。

2. 反问句：你怎么这么说？

3. 理解某些惯用语如何使用，如"没错儿、春捂秋冻"等。

教学难点

1. 等不及。

2. 经验。

学时分配

4 学时

第十课　这幅画儿真棒！

教学目标

1. 正确读写并使用本课的词语及一些常用口语词，能够按照教师的要求熟练地进行指定内容的会话，能流利地朗读课文。

2. 根据以下内容进行正确、得体的对话：

（1）跟朋友谈搬家的事。

（2）布置新房间。

3. 成段表达：找谁搬家好。

教学内容

1. 词语 29 个、补充词语 3 个。

2. 课文：

（1）课文第 1 段：告诉朋友自己搬家了。

（2）课文第 2、3 段：跟朋友一起布置新家。

（3）课文第 4 段：刘伟说搬家。

3.关于搬家、布置房间的常用句式。

4.课后练习。

教学重点

1.重点词语：幅、声、祝贺、应该、乱、布置、虽然、哪、省。

2.重点句式：

（1）怎么不……

（2）谁也没……

（3）还乱着呢。

3.口语小词"随你的便"的使用。

4.课文。

教学难点

1.谁也没……

2.还乱着呢。

学时分配

4 学时

第十一课　有什么好电影？

教学目标

1.熟练掌握本课的重点词语及句式。

2.熟练掌握课文内容，流利地回答根据课文所提的问题，并能复述课文，就课文内容进行相关的成段表达。

3.在强化训练的基础上，灵活运用本课学习的常用词语、句式，进而能根据实际情况，运用所学词语、句式谈论电影、京剧等。

教学内容

1.词语 29 个、补充词语 9 个。

2.课文。

3.技能训练：

（1）围绕词语、语法训练学生组词成句、组句成段的能力。

（2）训练学生在给定的情景中组织语言、灵活表达的能力。

4.课后练习。

教学重点

1. 重点词语：放（电影）、等等、值得、记不清、想象、受不了、正好、场、感兴趣。

2. 重点句式：

（1）……，我记不全。

（2）值得＋V。

（3）怎么说呢，……

（4）开始对……感兴趣了。

教学难点

1. 值得。

2. 正好。

3. 对……感兴趣。

学时分配

4 学时

第十二课　我还是相信"一分钱一分货"

教学目标

1. 熟练掌握本课的重点词语及语法。

2. 熟练掌握课文内容，流利地回答根据课文所提的问题，并能复述课文，就课文内容进行相关的成段表达。

3. 在强化训练的基础上，灵活运用本课学习的常用词语、句式，进而能根据实际情况，运用所学词语、句式谈论买东西等相关话题。

教学内容

1. 词语 27 个、补充词语 3 个。

2. 课文。

3. 技能训练：

（1）围绕词语、语法训练学生组词成句、组句成段的能力。

（2）训练学生在给定的情景中组织语言、灵活表达的能力。

4. 课后练习。

教学重点

1. 重点词语：货、过去、戴、些、顶、挡、式样、受（欢迎）。

2. 重点句式：

（1）紧了一点儿。

（2）看看又不要钱。

（3）看着还可以。

3. 语法："又"表示强调、V＋掉。

4. 紧缩句"好货不便宜，便宜没好货"，理解句子的意思并讨论。

教学难点

1. 顶。

2. 受（欢迎）。

3. "又"表示强调。

4. V＋掉。

学时分配

4 学时

第十三课　我想给她买件礼物

教学目标

1. 熟练掌握本课的重点词语及句式。

2. 熟练掌握课文内容，流利地回答根据课文所提的问题，并能复述课文，就课文内容进行相关的成段表达。

3. 在强化训练的基础上，灵活运用本课学习的常用词语、句式，进而能根据实际情况，运用所学词语、句式谈论买东西、换东西等相关话题。

教学内容

1. 词语 25 个、补充词语 2 个。

2. 课文。

3. 技能训练：

（1）围绕词语、语法训练学生组词成句、组句成段的能力。

（2）训练学生在给定的情景中组织语言、灵活表达的能力。

4. 课后练习。

教学重点

1. 重点词语：或者、本、式样、合适、光临、显得、理想。

2. 重点句式：

（1）……或者……，……

（2）你一说，我想起来了。

（3）一有消息就……

（4）我就知道……

（5）才几天就……

3. 课文。

4. 课后练习。

教学难点

1. 她一试，不太合适。

2. 才……就……了 。

学时分配

4 学时

第十四课　我最喜欢逛书店了

教学目标

1. 熟练掌握本课的重点词语及语法。

2. 熟练掌握课文内容，流利地回答根据课文所提的问题，并能复述课文，就课文内容进行相关的成段表达。

3. 在强化训练的基础上，灵活运用本课学习的常用词语、句式，进而能根据实际情况，运用所学词语、句式谈论有关希望、愿望的话题。

教学内容

1. 词语 24 个、补充词语 6 个。

2. 语法：

（1）V＋不着（可能补语）。

（2）V＋下去（表示动作继续进行）。

3. 课文。

4. 技能训练：

（1）围绕词语、语法训练学生组词成句、组句成段的能力。

（2）训练学生在给定的情景中组织语言、灵活表达的能力。

5. 课后练习。

教学重点

1. 重点词语：逛、不如、改天、答应、一口气、开夜车。

2. 重点句式：

（1）买什么呀？

（2）还不如＋V……

（3）你还是要＋V啊！

（4）除了……还……

（5）要是……就好了。

3. 语法：

（1）V＋不着（可能补语）。

（2）V＋下去（表示动作继续进行）。

4. 课文。

5. 课后练习。

教学难点

1. 不如。

2. V＋下去（表示动作继续进行）。

学时分配

4学时

第十五课　实在对不起

教学目标

1. 熟练掌握本课的重点词语及语法。

2. 熟练掌握课文内容，流利地回答根据课文所提的问题，并能复述课文，就课文内容进行相关的成段表达。

3. 在强化训练的基础上，灵活运用本课学习的常用词语、句式，进而能根据实际情况，运用所学词语、句式进行有关交通规则的辩论。

教学内容

1. 词语30个、补充词语7个。

2. 语法：

（1）结果补语：V疼、V＋住、V＋上。

（2）来不及。

3. 课文。

4. 技能训练：

（1）围绕词语、语法训练学生组词成句、组句成段的能力。

（2）训练学生在给定的情景中组织语言、灵活表达的能力。

5.课后练习。

教学重点

1.重点词语：道歉、算了、互相、围、正好、遵守。

2.重点句式：

（1）光顾……，没……

（2）只要……，……

3.语法：

（1）结果补语：V疼、V＋住、V＋上。

（2）来不及。

4.课文：骑车撞人后道歉、骑车人相撞后争论、过马路。

5.课后练习。

教学难点

1.正好。

2.只要……，……

3.结果补语：V疼、V＋住、V＋上。

学时分配

4学时

下学期：

《初级汉语口语·提高篇》

第一课　寒假过得很开心

教学目标

1.熟练掌握本课的词语和重点句式，流利地朗读课文。

2.运用本课中关于寒暄与攀谈的重点句式进行交际。

3.用适当的语气介绍人物、与人打招呼并寻找共同话题与人交谈。

4.了解中国人过春节时全家团聚的习俗，培养深入了解中国节日文化的兴趣。

教学内容

1.词语30个、专有名词5个、补充词语6个。

2. 重点句式：有点儿＋Adj、可……了、快＋把、V＋得一定很……吧、哪也没（不）＋V、

老＋V、比、都……了、V＋（不）出来。

3. 文化点：同学之间假期后见面时的寒暄方式及谈论的话题。

4. 话题：人物介绍、谈论假期生活。

教学重点

1. 重点词语：另外、关照、下边、接着、华裔、向……问好、聚、聚会、当、有意思、热闹、

出生、感到、亲切。

2. 重点句式：

（1）有点儿＋Adj。

（2）可……了。

（3）快＋把。

（4）V＋得一定很……吧?

（5）哪儿也没（不）＋V。

（6）老＋V。

（7）比。

（8）都……了。

（9）V＋（不）出来。

3. 课文。

4. 话题：人物介绍、谈论假期生活。

教学难点

1. 有点儿＋Adj。

2. V＋（不）出来。

3. 陌生人见面时如何问候、熟人见面时如何问候。

学时分配

4 学时

第二课 谁输谁赢还不一定呢

教学目标

1. 熟练掌握本课的词语和重点句式，流利地朗读课文。

2. 以足球为话题，运用本课的重点句式进行交际。

3. 了解汉语的足球用语及表达方式。

4. 了解中国人的体育爱好，培养热爱运动的好习惯。

教学内容

1. 词语 33 个、补充词语 8 个。

2. 重点句式：A 对 B、由……组成、谁……谁……、离……还有……的时候。

3. 文化点：足球及运动相关话题。

4. 功能：攀谈（人物介绍、足球运动用语）。

5. 话题：足球（在家看足球、在校园谈论足球、在操场上看球赛）。

教学重点

1. 重点词语：（几）比（几）、罚。

2. 重点句式：

　（1）A 对 B。

　（2）由……组成。

　（3）谁……谁……

　（4）离……还有……的时候。

3. 课文。

4. 话题：足球（在家看足球、在校园谈论足球、在操场上看球赛）。

教学难点

1. A 对 B。

2. 由……组成。

3. 介绍自己喜欢的运动。

学时分配

4 学时

第三课　麻烦您停一下儿车

教学目标

1. 在理解课文意思的基础上流利地朗读课文并能背说。

2. 模仿课文熟练地进行情景对话，就课文中涉及的话题"交通问题"进行成段表达练习。

3. 学会用正确的语调读句子。

4. 掌握重点句式的用法。

5. 了解中国的各种交通工具，培养遵守中国交通规则的好习惯。

教学内容

1. 词语 29 个、补充词语 6 个。

2. 重点句式：麻烦你 / 您……；不……不准……；……，好……

3. 课文。

4. 话题：交通。

教学重点

1. 重点词语：反、劳驾、准、出事、伤、遵守、起。

2. 重点句式：

（1）麻烦你 / 您……

（2）不……不准……

（3）……，好……

3. 课文。

4. 话题：交通。

教学难点

1. 劳驾，麻烦你 / 您……

2. 如何介绍一起交通事故或一次危险情况。

学时分配

4 学时

第四课　我从小就不爱吃鱼

教学目标

1. 在理解课文意思的基础上流利地朗读课文并能背说。

2. 模仿课文熟练地进行情景对话，就课文中涉及的话题"中国的传统节日、介绍一家饭馆"进行成段表达练习。

3. 学会用正确的语调读句子。

4. 掌握重点句式的用法。

5. 了解中国美食，通过中国美食培养对中国的感情。

教学内容

1. 词语 32 个、专有名词 2 个、补充词语 3 个。

2. 重点句式：无论……都……；V 就 V；别 + V + 了，快……

3. 课文。

4. 话题：节日与饮食。

教学重点

1.重点词语：从小、也许、丰富、举行、不久、路过、……得很、十分、想念。

2.重点句式：

（1）无论……都……

（2）V就V。

（3）别＋V＋了，快……

3.课文。

4.话题：节日与饮食。

教学难点

1.从小。

2.V就V。

3.用地道的汉语点餐、介绍节日习俗。

学时分配

4学时

第五课　看把你高兴的

教学目标

1.在理解课文意思的基础上流利地朗读课文并能背说。

2.模仿课文熟练地进行情景对话及成段表达。

3.学会用正确的语调读句子。

4.掌握重点句式的用法。

5.了解中国的教育。

教学内容

1.词语25个、补充词语8个。

2.重点句式：看把你高兴的、让他也高兴高兴。

3.课文。

4.话题：介绍父母的教育方法、介绍梦想。

教学重点

1.重点词语：表扬、选、按照、兴趣、报名、实现。

2.重点句式：

（1）看把你高兴的。

116

（2）让他也高兴高兴。

3. 课文。

4. 话题：介绍父母的教育方法、介绍梦想。

教学难点

1. "看把你高兴的"——特殊"把"字句的使用情景。

2. 如何介绍父母的教育方法、如何介绍梦想。

学时分配

4学时

第六课　对不起，我来晚了

教学目标

1. 在理解课文意思的基础上流利地朗读课文并能背说。

2. 模仿课文熟练地进行情景对话及成段表达。

3. 学会用正确的语调读句子。

4. 掌握重点句式的用法。

5. 了解中国人对迟到的态度，培养遵守时间的好习惯。

教学内容

1. 词语34个、补充词语10个。

2. 重点句式：……，你说A不A；有的是＋N；每……都……；正因为……，……才……；
……早就……

3. 课文。

4. 话题：迟到、跨国婚姻。

教学重点

1. 重点词语：总（是）、理由、原谅、有的是、愿意、心事、有些、另、选择、真心、相爱、
管、正（因为）、尊重、受（教育）、夸、确实。

2. 重点句式：

（1）……，你说A不A？

（2）有的是＋N。

（3）每……都……

（4）正因为……，……才……

（5）……早就……

117

3. 课文。

4. 话题：迟到、跨国婚姻。

教学难点

1. ……，你说 A 不 A？

2. 有的是 + N。

3. 正因为……，……才……

4. 表达对迟到和跨国婚姻的态度。

学时分配

4 学时

第七课　健康和快乐比什么都重要

教学目标

1. 熟练掌握本课的词语和重点句式，流利地朗读课文。

2. 以健康为话题，运用本课中的重点句式进行成段表达。

3. 了解中国老年人的生活。

4. 通过对比不同国家老年人的生活，培养跨文化视野，尊重和理解不同国家的生活方式。

教学内容

1. 词语 34 个、补充词语 10 个。

2. 重点句式：比……都 + Adj / V、……也不如……、V + O + V 的。

3. 课文。

4. 话题：老年人的生活、对幸福的看法。

教学重点

1. 重点词语：傍晚、练、儿女、带、老、可怕、美慕、并、好多、理解、人家、照顾、代替、村、光、剩、捐、有用。

2. 重点句式：

（1）比……都 + Adj / V。

（2）……也不如……

（3）V + O + V 的。

3. 课文。

4. 话题：老年人的生活、对幸福的看法。

教学难点

1. 并不。

2. 比……都 + Adj / V。

3. ……也不如……

4. V + O + V 的。

5. 如何介绍老年人的生活、如何谈对幸福的看法。

学时分配

4 学时

第八课　周末怎么过?

教学目标

1. 熟练掌握本课的词语和重点句式,流利地朗读课文。

2. 运用本课中常用的一些动词重叠形式进行成段表达。

3. 了解不同国家的人是如何过周末的。

4. 了解中国人的周末生活,理解中国人的家庭观念,通过比较不同国家的生活差异,培养尊重不同国家文化的习惯。

教学内容

1. 词语 31 个、补充词语 9 个。

2. 重点句式:OpV / A 是 OpV / A ,可是……;想……就……;V 不惯 / V 惯了。

3. 课文。

4. 话题:周末生活(休闲娱乐等)。

教学重点

1. 重点词语:收拾、惯、代沟、待、经历、收获、费、只好、千万、要不、附近、团聚、来、培养、利用、各、痛快。

2. 重点句式:

(1) OpV / A 是 OpV / A ,可是……

(2) 想……就……

(3) V 不惯 / V 惯了。

3. 课文。

4. 话题:周末生活(休闲娱乐等)。

教学难点

1. 痛快、千万、要不。

2. OpV / A 是 OpV / A，可是……

3. V 不惯 / V 惯了。

4. 谈论不同国家 / 地区 / 年龄的人们的周末生活。

学时分配

4 学时

第九课　什么是真正的男女平等？

教学目标

1. 在理解课文意思的基础上流利地朗读课文并能背说。

2. 模仿课文熟练地进行情景对话，就课文中涉及的话题"男女平等"进行成段表达练习。

3. 学会用正确的语调读句子。

4. 掌握重点句式的用法。

5. 了解中国女性的社会地位，了解当代中国男女平等的实际表现。

教学内容

1. 词语 37 个、补充词语 8 个。

2. 重点句式：一点儿……也……；光 + V；……要…… ，……也要……；V 来 V 去；到处都……；
　　　　以为 / 认为……；连……也……；既……也……；为……打基础。

3. 课文。

4. 话题：男女平等。

教学重点

1. 重点词语：真正、平等、抽、活儿、模范、认错、今后、劝架、表现、到处、认为、特点、
　　　　打、目前、存在、现象、嫁、算、处理。

2. 重点句式：

（1）一点儿……也……

（2）光 + V。

（3）……要…… ，……也要……

（4）V 来 V 去。

（5）到处都……

（6）以为 / 认为……

（7）连……也……

（8）既……也……

120

（9）为……打基础。

3. 课文。

4. 话题：男女平等。

教学难点

1. 一点儿……也……

2. V来V去。

3. 以为/认为……

4. 讨论不同国家的人们对男女平等的看法及社会上存在的男女不平等现象。

5. 辩论：

　　正方：女性干得好不如嫁得好。

　　反方：女性嫁得好不如干得好。

学时分配

6 学时

第十课　我是来找工作的

教学目标

1. 在理解课文意思的基础上流利地朗读课文并能背说。

2. 模仿课文熟练地进行情景对话，就课文中涉及的话题"应聘、找工作、第二职业、再就业"进行成段表达练习。

3. 学会用正确的语调读句子。

4. 掌握重点句式的用法。

5. 了解求职面试文化，培养和提升面试沟通能力。

教学内容

1. 词语30个、专有名词2个、补充词语7个。

2. 重点句式：早就不/没……、不……不……、V＋起来……、对……很……、（是）……的。

3. 课文。

4. 话题：工作与应聘。

教学重点

1. 重点词语：贵、参观、证明、前途、增加、招、其中、印象、熟悉、负责。

2. 重点句式：

（1）早就不/没……

（2）不……不……

（3）V＋起来……

（4）对……很……

（5）（是）……的。

3.课文。

4.话题：工作与应聘。

教学难点

1.不……不……

2.V＋起来……

3.对……很……

4.如何谈论喜欢的工作、如何应聘。

学时分配

4学时

第十一课　请你参加我们的婚礼

教学目标

1.熟练认读本课的38个词语，达到四会要求，即会认、会读、会说、会写，能认读补充词语。

2.熟练复述课文主要内容。

3.介绍本国的婚礼习俗。

4.独立完成本课的各项练习。

5.了解中国的婚礼习俗，通过世界各国婚礼习俗的对比，培养尊重中国文化的习惯。

教学内容

1.词语38个、补充词语7个。

2.重点句式：……，然后……；怪不得……，原来……；最少也得……；占……分之……；拿……开心。

3.课文。

4.话题：婚礼习俗与数字文化。

教学重点

1.重点词语：喜糖、喜酒、喜事、怪不得、浪漫、顺、拜、经过、行、补充、精彩、和美、上（百）、主持、广泛、天生、占、说明、重视。

2.重点句式：

（1）……，然后……

（2）怪不得……，原来……

122

（3）最少也得……

（4）占……分之……

（5）拿……开心。

3. 课文。

4. 话题：婚礼习俗与数字文化。

教学难点

1. 怪不得……，原来……

2. 天生一对，地造一双。

3. 介绍自己国家的婚礼习俗和数字文化。

学时分配

4 学时

第十二课　爱生活的人永远年轻

教学目标

1. 掌握并介绍与晚上生活、个人爱好相关的词语。

2. 在理解课文意思的基础上流利地朗读课文并能复述课文。

3. 模仿课文熟练地进行情景对话及表达，流利地介绍自己晚上的生活和个人爱好，实现认知的迁移。

4. 根据说话人的不同身份、语气及意图进行相应的交际，提高语言表达的准确性、流利性和得体性。

5. 了解中国人的日常生活习惯和养生观念，增加对中国人生活方式的了解。

教学内容

1. 词语 35 个、补充词语 4 个。

2. 重点句式：拿……来说；除了……，还……；有的……，有的……；怎么对……就……；虽然……，可是……；各……各……；不是……就是……；一……一……；对……（不）好。

3. 课文。

4. 话题：谈论晚上的生活、介绍爱好。

教学重点

1. 重点词语：主要、集、退休、打牌、备课、其他、迷、下载、难道、奇怪、相同、静、科学、晒、游览、名胜、古迹、导游、实践。

2.重点句式：

　（1）拿……来说。

　（2）除了……，还……

　（3）有的……，有的……

　（4）怎么对……就……

　（5）虽然……，可是……

　（6）各……各……

　（7）不是……就是……

　（8）一……一……

　（9）对……（不）好。

3.课文。

4.话题：谈论晚上的生活、介绍爱好。

教学难点

1.除了……，还……

2.怎么对……就……

3.谈论晚上的生活、介绍爱好。

学时分配

4学时

第十三课　我是个有口福的人

教学目标

1.掌握并正确运用本课的词语和重点句式，注重语音语调。

2.熟读课文并能以第一人称或第三人称介绍课文主要内容。

3.以饮食为话题，加强自由表达和创造性发挥的练习，提高成段表达能力。

4.了解中国的美食和用餐方式，通过中国和其他国家饮食习惯的对比，理解中国人的用餐习惯。

教学内容

1.词语35个、专有名词2个、补充词语4个。

2.重点句式：谁爱……就……、……比什么都强、非……不可、不 V ＋不行。

3.课文。

4.话题：谈论不同国家的饮食习惯。

教学重点

1. 重点词语：口福、建议、醉、主人、笑话、身材、强、坚持、做客、饮食、风味、好处、只有。

2. 重点句式：

（1）谁爱……就……

（2）……比什么都强。

（3）非……不可。

（4）不 V + 不行。

3. 课文。

4. 话题：不同国家的饮食习惯。

教学难点

1. 口福、风味。

2. 谁爱……就……

3. ……比什么都强。

4. 非……不可。

5. 不 V + 不行。

6. 谈论不同国家的饮食习惯。

学时分配

4 学时

四、实践环节及要求

根据实际情况每学期举办一次语言实践活动，丰富学生的学习生活，提高学生学习汉语的积极性。语言实践活动采用中文歌比赛、中文影视剧配音大赛、演讲比赛、辩论赛等形式。

五、课程学生成绩评定

成绩评定方式表

考核环节	百分比（%）	考核／评价细则
平时成绩	60	出勤、课堂表现、提交语音作业（4—6次）
期末成绩	40	朗读短文并提问占40%、根据话题成段表达占60%

六、教学资源

课程的基本教学资源

资源类型	资源
教材	《初级汉语口语》（第二册），戴桂芙、刘立新、李海燕，北京大学出版社，2014 年 《初级汉语口语·提高篇》，戴桂芙、刘立新、李海燕，北京大学出版社，2015 年

第四章　初级汉语阅读课程教学大纲

一、课程概览

课程中文名	初级汉语阅读				
课程英文名	Elementary Chinese Reading Course				
课程学分	4	**课程总学时数**	64 学时（理论教学 60 学时，实践教学 4 学时）		
课程类别	专业课	**课程性质**	必修	**课程形态**	线上 / 线下 / 线上线下混合
考核方式	考试				
开课学部（学院）	国际中文学院	**授课对象**	本科留学生		
面向专业	所有专业（方向）	**开课学期**	一年级上、下		
大纲编写人	张永奋、高蕊	**审核人**	高蕊		
课程简介	初级汉语阅读课既是一门培养学生阅读技能的课程，又是一门对其他技能的培养有辅助作用的课程。学习本课程是学生巩固所学语言知识、扩展并积累词语、训练阅读技巧、培养阅读习惯、逐步获得独立阅读能力的必要途径。 　　本课程选取与留学生日常生活相关的一些话题，如学习、饮食、交通、住房、购物、社会交往等，题材和体裁力求多样化，内容具有一定的趣味性，课文后面配有练习题，以判断正误、选择正确答案和回答问题等形式着重检查学生对课文内容的理解情况。本课程将语言知识的总结和积累作为教学当中的一个重要环节，每课都安排了形式多样的语言练习。课程编排上从字、词、句到段落循序渐进，分别考查学生对于词语、句子、句群和段意的理解，体现出前后难易的梯度。对汉语中同音字、形近字、形声字、近义词、反义词等的归纳概括，以及对重要词语和句式的强化练习，可以使学生更好地掌握语言要素，而对句群和段落的练习，则可以帮助学生理解文章结构，提高阅读能力。				

三、课程目标

项目	具体内容
课程总目标	使学生通过视觉感知汉语的字、词、句子、段落及篇章等书面文字材料，学会从书面文字材料中获取信息，熟练掌握阅读技巧，养成良好的阅读习惯；使学生在阅读中既能学到许多真实的语言知识和文化背景知识，又能掌握符合言语交际需要的阅读技能，从而达到快速、熟练地阅读并准确地理解汉语书面语的目的。
价值塑造目标	培养学生对中华文化的热爱，帮助学生形成正确的人生观、价值观和世界观。
知识传授目标	扩大学生的知识面，着重训练如何尽快地把握文章的主要观点、主要内容，让学生了解并掌握略读、查读等快速阅读技能，从而获得通过书面材料学习中国语言、中国文化的能力。
能力培养目标	1.让学生能看懂没有新语法现象、生词不超过2%的语言材料，阅读速度达到80—100字/分钟，理解正确率达到90%以上。 2.让学生能看懂基本没有新语法现象、生词不超过2%的比较熟悉的语言材料，阅读速度达到100—120字/分钟，理解正确率达到80%以上。

三、各课教学内容和学时分配

上学期：

《初级汉语阅读教程》（上册）（自编教材）

第一课　认识新朋友

教学目标

1.语言方面：完成课文阅读和相关练习，理解文章内容，巩固语言知识，扩大词汇量。

2.文化知识：自我介绍。

3.实用阅读：课程表。

教学内容

1.课文一《认识一位中国朋友》、课文二《开学第一天》。

2.课后练习。

3.实用阅读：课程表。

教学重点

1. 重点词语：先、介绍、自己、留学生、以后、以前、爱好、喜欢、有意思、特别、比如、
   什么的、教、商量。

2. 重点句：

（1）我先介绍一下我自己。

（2）我叫金大成，是从韩国来的。

（3）我家有四口人。

（4）我的爱好很多，比如看电影、听音乐什么的。

教学难点

强调句"是……的"的用法。

学时分配

2 学时

第二课　打招呼

教学目标

1. 语言方面：完成课文阅读和相关练习，理解文章内容，巩固语言知识，扩大词汇量。

2. 文化知识：打招呼。

3. 实用阅读：通信录。

教学内容

1. 课文一《有时间来我家玩儿》、课文二《"对不起"和"多少钱"》。

2. 课后练习。

3. 实用阅读：通信录。

教学重点

1. 重点词语：打招呼、方法、只、常、最近、比较、逛、长、好久、方法、客气、告诉。

2. 重点句：

（1）这只是一种打招呼的方法。

（2）朋友笑着告诉我这只是一句客气话。

（3）你和我一起学习汉语，好不好？

（4）跟朋友打招呼还可以问"去哪儿""上课去"，吃饭时间也常问"吃了吗"。

教学难点

中外打招呼方式的不同。

学时分配

2 学时

第三课　取包裹

教学目标

1. 语言方面：完成课文阅读和相关练习，理解文章内容，巩固语言知识，扩大词汇量。

2. 文化知识：取包裹、寄信。

3. 实用阅读：信封、讲座海报。

教学内容

1. 课文一《到邮局取包裹》、课文二《父亲的来信》。

2. 课后练习。

3. 实用阅读：信封、讲座海报。

教学重点

1. 重点词语：附近、拐、正好、然后、一直、大概、方便、带、邮局、包裹、邮票、十字路口、航空、汇款、寄、信封、护照。

2. 重点句：

（1）从学校东门出去，一直往南走。

（2）到了十字路口再往右拐。

（3）大概走五分钟就到了。

（4）取包裹需要有护照和包裹单。

教学难点

邮局取包裹。

学时分配

2 学时

第四课　吃饭

教学目标

1. 语言方面：完成课文阅读和相关练习，理解文章内容，巩固语言知识，扩大词汇量。

2. 阅读技能：根据上下文理解词义，找出段落的主题句。

3. 实用阅读：菜单。

教学内容

1. 课文一《逛王府井》、课文二《烤鸭真好吃》。

2. 课后练习。

3. 实用阅读：菜单。

教学重点

1. 重点词语：服务员、菜单、挺、饮食、主食、米饭、面条、汤、不错、饿、饱、平时、瓶、碗、盘、紧张、愉快、啤酒。

2. 重点句：

（1）我喜欢吃鱼香肉丝，你呢？

（2）主食你想吃米饭还是面条儿？

（3）每个人来一碗米饭吧。

（4）这家饭馆的菜又好吃又便宜。

教学难点

要……才……

学时分配

2 学时

第五课　看病

教学目标

1. 语言方面：完成课文阅读和相关练习，理解文章内容，巩固语言知识，扩大词汇量。

2. 文化知识：看病。

3. 实用阅读：请假条、药品说明书。

教学内容

1. 课文一《我们是好朋友》、课文二《我又来了》。

2. 课后练习。

3. 实用阅读：请假条、药品说明书。

教学重点

1. 重点词语：舒服、发烧、咳嗽、嗓子疼、头疼、拉肚子、医院、化验、验血、结果、量、体温、感冒、请假、假条、挂号、内科、外科、打针。

2. 重点句：

（1）这几天，她总感觉不舒服，嗓子疼。

（2）医生给她开了两种药，一种药一天吃三次，一次吃两片，饭后吃。

（3）医生让她回去以后按时吃药，还告诉她平时要注意锻炼身体，少熬夜。

（4）一些留学生来中国以后，因为不太习惯中国的气候和饮食，很容易拉肚子或者过敏。

教学难点

比较多的医学用语。

学时分配

2 学时

第六课　坐车

教学目标

1. 语言方面：完成课文阅读和相关练习，理解文章内容，巩固语言知识，扩大词汇量。

2. 文化知识：问路。

3. 实用阅读：汽车站牌、火车时刻表。

教学内容

1. 课文一《坐错车》、课文二《在法国问路》。

2. 课后练习。

3. 实用阅读：汽车站牌、火车时刻表。

教学重点

1. 重点词语和结构：趟、该……了、快……了、紧张、着急、参观、打车、出租车、车票、旅行、顺利、结束、游览、担心、帮助。

2. 重点句：

（1）我听朋友说过在望京有个乐天商场。

（2）又过了一会儿，我看看表，都快五点了。

（3）这趟车不是到望京的乐天，而是到王府井百货的乐天百货商场。

（4）还有 10 分钟，火车就要开了，我们俩很着急。

教学难点

原来……

学时分配

2 学时

第七课　坐飞机

教学目标

1. 语言方面：完成课文阅读和相关练习，理解文章内容，巩固语言知识，扩大词汇量。

2. 文化知识：接机。

3. 实用阅读：机场航班信息。

教学内容

1. 课文一《第一次坐飞机》、课文二《接机》。

2. 课后练习。

3. 实用阅读：机场航班信息。

教学重点

1. 重点词语：机场、出发、候机、登记、登机牌、登机口、办、椭圆、行李、安检、安检口、接机、航班、降落、准时、迟到、晚点、着急。

2. 重点句：

（1）登机牌上写的不是"12"号登机口，而是"21"号。

（2）平阳陪我办好了登机牌，托运了行李。

（3）我看到了一个小伙子，手里举着一个接机牌，上面写着我的名字。

（4）我发现我们到的地方不是学校，而是一家公司。

教学难点

一飞机的人都在等我。

学时分配

2 学时

第八课　校园生活

教学目标

1. 语言方面：完成课文阅读和相关练习，理解文章内容，巩固语言知识，扩大词汇量。

2. 文化知识：校园生活。

3. 实用阅读：电影海报、公告。

教学内容

1. 课文一《坐错车》、课文二《在法国问路》。

2. 课后练习。

3. 实用阅读：电影海报、公告。

教学重点

1. 重点词语：课间、只好、同桌、作业本、说明、流利、帮、总是、热情、换、宿舍、好像、放学、图书馆、互相、进步。

2. 重点句：

（1）爬上楼以后，才发现没带钥匙。

（2）她突然想起来，早上出门的时候忘带钥匙了。

（3）等她上来的时候，发现宿舍的门又关上了。

（4）那个穿着蓝色衣服的女孩不是爱娜吗？

教学难点

"可"的强调用法。

学时分配

2 学时

第九课　生日

教学目标

1. 语言方面：完成课文阅读和相关练习，理解文章内容，巩固语言知识，扩大词汇量。

2. 文化知识：生日礼仪习俗。

3. 实用阅读：请柬、邀请信。

教学内容

1. 课文一《爱子的生日》、课文二《送给妈妈的生日礼物》。

2. 课后练习。

3. 实用阅读：请柬、邀请信。

教学重点

1. 重点词语：生日、礼物、蛋糕、庆祝、祝福、心情、开心、漂亮、寂寞、珍贵、感动、难忘、愉快、健康。

2. 重点句：

（1）这是她第一次在国外过生日。

（2）虽然没有喝酒，但大家都很愉快。

（3）虽然这一天爱子还是很想家，但是跟那么多的好同学、好朋友在一起，爱子一点儿也不寂寞了。

（4）这只鸟除了会说三种语言，还会唱十几首歌。

教学难点

比什么都……

学时分配

2 学时

第十课　学汉语

教学目标

1. 语言方面：完成课文阅读和相关练习，理解文章内容，巩固语言知识，扩大词汇量。

2. 文化知识：租房。

3. 实用阅读：通知。

教学内容

1. 课文一《杰克学汉语》、课文二《儿化音闹笑话》。

2. 课后练习。

3. 实用阅读：通知。

教学重点

1. 重点词语：聪明、努力、提高、认真、期中、考试、成绩、期末、合适、吃惊、晚会、学期、结束、毕业。

2. 重点句：

（1）老师知道他把词用错了。

（2）杰克不但聪明，而且学习也非常认真。

（3）杰克平时还从没迟到过呢。

（4）货架上正好放着几袋洗衣粉。

教学难点

"同学们都到了，就是不见杰克"中"就是"的强调用法。

学时分配

2 学时

第十一课　购物

教学目标

1. 语言方面：完成课文阅读和相关练习，理解文章内容，巩固语言知识，扩大词汇量。

2. 文化知识：购物。

3. 实用阅读：商场海报。

教学内容

1. 课文一《在中国买东西》、课文二《姐姐是个"购物狂"》。

2. 课后练习。

3. 实用阅读：商场海报。

教学重点

1. 重点词语：购物、购物单、结账、收银台、收银员、售货员、讲价、价格、发票、进步、

　　　　优惠、打折、折扣、降价。

2. 重点句：

（1）收银台这里很多人在排队等着结账。

（2）卖手套的地方摆着各种样式和颜色的手套。

（3）很多商场里的商品都打折降价，价格比平时便宜多了。

（4）我们连迪士尼都没去呢。

教学难点

"忙从钱包里拿钱"的解释。

学时分配

2学时

第十二课　丢东西

教学目标

1. 语言方面：完成课文阅读和相关练习，理解文章内容，巩固语言知识，扩大词汇量。

2. 文化知识：找东西。

3. 实用阅读：寻人启事、寻车启事。

教学内容

1. 课文一《难忘的一件事》、课文二《杰克的书包丢了》。

2. 课后练习。

3. 实用阅读：寻人启事、寻车启事。

教学重点

1. 重点词语：丢、拾、找、寻物、失主、联系、准备、打开、递、招领、感谢、粗心、马虎、丢三落四。

2. 重点句：

（1）暑假回国以前，我忙着给家人和朋友买东西。

（2）我骑着自行车来到学校附近的一家书店。

（3）宿舍楼门口站着一个陌生人。

（4）他把书包忘在操场旁的椅子上了。

教学难点

"这三百块我可以买到多少东西？"的反问句用法。

学时分配

2 学时

第十三课　租房

教学目标

1. 语言方面：完成课文阅读和相关练习，理解文章内容，巩固语言知识，扩大词汇量。

2. 文化知识：租房。

3. 实用阅读：招租、求租。

教学内容

1. 课文一《电梯坏了》、课文二《小李租房》。

2. 课后练习。

3. 实用阅读：招租、求租。

教学重点

1. 重点词语：租房、租金、押金、房东、中介、外卖、电梯、楼梯、影响、方便、满意、钥匙、交、赢、吵、修、醒。

2. 重点句：

（1）虽然住得离学校有点儿远，但是附近有公交车站，还有地铁。

（2）房东跟金大成聊得挺开心的，连押金都没让他交。

（3）鞋落在地上的声音把楼下的房东老人吵醒了。

（4）小李在睡梦中被老人叫醒了。

教学难点

"连……也"的强调用法。

学时分配

2学时

第十四课　季节

教学目标

1.语言方面：完成课文阅读和相关练习，理解文章内容，巩固语言知识，扩大词汇量。

2.文化知识：北京的气候。

3.实用阅读：天气预报、今天的天气。

教学内容

1.课文一《北京的四季》、课文二《下雪了》。

2.课后练习。

3.实用阅读：天气预报、今天的天气。

教学重点

1.重点词语：季节、春、夏、秋、冬、干燥、湿润、晴、刮风、温度、海滨、滑冰、滑雪。

2.重点句：

（1）夏天气温一般有三十三四度，最高时可能达到四十度。

（2）人们喜欢到郊外去秋游，或者去爬山看红叶，或者找一个有山有水的地方野餐。

（3）北京的冬天很冷，气候很干燥，常常刮西北风，有时候下雪。

教学难点

"不 A 也不 B"的用法。

学时分配

2学时

第十五课　旅行

教学目标

1.语言方面：完成课文阅读和相关练习，理解文章内容，巩固语言知识，扩大词汇量。

2.文化知识：旅行。

3. 实用阅读：旅行通知。

教学内容

1. 课文一《杰克的寒假计划》、课文二《看冰灯》。

2. 课后练习。

3. 实用阅读：旅行通知。

教学重点

1. 重点词语：寒假、暑假、假期、旅行社、游客、导游、打算、计划、冰灯、景色、少数民
族、风俗。

2. 重点句：

（1）杰克打算一放假就去旅行。

（2）想去哪儿就去哪儿，想玩儿多长时间就玩儿多长时间。

（3）他一直想什么时候去云南看看。

（4）冰灯可漂亮了。

教学难点

"不是……吗"的用法。

学时分配

2 学时

下学期：

《初级汉语阅读教程》（下册）（自编教材）

第一课　父亲的深夜来电

教学目标

1. 知识目标：完成课文阅读和相关练习，理解文章内容，巩固语言知识，扩大词汇量，掌握相
应的阅读技能。

2. 能力目标：根据偏旁猜测词义。

3. 体会中国人对亲情的表达。

教学内容

1. 重点词语、重点句。

2. 课文《父亲的深夜来电》。

3.课后练习。

4.扩展阅读。

教学重点

1.重点词语：想念、影响、惦记、似乎、吃惊、惊喜、照顾、关注。

2.重点句：

（1）都几点了？

（2）现在又觉得父亲深夜来电似乎太晚了。

（3）千里之外，父亲却时刻关注着我这边的阴晴冷暖。

（4）第二天，原本晴朗的天空，转眼乌云密布。

教学难点

1.中国人对亲情的表达。

2.根据偏旁猜词义。

学时分配

2学时

第二课　一盒饼干

教学目标

1.知识目标：完成课文阅读和相关练习，理解文章内容，巩固语言知识，扩大词汇量，掌握相应的阅读技能。

2.能力目标：根据偏旁猜测词义。

3.体会他人的善意。

教学内容

1.重点词语、重点句。

2.课文《一盒饼干》。

3.课后练习。

4.扩展阅读。

教学重点

1.重点词语：专心、居然、礼貌、原谅、难过、装作、掰、急忙。

2.重点句：

（1）她不想生事，便装作没看见。

（2）看都没有看那个"贼"一眼。

（3）现在要请求那个人原谅已经晚了。

（4）同时发现那个"偷吃"饼干的人居然也在做同样的动作。

教学难点

1. 善意与理解。

2. 根据偏旁猜测词义。

学时分配

2 学时

第三课　最后一个苹果

教学目标

1. 知识目标：完成课文阅读和相关练习，理解文章内容，巩固语言知识，扩大词汇量，掌握相应的阅读技能。

2. 能力目标：根据语素猜测词义。

3. 理解中国式爱情。

教学内容

1. 重点词语、重点句。

2. 课文《最后一个苹果》。

3. 课后练习。

4. 扩展阅读。

教学重点

1. 重点词语：恋爱、分手、伤心、忽略、粗心、确实、恰好、故意。

2. 重点句：

（1）要是在平时，雯雯一定会开心地大吃起来。

（2）尽管最后男友冒着严寒出去给雯雯买来了苹果，……

（3）还真有过，确实会忘，但我又不是故意的。

（4）恰好这时她的电话响了起来。

教学难点

1. 中国式爱情。

2. 根据语素猜测词义。

学时分配

2 学时

第四课　中国的春节

教学目标

1.知识目标：完成课文阅读和相关练习，理解文章内容，巩固语言知识，扩大词汇量，掌握相应的阅读技能。

2.能力目标：根据语素猜测词义。

3.了解中国的传统节日及风俗习惯。

教学内容

1.重点词语、重点句。

2.课文《中国的春节》。

3.课后练习。

4.扩展阅读。

教学重点

1.重点词语：传统、表示、团聚、顺利、团圆、进步、祝福、庆祝。

2.重点句：

（1）从腊月二十三起，人们便开始为过节做准备了。

（2）过年的前一夜，即旧年最后一天，也叫除夕。

（3）大人们领着孩子，带着礼物去走亲戚。

教学难点

1.学习中国传统节日及风俗习惯。

2.根据语素猜测词义。

学时分配

2 学时

第五课　琳达的宠物

教学目标

1.知识目标：完成课文阅读和相关练习，理解文章内容，巩固语言知识，扩大词汇量，掌握相应的阅读技能。

2.能力目标：根据上下文猜测词义。

3. 了解动物与人的关系，理解中国人对待宠物的观念。

教学内容

1. 重点词语、重点句。

2. 课文《琳达的宠物》。

3. 课后练习。

4. 扩展阅读。

教学重点

1. 重点词语：渐渐、友好、内疚、舍不得、不得不、亲密、代替。

2. 重点句：

（1）琳达把它当成了自己最亲密的朋友。

（2）他们就老躲着她。

（3）可是老太太见到它突然窜到面前，吓得大叫一声。

（4）我不得不让你走。

教学难点

1. 动物与人的关系。

2. 中国人对待宠物的观念。

学时分配

2 学时

第六课　学习汉语趣事多

教学目标

1. 知识目标：完成课文阅读和相关练习，理解文章内容，巩固语言知识，扩大词汇量，掌握相应的阅读技能。

2. 能力目标：根据上下文猜测词义。

3. 学习汉语知识，了解中国生活。

教学内容

1. 重点词语、重点句。

2. 课文《学习汉语趣事多》。

3. 课后练习。

4. 扩展阅读。

教学重点

1. 重点词语：勤奋、提醒、赞美、谦虚、流利、糟糕、立即、获得。

2. 重点句：

（1）每当我早晨经过街道，常常可以看到路边的牌子上写着"早点"两个大字。

（2）街上到处都是中国人赞美自己的话。

（3）没想到，几位留学生马上停下来，认真看着那些汽车。

（4）这个题目来源于一个真实的故事。

教学难点

1. 汉语知识与中国生活。

2. 根据上下文猜测词义。

学时分配

2 学时

第七课　离开不喜欢的公司

教学目标

1. 知识目标：完成课文阅读和相关练习，理解文章内容，巩固语言知识，扩大词汇量，掌握相应的阅读技能。

2. 能力目标：利用关联词语理解语句。

3. 培养职业道德，学习励志文化。

教学内容

1. 重点词语、重点句。

2. 课文一。

3. 课后练习。

4. 扩展阅读。

教学重点

1. 重点词语：如此、暂时、即将、打动、抱歉、批评、原谅、解释、真诚。

2. 重点句：

（1）老板一点儿也不把我放在眼里。

（2）你要是现在走，对公司不会有什么影响。

（3）小林不是上网玩游戏，就是跟朋友去酒吧喝酒。

3. 重点段：

（1）父亲说："你要是现在走，对公司不会有什么影响，老板也不会认识到你的价值。你应该趁着在公司的机会，努力提高自己的业务能力，争取更多的客户，成为公司能力最强的人。如果那时候你要离开，公司就会失去一个难得的人才，也将会给老板一个深刻的教训。"

（2）以前下了班，小林不是上网玩游戏，就是跟朋友去酒吧喝酒，可是这半年里他总是捧着一些业务方面的书，专心读着。

教学难点

1. 职业道德、励志文化。

2. 利用关联词语理解语句。

学时分配

2 学时

第八课　逛胡同

教学目标

1. 知识目标：完成课文阅读和相关练习，理解文章内容，巩固语言知识，扩大词汇量，掌握相应的阅读技能。

2. 能力目标：利用重点句的提示作用把握全段中心。

3. 了解老北京胡同儿和四合院文化。

教学内容

1. 重点词语、重点句。

2. 课文一。

3. 扩展阅读。

4. 课后练习。

教学重点

1. 重点词语：熟悉、古老、遗憾、特色、据说、风景、游览、观赏。

2. 重点句：

（1）有一些店铺还没有开门。

（2）到这儿花不了多少钱就能吃饱、吃好。

（3）所以生意非常火。

（4）我们遇到了不少外国人。

3.重点段：

这些胡同儿从外表上看都差不多，但它们的特色却各不相同。在北京城西部有个胡同儿叫九湾，原因是一个小小的胡同儿竟要拐九个弯。有的胡同儿如果曾住过一个有名的人，那这条胡同儿就会以这个人的名字命名，比如石老娘胡同儿和王皮匠胡同儿；有的以市场、商品命名，如金鱼胡同儿；还有的胡同儿是按照其形状命名的，像羊尾巴胡同儿和耳朵眼胡同儿，听起来多么生动形象。

教学难点

1.老北京胡同儿和四合院文化。

2.利用重点句的提示作用把握全段中心。

学时分配

2学时

第九课　十二次微笑

教学目标

1.知识目标：完成课文阅读和相关练习，理解文章内容，巩固语言知识，扩大词汇量，掌握相应的阅读技能。

2.能力目标：了解标点在阅读中的作用。

3.学习人际交往技巧，以诚待人。

教学内容

1.重点词语、重点句。

2.课文 一。

3.扩展阅读。

4.课后练习。

教学重点

1.重点词语：平衡、状态、急促、忙碌、委屈、稍、片刻、不理不睬、打动。

2.重点句：

（1）请稍等片刻。

（2）怎么回事，有你这样服务的吗？

（3）那位乘客想说什么，可是没有开口。

3.重点段：

飞机即将降落了，那位乘客要求空姐把留言本给他送过去。很显然，他要投诉这名空姐。

此时，空姐心里虽然很委屈，但是仍然面带微笑地说道："先生，我再次向您表示真诚的歉意，无论您提出什么意见，我都将欣然接受您的批评！"那位乘客想说什么，可是没有开口，他接过留言本，开始在本子上写了起来。

教学难点

1. 人际交往（以诚相待）。

2. 带引号的语句的阅读（标点在阅读中的作用）。

学时分配

2学时

第十课　老张的生日

教学目标

1. 知识目标：完成课文阅读和相关练习，理解文章内容，巩固语言知识，扩大词汇量，掌握相应的阅读技能。

2. 能力目标：学会先果后因的叙事方式。

3. 了解微信。

教学内容

1. 重点词语、重点句。

2. 课文一。

3. 扩展阅读。

4. 课后练习。

教学重点

1. 重点词语：埋怨、有说有笑、一天到晚、怪不得、开心、到处、好不容易。

2. 重点句：

（1）过几天就是老张的七十大寿了，老张早早就开始到处跑，选饭店。

（2）儿女孙子们都回来了，好久都没一家团聚了，老张满脸的高兴。

（3）大家只好下车步行。……好不容易才在一小时后到了那家农家乐。

3. 重点段：

老张在镇上进一家饭店，看看，摇摇头，出来了；又进一家，看看，摇摇头，又出来了……这些饭店有的豪华，有的一般，有的在二楼，有的在地下室，有的是南方菜，有的是北方菜，但老张一家都没看上。

教学难点

1. 微信。

2. 先果后因（原因最后出现）。

学时分配

2 学时

第十一课　可爱的大熊猫

教学目标

1. 知识目标：完成课文阅读和相关练习，理解文章内容，巩固语言知识，扩大词汇量，掌握相应的阅读技能。

2. 能力目标：利用关联词语理解语句。

3. 认识"和平友好使者"——国宝大熊猫。

教学内容

1. 重点词语、重点句。

2. 课文一。

3. 扩展阅读。

4. 课后练习。

教学重点

1. 重点词语：活泼、灵活、特有、温和、生存、形象、可爱、迟钝。

2. 重点句：

（1）大熊猫常常一睡就是几个钟头。

（2）大熊猫是中国特有的动物。

（3）大熊猫因其可爱的形象、有趣的动作、温和的性情，受到了世界各国人民的喜爱。

3. 重点段：

大熊猫性情温和，对它的邻居小熊猫、金丝猴、青鹿等都很友好，但有时候它又很淘气。人们不在家的时候，它有时会去人们家里偷吃食物，还把勺子扔得远远的，把锅挂在树枝上。大熊猫平时看起来似乎有些迟钝，但当遇到敌人时，它却能灵活地爬树，迅速逃跑。

教学难点

利用关联词语理解语句。

学时分配

2 学时

第十二课　中国的茶文化

教学目标

1. 知识目标：完成课文阅读和相关练习，理解文章内容，巩固语言知识，扩大词汇量，掌握相应的阅读技能。

2. 能力目标：掌握总分的阅读技巧。

3. 了解中国茶文化。

教学内容

1. 重点词语、重点句。

2. 课文一。

3. 扩展阅读。

4. 课后练习。

教学重点

1. 重点词语：来历、种植、品尝、好处、品种、公认、逐渐、流传。

2. 重点句：

（1）这个传说跟神农有关。

（2）茶不仅可以治病，而且还是一种很好的饮料。

（3）茶除了饮用外，还具有药用价值。

3. 重点段：

中国茶叶品种很多，根据制作方法的不同可分为六类：绿茶、黄茶、白茶、青茶（即乌龙茶）、红茶、黑茶。每类茶叶中都有名品，如绿茶中的西湖龙井、黄山毛峰，黄茶中的君山银针，白茶中的白毫银针，青茶中的武夷岩茶、安溪铁观音、台湾乌龙茶，红茶中的安徽祁红、云南滇红，黑茶中的云南普洱茶、广西的六堡茶等。

教学难点

1. 中国茶文化。

2. 总分的阅读技巧。

学时分配

2 学时

备注：学期之中另有 3 次小测验和讲评，计 6 学时。

四、实践环节及要求

要求学生课下阅读中文图书、报纸等，通过增加阅读量来增加词汇量，提高阅读的兴趣，拓展阅读的广度。要求学生在课堂上互相交流，分享自己阅读的内容与感想。

五、课程学生成绩评定

成绩评定方式表

考核环节	百分比（%）	考核／评价细则
平时成绩	20	出勤情况、课堂表现、作业完成情况
平时测验	20	3 次小测验，闭卷笔试
期末考试	60	闭卷笔试，110 分钟

六、教学资源

课程的基本教学资源

资源类型	资源
教材	《初级汉语阅读教程》（上、下）（朱彤自编教材）

第五章 汉语写作入门课程教学大纲

一、课程概览

课程中文名称	汉语写作入门			
课程英文名称	Introduction to Chinese Writing			
课程学分	2	课程总学时数	32 学时（理论教学 16 学时，实践教学 16 学时）	
课程类别	专业课	课程性质 必修	课程形态	线上／线下／线上线下混合
考核方式	考试			
开课学部（学院）	国际中文学院	授课对象	本科留学生	
面向专业（方向）	所有专业（方向）	开课学期	一年级下	
大纲编写人	孙兴锋	审核人	高蕊	
课程简介	本课程的教学对象为国际中文学院本科一年级下学期的留学生。汉语写作课是专项技能课，是指导学生综合运用已学过的汉字、词语、语法、书写格式、标点符号等进行书面表达的语言实践课。本课程的核心是实践，要求学生从表达思想的需要出发，独立运用汉语，在具体运用过程中吸收新词语，补充新知识，并综合运用从各门课中学到的语言知识和社会知识。 　　本课程的教学内容主要包括两部分：理论学习和写作实践。理论学习包括汉语写作格式、标点符号、各命题作文常用词语与表达。写作实践部分为学生写作，每一课共包括两次写作，即初写与讲评后复写。教学环节包括教师指导、学生写作、教师批改、课堂讲评、学生复写五个环节。			

二、课程目标

项目	具体内容
课程总目标	1. 培养学生运用汉语进行书面表达的基本能力。 2. 使学生掌握汉语文章的一般写作格式及各种常用文体的写作方法。 3. 让学生理解汉语书面表达的必要性与重要性。
价值塑造目标	1. 让学生进一步理解汉语表达思维和中国文化。 2. 帮助学生树立正确的世界观、价值观。
知识传授目标	1. 帮助学生掌握汉语文章的写作格式、标点符号等基础写作知识。 2. 帮助学生掌握各种常用文体的写作方法。
能力培养目标	1. 提高学生运用汉语进行书面表达的能力。 2. 提高学生运用汉语表达自己思想的能力。

三、各课教学内容和学时分配

《尔雅中文：初级汉语写作教程》（大纲列出 10 课，根据学生实际情况选讲其中 8 课。）

第一课　自我介绍

教学目标

1. 学习汉语写作的一般格式。

2. 学习汉语书面语标点符号的使用方法。

3. 能以"自我介绍"为题，写一篇文章。

教学内容

1. 写作题目：自我介绍。

2. 写作知识：

（1）汉语写作的一般格式。

（2）汉语书面语的标点符号。

3. 分析例文：

《自我介绍》（［日本］三木优美）

《自我介绍》（［俄罗斯］扎哈尔）

《自我介绍》（［韩国］金字英）

4. 写作训练：

（1）书写格式纠错。

（2）同题作文写作。

（3）语言偏误纠错。

教学重点

1.写作知识。

2.写作训练。

教学难点

写作知识。

学时分配

4 学时

第二课 我的一天

教学目标

1.学习日记和日记的书写格式。

2.学习汉语书面语标点符号的使用方法。

3.能以"我的一天"为题，写一篇文章。

教学内容

1.写作题目：我的一天。

2.写作知识：

（1）日记和日记的书写格式。

（2）标点符号用法之一：句号、逗号和顿号。

3.分析例文：

《我的一天》（日记）（［韩国］柳东完）

《我的一天》（日记）（［韩国］崔振镐）

《我的一天》（［瑞士］欧芳馨）

4.写作训练：

（1）书写格式纠错。

（2）标点符号练习。

（3）日记写作练习。

（4）语言偏误纠错。

教学重点

1. 写作知识。

2. 写作训练。

教学难点

写作知识。

学时分配

4 学时

第三课　初到中国

教学目标

1. 学习怎样给文章分段。

2. 学习汉语书面语标点符号的使用方法。

3. 能以"初到中国"为题，写一篇文章。

4. 了解中国新貌。

教学内容

1. 写作题目：初到中国。

2. 写作知识：

（1）怎样给文章分段。

（2）标点符号用法之二：问号、感叹号。

3. 分析例文：

《初到中国》（［日本］伊藤嘉奈子）

《初到中国》（［韩国］片智慧）

《初到中国》（［韩国］安祥镇）

4. 写作训练：

（1）标点符号练习。

（2）文章段落练习。

（3）同题作文写作。

（4）语言偏误纠错。

教学重点

1. 写作知识。

2. 写作训练。

教学难点

写作知识。

学时分配

4 学时

第四课 北京的春天

教学目标

1. 学习叙述与描写的方法。

2. 学习汉语书面语标点符号的使用方法。

3. 能以"北京的春天"或"北京的秋天"为题，写一篇文章。

4. 了解美丽的北京。

教学内容

1. 写作题目：北京的春天 / 北京的秋天。

2. 写作知识：

（1）叙述与描写。

（2）标点符号用法之三：书名号、括号。

3. 分析例文：

《北京的春天》（〔泰国〕刘慧悦）

《北京的春天》（〔越南〕阮氏春香）

《北京的秋天》（〔哈萨克斯坦〕可心）

4. 写作训练：

（1）叙述与描写练习。

（2）标点符号练习。

（3）同题作文写作。

（4）语言偏误纠错。

教学重点

1. 写作知识。

2. 写作训练。

教学难点

写作知识。

学时分配

4 学时

第五课　奖学金申请表

教学目标

1. 学习书面语中"的、地、得"的用法。

2. 学习中文表格的填写。

3. 了解中国政府奖学金、孔子学院奖学金。

教学内容

1. 写作题目：奖学金申请表。

2. 写作知识：

（1）书面语中"的、地、得"的用法。

（2）中文表格的填写。

3. 分析例文：

表格填写（一、二）

表格填写（三）

表格填写（四）

4. 写作训练：

（1）"的、地、得"写法练习。

（2）表格填写练习。

（3）文章段落练习。

（4）语言偏误纠错。

教学重点

1. 写作知识。

2. 写作训练。

教学难点

写作知识。

学时分配

4 学时

第六课　狼来了

教学目标

1. 学习叙述的人称。

2. 学习叙述的顺序。

3. 能以"狼来了"为题，写一篇文章。

教学内容

1. 写作题目：狼来了。

2. 写作知识：

（1）叙述的人称。

（2）叙述的顺序。

（3）标点符号用法之四：冒号、引号。

3. 分析例文：

《马头琴的传说》（〔韩国〕尹善英）

《三个和尚》（〔印度尼西亚〕林欣慰）

4. 写作训练：

（1）标点符号练习。

（2）语句语段练习。

（3）听故事，写故事。

（4）语言偏误纠错。

教学重点

1. 写作知识。

2. 写作训练。

教学难点

写作知识。

学时分配

4学时

第七课　父与子

教学目标

1. 学习想象与表达。

2. 学习汉语书面语标点符号的使用方法。

3. 能以"父与子"为题，写一篇文章。

教学内容

1. 写作题目：父与子。

2. 写作知识：

（1）想象与表达。

（2）标点符号用法之五：省略号、破折号、分号。

3. 分析例文：

《最后一个苹果》（〔英国〕韩娜）

《管教晚矣》（〔葡萄牙〕苏珊娜）

《逃学》（〔蒙古国〕娜仁）

4. 写作训练：

（1）叙述与描写练习。

（2）标点符号练习。

（3）看图画，写故事。

（4）语言偏误纠错。

教学重点

1. 写作知识。

2. 写作训练。

教学难点

写作知识。

学时分配

4 学时

第八课　难忘的一件事

教学目标

1. 学习怎样写记事类文章。

2. 能以"难忘的一件事"为题，写一篇文章。

教学内容

1. 写作题目：难忘的一件事。

2. 写作知识：怎样写记事类文章。

3. 分析例文：

　　《飞来的吻》（［俄罗斯］李娜）

　　《一根白发》（［韩国］金完珍）

　　《当一把明星》（［法国］哈娜）

4. 写作训练：

　　（1）语句语段练习。

　　（2）叙述与描写练习。

　　（3）记事类文章写作。

　　（4）语言偏误纠错。

教学重点

1. 写作知识。

2. 写作训练。

教学难点

写作知识。

学时分配

4 学时

第九课　我最爱的人

教学目标

1. 学习怎样写记人类文章。

2. 能以"我最爱的人"为题，写一篇文章。

教学内容

1. 写作题目：我最爱的人。

2. 写作知识：怎样写记人类文章。

3. 分析例文：

　　《我的好朋友》（［巴基斯坦］穆巴沙）

　　《嫂子——我最敬爱的人》（［韩国］郑昌昔）

　　《热心的中国大婶》（［日本］宫胁一惠）

4. 写作训练：

　　（1）标点符号练习。

　　（2）叙述与描写练习。

（3）记人类文章写作。

（4）语言偏误纠错。

教学重点

1. 写作知识。

2. 写作训练。

教学难点

写作知识。

学时分配

4 学时

第十课　一封家书

教学目标

1. 学习汉语书信写作的一般格式。

2. 学习中文信封的写法。

3. 能以"一封家书"为题，写一篇文章。

教学内容

1. 写作题目：一封家书。

2. 写作知识：

（1）汉语书信写作的一般格式。

（2）中文信封的写法。

3. 分析例文：

《给父母的一封信》（［韩国］千高恩）

《给亲人的一封信》（［捷克］玛丽）

《给朋友的一封信》（［美国］史桂英）

4. 写作训练：

（1）书信格式纠错。

（2）标点符号练习。

（3）书信写作练习。

（4）语言偏误纠错。

教学重点

1. 写作知识。

2. 写作训练。

教学难点

写作知识。

学时分配

4 学时

四、实践环节及要求

写作实践共包括两个环节，第一个环节为作文初写，要求学生在 60 分钟内写一篇 400 字以上的命题作文，第二环节为作文复写，要求学生在教师批改的基础上，修改错误，复写作文。对学生作文中的错别字、错误句子可以另做要求，比如抄写 3 遍。

五、课程学生成绩评定

成绩评定方式表

考核环节	百分比（%）	考核 / 评价细则
平时成绩	50	考勤 20%、写作 60%、综合评价 20%
期末成绩	50	命题作文一篇，400 字以上

六、教学资源

课程的基本教学资源

资源类型	资源
教材	《尔雅中文：初级汉语写作教程》，宋长宏，北京语言大学出版社，2017 年
参考书目	《体验汉语写作教程·初级 1》，邓秀均、陈作宏，高等教育出版社，2007 年

第六章 朗读与正音课程教学大纲

一、课程概览

课程中文名称	朗读与正音				
课程英文名称	Reading Aloud and Pronunciation Correcting				
课程学分	2	课程总学时数		32 学时（理论教学 16 学时，实践教学 16 学时）	
课程类别	专业课	课程性质	选修	课程形态	线上／线下／线上线下混合
考核方式	考试				
开课学部（学院）	国际中文学院	授课对象		本科留学生	
面向专业（方向）	所有专业（方向）	开课学期		一年级上	
大纲编写人	王安红	审核人		唐伶	
课程简介	本课程为汉语发音技能训练课，以汉语语音相关知识为理论基础，合理安排语音点的出现顺序，通过大量的操练培养学习者正确的汉语发音习惯。 　　课堂上，教师的讲解尽量不出现语音学术语，力求简洁明晰，教师要通过适量科学的讲解帮助学习者掌握汉语发音要领。学习者要在教师的指导下，进行大量有效的课堂练习巩固正确的发音习惯，再辅以必要的课后练习，掌握汉语声母、韵母和声调的正确发音，改善自己的汉语语音面貌。课堂活动以听辨练习、朗读练习、小组表演为主。 　　本课程的练习语料包括音节、词、句、短文和诗歌，其中诗歌名篇的朗读有助于培养学习者的汉语语感，让学习者感受汉语语音的优美和谐。				

二、课程目标

项目	具体内容
课程总目标	1. 帮助学生初步了解汉语普通话声韵调的发音特点。 2. 帮助学生发现自己在发音时的问题，提高汉语普通话发音水平。 3. 让学生感受汉语发音的音乐性和韵律美。
价值塑造目标	1. 让学生增强学好汉语的兴趣和信心。 1. 帮助学生树立正确的世界观和价值观。
知识传授目标	1. 让学生初步了解汉语发音的特点。 2. 让学生初步了解汉语普通话声母、韵母和声调的正确发音。
能力培养目标	1. 培养学生良好的汉语发音习惯。 2. 让学生能够区分易混淆的近似音。

三、各课教学内容和学时分配

《朗读与正音》（自编讲义）

第一课　发音器官和汉语发音介绍

教学目标

1. 初步了解与汉语发音密切相关的发音器官和发音部位的知识。

2. 了解汉字音节的组成部分。

3. 能说出一些常见的声母、韵母。

教学内容

1. 口腔舌位示意图、发音器官和发音部位的名称。

2. 声母、韵母和声调的定义。

教学重点

1. 口腔舌位示意图、发音器官和发音部位的名称。

2. 声母、韵母和声调的定义。

教学难点

1. 绘制口腔舌位示意图，标出发音器官和发音部位。

2. 区分零声母和辅音声母。

学时分配

2 学时

第二课　妈妈骑马——声调和轻声

教学目标

1. 初步了解汉语普通话四个声调和轻声的发音特点。

2. 诊断自己的声调偏误，并能正确发出四个声调和轻声。

教学内容

1. 四个声调的发音特点。

2. 区分易混淆的声调。

3. 听辨及朗读练习。

教学重点

1. 四个声调的发音特点。

2. 区分易混淆的声调。

3. 轻声的高低。

4. 诊断自己的声调偏误，并能正确发出四个声调和轻声。

教学难点

1. 区分易混淆的声调。

2. 诊断自己的声调偏误，并能正确发出四个声调和轻声。

学时分配

2 学时

第三课　吃葡萄不吐葡萄皮儿——不送气塞音 b、d、g 和送气塞音 p、t、k

教学目标

1. 初步了解不送气塞音 b、d、g 和送气塞音 p、t、k 的发音特点。

2. 诊断自己的不送气发音偏误和送气发音偏误，并能正确发出不送气塞音和送气塞音。

教学内容

1. 不送气塞音和送气塞音的发音特点。

2. 区分易混淆的发音，并诊断自己的相关发音偏误。

3. 听辨及朗读练习。

教学重点

1. 不送气塞音和送气塞音的发音特点。

2. 区分易混淆的发音。

3. 诊断自己的塞音发音偏误。

教学难点

1. 区分易混淆的发音。

2. 诊断自己的塞音发音偏误。

学时分配

2 学时

第四课　画凤凰——清擦音 f 和 h

教学目标

1. 初步了解清擦音 f 和 h 的发音特点。

2. 诊断自己的相关发音偏误，并能正确发出清擦音 f 和 h。

教学内容

1. 清擦音 f 和 h 的不同发音部位。

2. 区分 f 和 h 的发音，并诊断自己的相关发音偏误。

3. 听辨及朗读练习。

教学重点

1. 区分 f 和 h 的发音。

2. 诊断自己的相关发音偏误，并能正确发出 f 和 h。

教学难点

1. 区分易混淆的发音。

2. 诊断自己的相关发音偏误，并能正确发音。

学时分配

2 学时

第五课　四是四，十是十——舌尖前音 z、c、s 和舌尖后音 zh、ch、sh

教学目标

1. 初步了解舌尖前音 z、c、s 和舌尖后音 zh、ch、sh 的发音特点。

2.诊断自己的相关发音偏误，并能正确发出舌尖前音 z、c、s 和舌尖后音 zh、ch、sh。

教学内容

1.两组音的发音部位差异。

2.区分易混淆的发音，并诊断自己的相关发音偏误。

3.听辨及朗读练习。

教学重点

1.区分易混淆的发音。

2.诊断自己的相关发音偏误。

教学难点

1.区分易混淆的发音。

2.诊断自己的相关发音偏误。

学时分配

2 学时

第六课　七加一，再减一——舌面前音 j、q、x

教学目标

1.初步了解舌面前音 j、q、x 的发音特点。

2.诊断自己的相关发音偏误，并能正确发出舌面前音 j、q、x。

教学内容

1.舌面前音 j、q、x 的发音异同。

2.区分易混淆的发音，并诊断自己的相关发音偏误。

3.听辨及朗读练习。

教学重点

1.区分易混淆的发音。

2.诊断自己的相关发音偏误。

教学难点

1.区分易混淆的发音。

2.诊断自己的相关发音偏误。

学时分配

2 学时

第七课　春来江水绿如蓝——舌尖后浊擦音 r 和舌尖中边音 l

教学目标

1. 初步了解舌尖后浊擦音 r 和舌尖中边音 l 的发音特点。

2. 诊断自己的相关发音偏误，并能正确发出舌尖后浊擦音 r 和舌尖中边音 l。

教学内容

1. 舌尖后浊擦音 r 和舌尖中边音 l 的发音异同。

2. 区分易混淆的发音，并诊断自己的相关发音偏误。

3. 听辨及朗读练习。

教学重点

1. 舌尖后浊擦音 r 和舌尖中边音 l 的发音异同。

2. 区分易混淆的发音。

3. 诊断自己的相关发音偏误。

教学难点

1. 区分易混淆的发音。

2. 诊断自己的相关发音偏误。

学时分配

2 学时

第八课　知己知彼——舌面元音 i 和舌尖元音 -i

教学目标

1. 初步了解舌面元音 i 和舌尖元音 -i 的发音特点。

2. 诊断自己的相关发音偏误，并能正确发出舌面元音 i 和舌尖元音 -i。

教学内容

1. 舌面元音 i 和舌尖元音 -i 的发音区别。

2. 区分易混淆的发音，并诊断自己的相关发音偏误。

3. 听辨及朗读练习。

教学重点

1. 区分易混淆的发音。

2. 诊断自己的相关发音偏误。

教学难点

1. 区分易混淆的发音。

2. 诊断自己的相关发音偏误。

学时分配

2 学时

第九课　曲项向天歌——舌面前元音 ü 和舌面后元音 e

教学目标

1. 初步了解舌面前元音 ü 和舌面后元音 e 的发音特点。

2. 诊断自己的相关发音偏误，并能正确发出舌面前元音 ü 和舌面后元音 e。

教学内容

1. 舌面元音 i、u、ü 的发音异同，舌面元音 e 的常见偏误。

2. 区分易混淆的发音，并诊断自己的相关发音偏误。

3. 听辨及朗读练习。

教学重点

1. 区分易混淆的发音。

2. 诊断自己的相关发音偏误。

教学难点

1. 区分易混淆的发音。

2. 诊断自己的相关发音偏误。

学时分配

2 学时

第十课　红豆生南国——复韵母 uo 和 ou

教学目标

1. 初步了解复韵母 uo 和 ou 的发音特点。

2. 诊断自己的相关发音偏误，并能正确发出复韵母 uo 和 ou。

教学内容

1. 复韵母 uo 和 ou 的发音异同。

2. 区分易混淆的发音，并诊断自己的相关发音偏误。

3. 听辨及朗读练习。

教学重点

1. 区分易混淆的发音。

2. 诊断自己的相关发音偏误。

教学难点

1. 区分易混淆的发音。

2. 诊断自己的相关发音偏误。

学时分配

2 学时

第十一课　千山鸟飞绝——复韵母 üe、ie、ia

教学目标

1. 初步了解复韵母 üe、ie、ia 的发音特点。

2. 诊断自己的相关发音偏误，并能正确发出复韵母 üe、ie、ia。

教学内容

1. 复韵母 üe、ie、ia 的发音异同。

2. 区分易混淆的发音，并诊断自己的相关发音偏误。

3. 听辨及朗读练习。

教学重点

1. 区分易混淆的发音。

2. 诊断自己的相关发音偏误。

教学难点

1. 区分易混淆的发音。

2. 诊断自己的相关发音偏误。

学时分配

2 学时

第十二课　江南可采莲——前鼻韵尾 n 和后鼻韵尾 ng

教学目标

1. 初步了解前鼻韵尾 n 和后鼻韵尾 ng 的发音特点。

2. 诊断自己的相关发音偏误，并能正确发出前鼻韵尾 n 和后鼻韵尾 ng。

教学内容

1. 前鼻韵尾 n 和后鼻韵尾 ng 的发音异同。

2. 区分易混淆的发音，并诊断自己的相关发音偏误。

3. 听辨及朗读练习。

教学重点

1. 区分易混淆的发音。

2. 诊断自己的相关发音偏误。

教学难点

1. 区分易混淆的发音。

2. 诊断自己的相关发音偏误。

学时分配

2 学时

第十三课　两个黄鹂鸣翠柳——韵母 iou、uei、uen

教学目标

1. 初步了解韵母 iou、uei、uen 的发音特点。

2. 诊断自己的相关发音偏误，并能正确发出韵母 iou、uei、uen。

教学内容

1. 与韵母 iou、uei、uen 相关的汉语拼音省略规则。

2. 诊断自己的相关发音偏误。

3. 听辨及朗读练习。

教学重点

1. 与韵母 iou、uei、uen 相关的汉语拼音省略规则。

2. 诊断自己的相关发音偏误。

教学难点

1. 与韵母 iou、uei、uen 相关的汉语拼音省略规则。

2. 诊断自己的相关发音偏误。

学时分配

2 学时

第十四课　我想买小雨伞——变调

教学目标

1. 初步了解上声变调和"一、不"变调。

2. 诊断自己的相关发音偏误，并能正确发音。

教学内容

1. 上声变调和"一、不"变调。

2. 诊断自己的相关发音偏误。

3. 听辨及朗读练习。

教学重点

1. 上声变调和"一、不"变调。

2. 诊断自己的相关发音偏误，并能正确发音。

教学难点

1. 上声变调和"一、不"变调。

2. 诊断自己的相关发音偏误，并能正确发音。

学时分配

2 学时

第十五课　进了门儿，倒杯水——儿化

教学目标

1. 初步了解儿化的发音特点和作用。

2. 诊断自己的相关发音偏误，并能正确发音。

教学内容

1. 儿化的发音特点和作用。

2. 诊断自己的相关发音偏误。

3. 听辨及朗读练习。

教学重点

1. 儿化的发音特点和作用。

2. 诊断自己的相关发音偏误，并能正确发音。

教学难点

1. 儿化的发音特点和作用。

2. 诊断自己的相关发音偏误，并能正确发音。

学时分配

2 学时

第十六课　复习

教学目标

1. 总结本课程的学习重点。

2. 检查自己的发音问题。

教学内容

1. 总结本课程的学习重点。

2. 检查自己的发音问题。

教学重点

1. 总结本课程的学习重点。

2. 检查自己的发音问题。

教学难点

1. 总结本课程的学习难点。

2. 检查自己的发音问题。

学时分配

2 学时

四、实践环节及要求

本课程为初级阶段的汉语语音基础课程，重在发音技能的专项训练，但必要的语音知识讲解有助于学生更好地理解汉语声母和韵母的发音要点，区分易混淆的发音，改善语音面貌，所以课程安排为理论讲解和实践操练各占一半课时。

课堂常规实践环节及实践形式包括听辨语音、听写常用字词、朗读句子、朗读绕口令和朗读诗歌等。

五、课程学生成绩评定

成绩评定方式表

考核环节	百分比（%）	考核 / 评价细则
平时成绩	30	出勤、作业、课堂表现等
期末考试	70	闭卷考试，卷面百分制，按 70% 计入总成绩

六、教学资源

课程的基本教学资源

资源类型	资源
教材	《朗读与正音》（自编讲义）
参考书目	《汉语语音训练》，曹文，北京大学出版社，2008 年

第七章 汉字读写课程教学大纲

一、课程概览

课程中文名称	汉字读写		
课程英文名称	Chinese Characters Reading and Writing		
课程学分	2	**课程总学时数**	32 学时（理论教学 16 学时，实践教学 16 学时）
课程类别	专业课	**课程性质**	选修	**课程形态**	线上／线下／线上线下混合
考核方式	考试		
开课学部（学院）	国际中文学院	**授课对象**	本科留学生
面向专业（方向）	所有专业（方向）	**开课学期**	一年级下
大纲编写人	王安红	**审核人**	唐伶
课程简介	本课程为汉字读写技能训练课，以培养学生正确的汉字观念、扩大汉字认读量和词汇量、养成良好的书写习惯为授课目标。课堂上，技能训练与汉字知识传授并重，包括教师讲授、课堂操练、小组报告等课堂教学环节。 作为中高年级汉字知识课的"前奏"，本课程力求帮助学生了解一些基础的汉字知识，如笔画、笔顺、造字法、部首和部件等，通过科学的编排、大量的操练，潜移默化地帮助学生树立正确的汉字书写观念，感受汉字的魅力，促使学生养成良好的书写习惯，为今后的进一步学习打好基础。 汉字既是中华民族的重要交际工具，又是古人馈赠给现代人的巨大财富和文明瑰宝，及早地培养留学生对汉字的兴趣和感情，对其深入学习汉语言文化、成为汉语言文化的传播使者是很有必要的。		

二、课程目标

项目	具体内容
课程总目标	1. 让学生初步了解汉字的基础知识，如笔画、笔顺、造字法、部首和部件等。 2. 让学生初步了解分析汉字字形的方法。
价值塑造目标	1. 让学生了解汉字与中国文化的关系。 2. 让学生领略汉字魅力，传播汉字瑰宝。
知识传授目标	1. 让学生了解汉字与其他表音文字的本质区别。 2. 让学生初步了解典型汉字字形与字音、字义的关系。
能力培养目标	1. 让学生初步掌握分析典型汉字的方法。 2. 让学生能用正确的笔顺书写汉字。 3. 帮助学生重新梳理已学过的汉字，提高汉字分析能力。 4. 帮助学生扩大识字量和词汇量。

三、各课教学内容和学时分配

《新编汉字津梁》（上）

第一单元　汉字的笔画和笔顺

教学目标

1. 了解汉字的基本笔画和部分派生笔画。

2. 能用正确的笔顺书写汉字。

教学内容

1. 了解汉字的 6 个基本笔画：横、竖、撇、点、捺、提。

2. 了解汉字的 13 个派生笔画：横折、竖折、横钩、竖钩、斜钩、弯钩、横折钩、竖弯、竖弯钩、横折弯钩、横折斜钩、横撇弯钩、横折折撇。

3. 了解汉字的基本笔顺：先横后竖、先撇后捺、先上后下、先左后右、先中间后两边、先外后里、先进去后关门。

教学重点

1. 笔画的名称。

2. 笔顺规则。

教学难点

1. 相似笔画的区分。

2. 个别汉字的书写笔顺。

学时分配

4 学时

第二单元　跟"人"有关的部首

教学目标

1. 了解部分派生笔画。

2. 学习跟"人"有关的部首及相关的常用汉字。

3. 能用正确的笔顺书写汉字。

教学内容

1. 了解部分派生笔画：撇折、横折弯钩、撇点、竖折折钩、横折折折钩、竖提、横撇。

2. 学习跟"人"有关的部首（人、女、母、父、子）及相关的常用汉字。

3. 了解汉字的部件。

教学重点

1. 跟"人"有关的部首及相关的常用汉字。

2. 用正确的笔顺书写汉字。

3. 对汉字进行部件分析。

教学难点

1. 建立部首和汉字意义的联系。

2. 部件分析的方法。

学时分配

4 学时

第三单元　跟"头"有关的部首

教学目标

1. 了解部分派生笔画。

2. 学习跟"头"有关的部首及相关的常用汉字。

3. 能用正确的笔顺书写汉字。

教学内容

1. 了解部分派生笔画：横折弯、横折提。

2. 学习跟"头"有关的部首（页、目、口、欠、自、耳）及相关的常用汉字

3. 了解独体字和合体字：由一个基础部件组成的汉字为独体字，由两个或两个以上基础部件组成的汉字为合体字。

教学重点

1. 跟"头"有关的部首及相关的常用汉字。

2. 分析汉字的部件。

3. 用正确的笔顺书写汉字。

教学难点

1. 建立部首和汉字意义的联系。

2. 分析汉字的部件。

学时分配

4 学时

第四单元 跟"手"有关的部首

教学目标

1. 学习跟"手"有关的部首及相关的常用汉字。

2. 了解笔形的改变。

3. 能用正确的笔顺书写汉字。

教学内容

1. 学习跟"手"有关的部首（手、又、爪、寸）及相关的常用汉字。

2. 了解笔形改变的规律：横变成提（功、理、埋），捺变成点（对、灯），横的缩短（躺、射），撇变成竖（背）。

教学重点

1. 跟"手"有关的部首及相关的常用汉字。

2. 分析汉字的部件。

3. 用正确的笔顺书写汉字。

教学难点

1. 建立部首和汉字意义的联系。

2. 分析汉字的部件。

学时分配

4 学时

第五单元　跟"身心"有关的部首

教学目标

1. 学习跟"身心"有关的部首及相关的常用汉字。

2. 了解象形造字法，认识一些常见的象形字。

3. 能用正确的笔顺书写汉字。

教学内容

1. 学习跟"身心"有关的部首（身、疒、心、忄）及相关的常用汉字。

2. 了解象形造字法，认识一些常见的象形字，如：日、月、山、水、人、马、鸟。

教学重点

1. 跟"身心"有关的部首及相关的常用汉字。

2. 分析汉字的部件。

3. 用正确的笔顺书写汉字。

教学难点

1. 建立部首和汉字意义的联系。

2. 分析汉字的部件。

学时分配

4 学时

第六单元　跟"足"有关的部首

教学目标

1. 学习跟"足"有关的部首及相关的常用汉字。

2. 了解指事造字法，认识一些常见的指事字。

3. 能用正确的笔顺书写汉字。

教学内容

1. 学习跟"足"有关的部首（止、辶、足）及相关的常用汉字。

2. 了解指事造字法，认识一些常见的指事字，如：一、二、三、上、下、本、末。

教学重点

1. 跟"足"有关的部首及相关的常用汉字。

2. 分析汉字的部件。

3. 用正确的笔顺书写汉字。

教学难点

1. 建立部首和汉字意义的联系。

2. 分析汉字的部件。

学时分配

4 学时

第七单元　跟"肉（月）和饮食"有关的部首

教学目标

1. 学习跟"肉（月）和饮食"有关的部首及相关的常用汉字。

2. 了解会意造字法，认识一些常见的会意字。

3. 能用正确的笔顺书写汉字。

教学内容

1. 学习跟"肉（月）和饮食"有关的部首（月、食，饣、米）及相关的常用汉字。

2. 了解会意造字法，认识一些常见的会意字，如：休、相、安、家、从、好、志、忐。

教学重点

1. 跟"肉（月）和饮食"有关的部首及相关的常用汉字。

2. 分析汉字的部件。

3. 用正确的笔顺书写汉字。

教学难点

1. 建立部首和汉字意义的联系。

2. 分析汉字的部件。

学时分配

4 学时

第八单元　跟"动植物"有关的部首

教学目标

1. 学习跟"动植物"有关的部首及相关的常用汉字。

2. 了解形声造字法，认识一些常见的形声字。

3. 能用正确的笔顺书写汉字。

教学内容

1. 学习跟"动植物"有关的部首（牛、马、羊、虫、木、艹、竹）及相关的常用汉字。

2. 了解形声造字法，认识一些常见的形声字，如：爸、妈、湖、河、草、花。

教学重点

1. 跟 "动植物" 有关的部首及相关的常用汉字。

2. 分析汉字的部件。

3. 用正确的笔顺书写汉字。

教学难点

1. 建立部首和汉字意义的联系。

2. 分析汉字的部件。

学时分配

4 学时

四、实践环节及要求

本课程为初级阶段的汉字基础课，重在汉字读写技能的专项训练，但必要的汉字知识讲解有助于学生更好地分析和识记汉字，所以课程安排为理论讲解和实践操练各占一半课时。

课堂常规实践环节及实践形式包括认读汉字、书写汉字、玩汉字游戏等。另外，教师还可以安排一次小组报告，让学生介绍汉字的部首并分析相关的汉字。

五、课程学生成绩评定

成绩评定方式表

考核环节	百分比（%）	考核／评价细则
平时成绩	30	出勤、作业、课堂表现等
期末考试	70	闭卷考试，卷面百分制，按 70% 计入总成绩

六、教学资源

课程的基本教学资源

资源类型	资源
教材	《新编汉字津梁》（上），施正宇，北京大学出版社，2005 年
参考书目	《汉字演变五百例》（第二版），李乐毅，北京语言大学出版社，2014 年

二年级课程教学大纲

第一章　中级汉语综合课程教学大纲

一、课程概览

课程中文名称	中级汉语综合			
课程英文名称	Intermediate Chinese Comprehensive Course			
课程学分	12	课程总学时数		200 学时（理论教学 192 学时，实践教学 8 学时）
课程类别	专业课	课程性质	必修	课程形态　线上 / 线下 / 线上线下混合
考核方式	考试			
开课学部（学院）	国际中文学院	授课对象		本科留学生
面向专业	所有专业（方向）	开课学期		二年级上、下
大纲编写人	刘苏乔、刘慧娟、李玉玉、李华、张淑贤、尚英、聂凤春、徐燕军、强星娜	审核人		尚英
课程简介	中级汉语综合课是本科二年级留学生课程中的一门主干课程，主要任务是对留学生进行相应的语言内容（词汇、语法等）和有关的文化知识的教学，要进行听、说、读、写的综合训练。中级汉语综合课具有很强的实践性和综合性。在教学过程中，听、说、读、写不是孤立的，而是互为依存的环节，在技能化、交际化的训练中，学生通过"读"的方式获得语言材料（课文），在"听说"中讲练，并贯穿"读写"（理解课文、记录语法点和例句等）。课堂技能训练的延续是写作业，学生可以通过"写"巩固深化课堂所学知识。 　　中级汉语综合课作为二年级的基础课程，为其他专项技能课提供训练的基础，提供词汇、语法项目及文化知识和素材，使专项技能训练和主干课的综合训练互相促进、相得益彰。			

二、课程目标

项目	具体内容
课程总目标	1. 帮助学生进一步扩大词汇量（由 2500 词到 4500 词），巩固、补充和深化基本语法项目。 2. 帮助学生提高阅读原著的能力，并能运用所学词语、结构、较为复杂的句式、语段语篇连贯的手段，就某一方面的内容和话题进行较为准确、流利的语段语篇表达（包括口头表达和书面表达）。 3. 提高学生运用汉语进行交际的能力。 4. 提高学生的人文素养。
价值塑造目标	1. 引导学生深入了解中国文化，比如：中国人的称呼习惯、数字文化、养生文化、中国人的家庭婚姻观念、中国的地方方言、北京四合院的建筑艺术、北京城的历史文化等。 2. 培养学生正确积极的世界观、人生观、价值观。比如：培养守时、珍惜时间的观念；理解他人，尊重他人；尊重文化差异、个性差异；能够采用有效的沟通方式化解危机；面对困难和挫折，能保持积极向上的健康心理。
知识传授目标	1. 帮助学生扩大词汇量（由 2500 词到 4500 词）。 2. 帮助学生巩固、补充和深化基本语法项目。 3. 帮助学生了解中国文化。
能力培养目标	1. 在听的方面，学生能听懂教师的课堂讲解及关于日常生活学习情况的各种问题（丙级词汇，语法不超过 40%，语速每分钟 180—220 个汉字），能听懂一般性社交、工作场合的谈话，并能获取主要信息。 2. 在说的方面，学生能在课堂上与教师进行问答，能进行关于日常生活的谈话，做到语音、语调基本准确，语句连贯，词语句式较为丰富（丙级词汇，语法约占 30%），基本能表达思想，无重大语法错误。 3. 在读的方面，学生能逐步提高阅读原著的能力，能借助工具书阅读与课文难易相当的文章，具有一定的猜词、跳跃障碍、抓关键信息的能力，不借助工具书能阅读词汇、语法难度达到甲级、乙级或丙级的文章，理解准确率为 60%—70%。 4. 在写的方面，学生能做简要的笔记，能完成课后笔头作业；能按照限定题目，在半小时内写出语句较为通顺、内容完整的 200—300 字的语段、语篇；能运用所学词语（丙级词汇，语法项目约占 20%）写出关于日常生活、学习、工作情况的短文，基本能表达思想，无重大语法错误。听写的速度为每分钟 15—18 个汉字。

三、各课教学内容和学时分配

上学期：

《尔雅中文：中级汉语综合教程》（上）

<h1 style="text-align:center">第一课　缘分</h1>

教学目标

1. 对于本课词语，要求学生会读、会写并了解基本用法。

2. 要求学生熟练掌握并运用本课的7个重点词语和8个语言点。

3. 要求学生理解课文并能回答课后问题。

4. 要求学生能正确完成课后练习。

5. 让学生对"缘分"有所了解，并能就此话题发表自己的看法。

教学内容

1. 题解。

2. 词语（55个，包括1个专有名词）

　　重点词语（7个）：热心、烦恼、借口、得意、塞、陌生、对面。

3. 语言点（8个）：不好、于是、忍不住、……来……去、一时、竟（然）、始终、……着……着。

4. 课文：

　　（1）重点内容：什么是"缘分"，谈谈自己对缘分的看法，讲述课文里发生的有关缘分的故事。

　　（2）语句（难词难句解释）：

　　　　父母急得团团转，还不好当着他的面说。

　　　　原来我总觉得那是某些人的挡箭牌。

　　　　好事就这样落到我身上了。

　　　　缘分的天空里，天使为那些陌生的男男女女飞来飞去……让他们"啪"地擦出爱的火花。

5. 练习。

教学重点

1. 重点词语（7个）：热心、烦恼、借口、得意、塞、陌生、对面。

2. 语言点（8个）：不好、于是、忍不住、……来……去、一时、竟（然）、始终、……着……着。

3. 课文：什么是"缘分"，谈谈自己对缘分的看法，讲述课文里发生的有关缘分的故事。

教学难点

1. 重点词语与语言点：热心、于是、一时、……着……着。

2. 课文难词难句解释：

父母急得团团转，还不好当着他的面说。

原来我总觉得那是某些人的挡箭牌。

好事就这样落到我身上了。

缘分的天空里，天使为那些陌生的男男女女飞来飞去……让他们"啪"地擦出爱的火花。

学时分配

8 学时

第二课　坐在时光上

教学目标

1. 对于本课词语，要求学生会读、会写并了解基本用法。

2. 要求学生熟练掌握并运用本课的 6 个重点词语和 8 个语言点。

3. 要求学生理解课文并能回答课后问题。

4. 要求学生能正确完成课后练习。

5. 要求学生能复述课文中讲的关于时间的故事。

教学内容

1. 题解。

2. 词语（58 个，包括 2 个专有名词）

重点词语（6 个）：把握、观察、唯一、尊重、掌握、疑惑。

3. 语言点（8 个）：偏偏、随时、至于、居然、不仅……也……、宁可……也……、届时、尤其。

4. 课文：

（1）重点内容：跟时间有关的几个故事。

（2）语句（难词难句解释）：

偏偏那些朋友都是夜猫子。

随时恭候。

你早到，会使他手足无措。

譬如有个裱画店，以"拖"闻名。

学生露出诧异的表情。

5. 练习。

教学重点

1. 重点词语（6 个）：把握、观察、唯一、尊重、掌握、疑惑。

2. 语言点（8 个）：偏偏、随时、至于、居然、不仅……也……、宁可……也……、届时、尤其。

3. 课文：跟时间有关的几个故事。

教学难点

1. 重点词语与语言点：把握、观察、偏偏、随时、宁可……也……、至于。

2. 课文难词难句解释：

偏偏那些朋友都是夜猫子。

随时恭候。

你早到，会使他手足无措。

譬如有个裱画店，以"拖"闻名。

学生露出诧异的表情。

学时分配

8 学时

第三课　世上最好的爱

教学目标

1. 对于本课词语，要求学生会读、会写并了解基本用法。

2. 要求学生熟练掌握并运用本课的 7 个重点词语和 7 个语言点。

3. 要求学生理解课文并能回答课后问题。

4. 要求学生能正确完成课后练习。

5. 要求学生能复述发生在"我"和孩子之间的故事。

教学内容

1. 题解。

2. 词语（58 个，包括 1 个专有名词）

重点词语（7 个）：忙碌、同情、乐趣、吃惊、羡慕、宣布、感受。

3. 语言点（7 个）：……得不得了、几乎、无 A 无 B、至今、冲、……起来（表开始）、一下子。

4. 课文：

（1）重点内容：发生在"我"和孩子之间的故事，"我"对养孩子的看法。

（2）语句（难词难句解释）：

看见你这样忙忙碌碌、身不由己，我是不敢要孩子了。

妈妈是近视眼，我是千里眼。

当我讲完这些时，朋友的眼睛湿润了。

5. 练习。

教学重点

1. 重点词语（7个）：忙碌、同情、乐趣、吃惊、美慕、宣布、感受。

2. 语言点（7个）：……得不得了、几乎、无A无B、至今、冲、……起来（表开始）、一下子。

3. 课文：发生在"我"和孩子之间的故事，"我"对养孩子的看法。

教学难点

1. 重点词语和语言点：乐趣、吃惊、感受、几乎、无A无B。

2. 课文难词难句解释：

看见你这样忙忙碌碌、身不由己，我是不敢要孩子了。

妈妈是近视眼，我是千里眼。

当我讲完这些时，朋友的眼睛湿润了。

学时分配

8学时

第四课　圆满的误会

教学目标

1. 对于本课词语，要求学生会读、会写并了解基本用法。

2. 要求学生熟练掌握并运用本课的7个重点词语和7个语言点。

3. 要求学生理解课文并能回答课后问题。

4. 要求学生能正确完成课后练习。

5. 让学生对残疾人的婚恋状况有所了解，并能就自己国家的残疾人生活情况发表看法。

教学内容

1. 题解。

2. 词语（61个，包括3个专有名词）

重点词语（7个）：吸引、体贴、矛盾、说服、脾气、积极、回报。

3. 语言点（7个）：一向、赶快、转眼、顿时、不出……所料、亲眼、足足。

4. 课文：

（1）重点内容：吴天宇和罗晓兰是怎么认识的？吴天宇和罗晓兰为什么误认为对方是聋哑人？为什么说这是一个"圆满的误会"？

（2）语句（难词难句解释）：

视线

察觉到了她的异常。

转眼几个星期过去了。

憋红了脸

随之而来

怀着忐忑的心情

话音刚落

开玩笑的上帝此刻也一定笑了。

5. 练习。

教学重点

1. 重点词语（7个）：吸引、体贴、矛盾、说服、脾气、积极、回报。

2. 语言点（7个）：一向、赶快、转眼、顿时、不出……所料、亲眼、足足。

3. 课文：吴天宇和罗晓兰是怎么认识的？吴天宇和罗晓兰为什么误认为对方是聋哑人？为什么说这是一个"圆满的误会"？

教学难点

1. 重点词语和语言点：体贴、回报、一向、不出……所料、足足。

2. 课文难词难句解释：

视线

察觉到了她的异常。

转眼几个星期过去了。

憋红了脸

随之而来

怀着忐忑的心情

话音刚落

开玩笑的上帝此刻也一定笑了。

学时分配

8学时

第五课　慢生活

教学目标

1. 对于本课词语，要求学生会读、会写并了解基本用法。

2. 要求学生熟练掌握并运用本课的6个重点词语和6个语言点。

3. 要求学生理解课文并能回答课后问题。

4. 要求学生能正确完成课后练习。

5. 让学生对人们目前的生活节奏有所了解，并能就自己国家的情况发表看法。

教学内容

1. 题解。

2. 词语（57个，包括1个专有名词）

重点词语（6个）：型、匆匆、提倡、享受、提醒、从容。

3. 语言点（6个）：早已、不禁、恐怕、偶尔、不是……而是……、对……来说。

4. 课文：

（1）重点内容：为什么说"这是一个快速的时代"？为什么越来越多的人开始提倡"慢生活"？怎样才能做到"慢生活"？为什么说"慢生活"其实是一种更积极、更健康的生活方式？

（2）语句（难词难句解释）：

来不及沉淀为经典。

慢的乐趣怎么就失传了呢？

迷失方向

掌握好自己的步调。

久违的风景

宠辱不惊，看庭前花开花落。

5. 练习。

教学重点

1. 重点词语（6个）：型、匆匆、提倡、享受、提醒、从容。

2. 语言点（6个）：早已、不禁、恐怕、偶尔、不是……而是……、对……来说。

3. 课文：为什么说"这是一个快速的时代"？为什么越来越多的人开始提倡"慢生活"？怎样才能做到"慢生活"？为什么说"慢生活"其实是一种更积极、更健康的生活方式？

教学难点

1. 重点词语和语言点：匆匆、提倡、不禁、恐怕、对……来说。

2. 课文难词难句解释：

来不及沉淀为经典。

慢的乐趣怎么就失传了呢？

迷失方向

掌握好自己的步调。

久违的风景

宠辱不惊，看庭前花开花落。

学时分配

8 学时

第六课　青春期碰上更年期

教学目标

1. 对于本课词语，要求学生会读、会写并了解基本用法。

2. 要求学生熟练掌握并运用本课的 8 个重点词语和 8 个语言点。

3. 要求学生理解课文并能回答课后问题（课堂练习一）。

4. 要求学生能正确完成课后练习。

5. 让学生对青春期和更年期的特点有所了解，并能就如何对待处于青春期的孩子和更年期的父母发表看法。

教学内容

1. 题解：青春期指的是男女生殖器官发育成熟的时期。通常男孩子于 14—16 岁进入青春期，而女孩子则于 13—14 岁进入青春期。更年期是成年期向老年期过渡的时期，女子一般是 45—55 岁，男子通常是 55—65 岁。青春期的孩子，荷尔蒙开始变化，情绪很不稳定，常会有一些奇怪的行为，而处于更年期的人，荷尔蒙开始减少，会出现各种症状，比如焦虑、神经紧张、失眠等。处于青春期的孩子和处于更年期的父母相处时，应互相体贴、互相谅解。

2. 词语（63 个）

重点词语（8 个）：谅解、在乎、不耐烦、拒绝、抗议、充满、发泄、烦躁。

3. 语言点（8 个）：令、差点儿、以……为……、尽量、简直、向来、随即、甚至。

4. 课文：

（1）重点内容：处于青春期的孩子有什么特点？作为父母，应该怎样对待他们？进入更年期的中老年人一般有什么表现？作为子女，应该怎样对待他们？

（2）语句（难词难句解释）：

满不在乎

酷

扭头就走

一脸严肃

无论如何

5. 练习。

教学重点

1. 重点词语（8 个）：谅解、在乎、不耐烦、拒绝、抗议、充满、发泄、烦躁。

2. 语言点（8个）：令、差点儿、以……为……、尽量、简直、向来、随即、甚至。

3. 课文：处于青春期的孩子有什么特点？作为父母，应该怎样对待他们？进入更年期的中老年人一般有什么表现？作为子女，应该怎样对待他们？

教学难点

1. 重点词语和语言点：抗议、差点儿、以……为……、简直、随即、甚至。

2. 课文难词难句解释：

满不在乎

酷

扭头就走

一脸严肃

无论如何

学时分配

8学时

第七课　我往东，他往西

教学目标

1. 对于本课词语，要求学生会读、会写并了解基本用法。

2. 要求学生熟练掌握并运用本课的6个重点词语和7个语言点。

3. 要求学生理解课文并能回答课后问题。

4. 要求学生能正确完成课后练习。

5. 让学生学会面对人与人之间的差异，学会接纳、尊重、欣赏他人。

教学内容

1. 题解："我"和丈夫性格迥然不同，因为性格的差异，面对同样的事情，彼此的看法和反应总是相反，但是"我"觉得这种差异不是烦恼，而是生活本身的乐趣。

2. 词语（52个）

重点词语（6个）：差异、场面、慌张、特色、冷静、盲目。

3. 语言点（7个）：恰恰、根本、照例、总算、千万、谁说……、倒是。

4. 课文：

（1）重点内容："我"跟丈夫在性格上的差异，因为性格差异发生的有趣故事，以及性格差异给"我"带来的好处。

（2）语句（难词难句解释）：

我和这个法国老外在同一个围城里生活3年了。

我外表安静，内心却张牙舞爪。

我们只好用"剪刀石头布"来解决问题了。

3 年了，我还从没中过奖，哪怕是末等奖我也没中过。

5. 练习。

教学重点

1. 重点词语（6 个）：差异、场面、慌张、特色、冷静、盲目。

2. 语言点（7 个）：恰恰、根本、照例、总算、千万、谁说……、倒是。

3. 课文："我"跟丈夫在性格上的差异，因为性格差异发生的有趣故事，以及性格差异给"我"带来的好处。

教学难点

1. 重点词语和语言点：场面、特色、盲目、恰恰、千万、倒是。

2. 课文难词难句解释：

我和这个法国老外在同一个围城里生活 3 年了。

我外表安静，内心却张牙舞爪。

我们只好用"剪刀石头布"来解决问题了。

3 年了，我还从没中过奖，哪怕是末等奖我也没中过。

学时分配

8 学时

第八课　称呼之难

教学目标

1. 对于本课词语，要求学生会读、会写并了解基本用法。

2. 要求学生熟练掌握并运用本课的 7 个重点词语和 7 个语言点。

3. 要求学生理解课文并能回答课后问题。

4. 要求学生能正确完成课后练习。

5. 让学生对不同时期中国人在称呼方面的变化有所了解，并能就此话题发表自己的看法。

教学内容

1. 题解。

2. 词语（58 个）

重点词语（7 个）：交往、讲究、意味、伤害、偶然、发火、门（量词）。

3. 语言点（7 个）：拿……来说、大致、一律、不管、干脆、反正（强调结果）、可见。

4. 课文：

（1）重点内容：不同时期中国人在称呼方面的变化和讲究。

（2）语句（难词难句解释）：

改革开放之后，各种新鲜事物层出不穷。

为了达到与对方拉近关系的目的，成功地将"先生们"分出了亲疏尊卑来。

你叫人家女士，人家要高兴才怪呢。

5. 练习。

教学重点

1. 重点词语（7个）：交往、讲究、意味、伤害、偶然、发火、门（量词）。

2. 语言点（7个）：拿……来说、大致、一律、不管、干脆、反正（强调结果）、可见。

3. 课文：不同时期中国人在称呼方面的变化和讲究。

教学难点

1. 重点词语和语言点：讲究、拿……来说、大致、反正（强调结果）、可见。

2. 课文难词难句解释：

改革开放之后，各种新鲜事物层出不穷。

为了达到与对方拉近关系的目的，成功地将"先生们"分出了亲疏尊卑来。

你叫人家女士，人家要高兴才怪呢。

学时分配

8学时

第九课 今天，你心情好吗

教学目标

1. 对于本课词语，要求学生会读、会写并了解基本用法。

2. 要求学生熟练掌握并运用本课的6个重点词语和7个语言点。

3. 要求学生理解课文并能回答课后问题。

4. 要求学生能正确完成课后练习。

5. 要求学生能复述发生在"我"和出租车司机之间的故事。

教学内容

1. 题解。

2. 词语（51个）

重点词语（6个）：采访、赚、难得、意识、挫折、悲观。

3. 语言点（7个）：显然、即使……也……、反正（强调原因）、以便、或者……或者……、所谓……就是……、何况。

4. 课文：

（1）重点内容：发生在"我"和出租车司机之间的故事。"我"遇到的两个司机在态度上有什么不同？司机如何调整自己的心情？

（2）语句（难词难句解释）：

后视镜上的脸拉了下来，声音闷闷的。

舒服个鬼！

他的话匣子就打开了。

一张笑容可掬的脸转了过来。

这一次却与上次迥然不同。

车子又在车流中动弹不了了。

5. 练习。

教学重点

1. 重点词语（6个）：采访、赚、难得、意识、挫折、悲观。

2. 语言点（7个）：显然、即使……也……、反正（强调原因）、以便、或者……或者……、所谓……就是……、何况。

3. 课文：发生在"我"和出租车司机之间的故事。"我"遇到的两个司机在态度上有什么不同？司机如何调整自己的心情？

教学难点

1. 重点词语和语言点：难得、何况、反正、以便。

2. 课文难词难句解释：

后视镜上的脸拉了下来，声音闷闷的。

舒服个鬼！

他的话匣子就打开了。

一张笑容可掬的脸转了过来。

这一次却与上次迥然不同。

车子又在车流中动弹不了了。

学时分配

8 学时

第十课　胡杨林的启示

教学目标

1. 对于本课词语，要求学生会读、会写并了解基本用法。

2. 要求学生熟练掌握并运用本课的 6 个重点词语和 7 个语言点。

3. 要求学生理解课文并能回答课后问题。

4. 要求学生能正确完成课后练习。

5. 帮助学生理解困难和挫折对于成长的意义，并能就此话题发表自己的看法。

教学内容

1. 题解。

2. 词语（55 个）

　　重点词语（6 个）：辛勤、浇、惊讶、请教、舒适、充足。

3. 语言点（7 个）：顺手、把（动量词）、纷纷、不 A 不 B、难道、不得不、恨不得。

4. 课文：

　　（1）重点内容：两人对待胡杨树苗的态度有什么差异？狂风过后，两人的胡杨林情况有什么不同？"奥秘"指什么？

　　（2）语句（难词难句解释）：

　　　　除了一些被风吹掉的树叶和一些被刮断的树枝，几乎没有树被风吹倒或者吹歪。

　　　　没有水和肥料供它们吸收，它们就不得不拼命向下扎根，恨不得把自己的根一直扎进地心深处。

　　　　别给生命太舒适的温床，要不然只会孕育出生命的灾难。

5. 练习。

教学重点

1. 重点词语（6 个）：辛勤、浇、惊讶、请教、舒适、充足。

2. 语言点（7 个）：顺手、把（动量词）、纷纷、不 A 不 B、难道、不得不、恨不得。

3. 课文：两人对待胡杨树苗的态度有什么差异？ 狂风过后，两人的胡杨林情况有什么不同？"奥秘"指什么？

教学难点

1. 重点词语和语言点：舒适、顺手、把（动量词）、恨不得。

2. 课文难词难句解释：

　　除了一些被风吹掉的树叶和一些被刮断的树枝，几乎没有树被风吹倒或者吹歪。

　　没有水和肥料供它们吸收，它们就不得不拼命向下扎根，恨不得把自己的根一直扎进地心深处。

别给生命太舒适的温床，要不然只会孕育出生命的灾难。

学时分配

8 学时

第十一课　买彩票

教学目标

1. 对于本课词语，要求学生会读、会写并了解基本用法。

2. 要求学生熟练掌握并运用本课的 6 个重点词语和 7 个语言点。

3. 要求学生理解课文并能回答课后问题。

4. 要求学生能正确完成课后练习。

5. 帮助学生了解中国彩票业，并能就相关话题发表自己的看法。

教学内容

1. 题解。

2. 词语（58 个）

重点词语（6 个）：掏、攒、者、埋怨、公平、遗憾。

3. 语言点（7 个）：从……起、够……的、罢了、经过、……出去、否则、看来。

4. 课文：

（1）重点内容：为了吸引大家买彩票，发售点是怎么宣传的？"我"的女友买彩票的经过。

（2）语句（难词难句解释）：

即使没有那 40 万元，仅仅中一辆"夏利"小轿车也已经够刺激的了。

若是工薪阶层的，攒一辈子恐怕也只能攒"夏利"的两个轮子罢了。

要想把这一万多元痛痛快快地挣回来，只能继续购买彩票，否则这些投资就等于扔进水里了。

她绝不相信自己这般虔诚和执着却得不到公平的回报。

5. 练习。

教学重点

1. 重点词语（6 个）：掏、攒、者、埋怨、公平、遗憾。

2. 语言点（7 个）：从……起、够……的、罢了、经过、……出去、否则、看来。

3. 课文：为了吸引大家买彩票，发售点是怎么宣传的？"我"的女友买彩票的经过。

教学难点

1. 重点词语和语言点：者、埋怨、从……起、否则、看来。

2.课文难词难句解释：

即使没有那40万元，仅仅中一辆"夏利"小轿车也已经够刺激的了。

若是工薪阶层的，攒一辈子恐怕也只能攒"夏利"的两个轮子罢了。

要想把这一万多元痛痛快快地挣回来，只能继续购买彩票，否则这些投资就等于扔进水里了。

她绝不相信自己这般虔诚和执着却得不到公平的回报。

学时分配

8学时

第十二课　数字迷信

教学目标

1.对于本课词语，要求学生会读、会写并了解基本用法。

2.要求学生熟练掌握并运用本课的7个重点词语和7个语言点。

3.要求学生理解课文并能回答课后问题（课堂练习一）。

4.要求学生能正确完成课后练习。

5.让学生对一些流行的谐音数字的意义有所了解，并能完成课堂练习（三）。

教学内容

1.题解：什么是数字迷信？

2.词语（70个，包括6个专有名词）

重点词语（7个）：左右、幸运、象征、难以、……感、事故、……率。

3.语言点（7个）：历来、挺、为……所……、相反、最……莫过于、因……而……、是否。

4.课文：

重点内容：中国和西方国家在数字迷信方面有哪些差异？

5.练习。

教学重点

1.重点词语（7个）：左右、幸运、象征、难以、……感、事故、……率。

2.语言点（7个）：历来、挺、为……所……、相反、最……莫过于、因……而……、是否。

3.课文：中国和西方国家在数字迷信方面有哪些差异？

教学难点

1.重点词语和语言点：象征、……感、为……所……、最……莫过于。

2.课文：中国和西方国家在数字迷信方面有哪些差异？

学时分配

8 学时

下学期：

《尔雅中文：中级汉语综合教程》（下）

第十三课　一个高职生的升职神话

教学目标

1. 对于本课词语，要求学生会读、会写并了解基本用法。

2. 要求学生熟练掌握并运用本课的 6 个重点词语和 7 个语言点。

3. 要求学生理解课文并能回答课后问题。

4. 要求学生能正确完成课后练习。

5. 让学生对职员们的升职情况有所了解，并能就相关话题发表自己的看法。

教学内容

1. 题解：一个看起来比其他大学生学历低的"高职生"却很快得到了升职机会，她的升职靠的是什么？还是只是一个神话？课文启发每一个希望升职的人去思考。

2. 词语（66 个，包括 2 个专有名词）

重点词语（6 个）：考察、紧急、不满、销售、限制、保险。

3. 语言点（7 个）：万万、暂时、则、稍微、比……还……、说不定、按。

4. 课文：

（1）重点内容：杨丽如何创造的升职神话？从杨丽创造的升职神话中，我们可以学习到哪些东西？谈谈你对升职的看法。

（2）语句（难词难句解释）：

就业形势很严峻。

白忙了一天。

"傻"求职者

"最佳员工"的称号和奖金落在了这个前台接待员头上。

5. 练习。

教学重点

1. 重点词语（6 个）：考察、紧急、不满、销售、限制、保险。

2. 语言点（7 个）：万万、暂时、则、稍微、比……还……、说不定、按。

3. 课文：杨丽如何创造的升职神话？从杨丽创造的升职神话中，我们可以学习到哪些东西？谈谈你对升职的看法。

教学难点

1. 重点词语和语言点：考察、限制、保险、则、说不定、按。

2. 课文难词难句解释：

　　就业形势很严峻。

　　白忙了一天。

　　"傻"求职者

　　"最佳员工"的称号和奖金落在了这个前台接待员头上。

学时分配

8 学时

第十四课　选择

教学目标

1. 对于本课词语，要求学生会读、会写并了解基本用法。

2. 熟练掌握并运用本课的 8 个重点词语和 8 个语言点。

3. 要求学生理解课文并能回答课后问题。

4. 要求学生能正确完成课后练习。

5. 要求学生能复述发生在张平与妻子、王娜与父母之间的故事，并谈谈自己的看法。

教学内容

1. 题解：生活中会出现很多选择，在自己的亲人之间做出选择对大多数人来说都十分困难，到底该如何选择，这需要智慧，也需要我们去思考。

2. 词语（54 个，包括 2 个专有名词）

　　重点词语（8 个）：无可奈何、多余、气氛、争论、坦白、算（是）、培养、义务。

3. 语言点（8 个）：……之类、临、不由得、免得、以$_1$、以及、凭、在……下。

4. 课文：

　　（1）重点内容：张平、妻子及父母之间发生了什么问题？王娜的父母为什么不同意她和男朋友结婚？如何让亲人之间更协调，并做出最好的选择？

　　（2）语句（难词难句解释）：

　　　　颇有微词

　　　　两边说好话。

　　　　不会过日子。

大不了租房子。

下了最后通牒。

门不当户不对。

5. 练习。

教学重点

1. 重点词语（8个）：无可奈何、多余、气氛、争论、坦白、算（是）、培养、义务。

2. 语言点（8个）：……之类、临、不由得、免得、以₁、以及、凭、在……下。

3. 课文：张平、妻子及父母之间发生了什么问题？王娜的父母为什么不同意她和男朋友结婚？如何让亲人之间更协调，并做出最好的选择？

教学难点

1. 重点词语和语言点：坦白、算（是）、免得、以₁、凭、在……下。

2. 课文难词难句解释：

颇有微词

两边说好话。

不会过日子。

大不了租房子。

下了最后通牒。

门不当户不对。

学时分配

8 学时

第十五课　养生的智慧

教学目标

1. 对于本课词语，要求学生会读、会写并了解基本用法。

2. 要求学生熟练掌握并运用本课的 7 个重点词语和 8 个语言点。

3. 要求学生理解课文并能回答课后问题。

4. 要求学生能正确完成课后练习。

5. 让学生对养生有所了解，并能就此话题发表自己的看法。

教学内容

1. 题解。

2. 词语（63个，包括1个专有名词）

重点词语（7个）：生存、分明、预防、过分、避免、跌、摆脱。

3.语言点（8个）：以₂、不见得、……得要命、忽……忽……、早晚、哪怕、无非、而已。

4.课文：

（1）重点内容：一年四季应当如何养生？

（2）语句（难词难句解释）：

中医学最重视的养生法则，叫作"顺四时"。

春生、夏长、秋收、冬藏。

中医认为："人法自然，人顺四时。"

是啊，该出汗时你不出，都在里面憋着，能舒服吗？

人是自然的产物，我们要做的无非就是遵从自然的法则，仅此而已。

5.练习。

教学重点

1.重点词语（7个）：生存、分明、预防、过分、避免、跌、摆脱。

2.语言点（8个）：以₂、不见得、……得要命、忽……忽……、早晚、哪怕、无非、而已。

3.课文：一年四季应当如何养生？

教学难点

1.重点词语和语言点：摆脱、以₂、早晚、哪怕、无非。

2.课文难词难句解释：

中医学最重视的养生法则，叫作"顺四时"。

春生、夏长、秋收、冬藏。

中医认为："人法自然，人顺四时。"

是啊，该出汗时你不出，都在里面憋着，能舒服吗？

人是自然的产物，我们要做的无非就是遵从自然的法则，仅此而已。

学时分配

8学时

第十六课　互联网：让人欢喜让人忧

教学目标

1.对于本课词语，要求学生会读、会写并了解基本用法。

2.要求学生熟练掌握并运用本课的8个重点词语和6个语言点。

3.要求学生理解课文并能回答课后问题。

4.要求学生能正确完成课后练习。

5.要求学生能复述课文中讲的互联网的利和弊，并能就此话题发表自己的看法。

教学内容

1.题解。

2.词语（69个）

重点词语（8个）：如此、犯罪、瘾、下降、厌恶、追求、树立、逃避。

3.语言点（6个）：随着、日益、以至于、接连、免不了、不至于。

4.课文：

（1）重点内容：互联网有哪些利和弊？

（2）语句（难词难句解释）：

随着互联网的日益普及，全球越来越多的人加入了这个互联网的"世界"。

大到政治、经济，小到普通人的衣食住行、喜怒哀乐，几乎人类社会生活的每一个领域都能看到网络的影子。

于是，出现了"SOHO族""网购族""网吧族""网聊族"等。

有些人在网上"结婚"，甚至"生儿育女"。

一些学生"网虫"恨不得24小时都"挂"在网上。

每一个网民都应该自觉维护网络环境，不在网络上"吐痰"、乱扔"垃圾"。

5.练习。

教学重点

1.重点词语（8个）：如此、犯罪、瘾、下降、厌恶、追求、树立、逃避。

2.语言点（6个）：随着、日益、以至于、接连、免不了、不至于。

3.课文：互联网有哪些利和弊？

教学难点

1.重点词语和语言点：如此、随着、以至于、接连、不至于。

2.课文难词难句解释：

随着互联网的日益普及，全球越来越多的人加入了这个互联网的"世界"。

大到政治、经济，小到普通人的衣食住行、喜怒哀乐，几乎人类社会生活的每一个领域都能看到网络的影子。

于是，出现了"SOHO族""网购族""网吧族""网聊族"等。

有些人在网上"结婚"，甚至"生儿育女"。

一些学生"网虫"恨不得24小时都"挂"在网上。

每一个网民都应该自觉维护网络环境，不在网络上"吐痰"、乱扔"垃圾"。

学时分配

8 学时

第十七课　我和小豆豆的 ABCD

教学目标

1. 对于本课词语，要求学生会读、会写并了解基本用法。

2. 要求学生熟练掌握并运用本课的 7 个重点词语和 8 个语言点。

3. 要求学生理解课文并能回答课后问题。

4. 要求学生能正确完成课后练习。

5. 让学生对目前的子女教育问题有所了解，并能复述课文中有关教育孩子的小故事。

教学内容

1. 题解。

2. 词语（58 个，包括 1 个专有名词）

重点词语（7 个）：搂、喜悦、神情、引导、责备、谈论、格外。

3. 语言点（8 个）：固然、除非、特意、并、一口气、眼看、打招呼、……下来。

4. 课文：

（1）重点内容：什么是"虎妈猫爸"教育？谈谈你对教育子女的看法，讲述课文里有关教育孩子的小故事。

（2）语句（难词难句解释）：

一口气吃了十几颗。

他脸上露出了心满意足的神情。

看得出她是一番犹豫之后才把一颗草莓放到我嘴里的。

让她明白分享不是失去。

这样的机会也算可遇而不可求呢。

我觉得"让孩子在快乐的情绪中成长"不等于剥夺她体验丰富情感的可能。

5. 练习。

教学重点

1. 重点词语（7 个）：搂、喜悦、神情、引导、责备、谈论、格外。

2. 语言点（8 个）：固然、除非、特意、并、一口气、眼看、打招呼、……下来。

3. 课文：什么是"虎妈猫爸"教育？谈谈你对教育子女的看法，讲述课文里有关教育孩子的小故事。

教学难点

1. 重点词语和语言点：固然、除非、并、眼看。

2. 课文难词难句解释：

一口气吃了十几颗。

他脸上露出了心满意足的神情。

看得出她是一番犹豫之后才把一颗草莓放到我嘴里的。

让她明白分享不是失去。

这样的机会也算可遇而不可求呢。

我觉得"让孩子在快乐的情绪中成长"不等于剥夺她体验丰富情感的可能。

学时分配

8 学时

第十八课　整容

教学目标

1. 对于本课词语，要求学生会读、会写并了解基本用法。

2. 要求学生熟练掌握并运用本课的 7 个重点词语和 8 个语言点。

3. 要求学生理解课文并能回答课后问题。

4. 要求学生能正确完成课后练习。

5. 要求学生能复述课文中小张和莉莉整容的故事。

教学内容

1. 题解。

2. 词语（52 个，包括 1 个专有名词）

重点词语（7 个）：评价、别扭、配、惊人、对照、委屈、面临。

3. 语言点（8 个）：由于、不瞒……说、一个劲儿、不时、……长……短、一度、暗暗、依然。

4. 课文：

（1）重点内容：小张和莉莉整容的故事。

（2）语句（难词难句解释）：

不瞒您说，我老公最不踏实的就是他那冷冰冰的外表。

眼睛是心灵的窗户。

很快就和同事们打成一片。

经理长经理短地说得可亲热了。

莉莉的浓妆让她少了那种朴素的美。

我们好像已经陷入了一个怪圈。

5. 练习。

教学重点

1. 重点词语（7个）：评价、别扭、配、惊人、对照、委屈、面临。

2. 语言点（8个）：由于、不瞒……说、一个劲儿、不时、……长……短、一度、暗暗、依然。

3. 课文：小张和莉莉整容的故事。

教学难点

1. 重点词语和语言点：别扭、配、对照、不瞒……说、……长……短、一度。

2. 课文难词难句解释：

不瞒您说，我老公最不踏实的就是他那冷冰冰的外表。

眼睛是心灵的窗户。

很快就和同事们打成一片。

经理长经理短地说得可亲热了。

莉莉的浓妆让她少了那种朴素的美。

我们好像已经陷入了一个怪圈。

学时分配

8学时

第十九课　甜甜的三次租房故事

教学目标

1. 对于本课词语，要求学生会读、会写并了解基本用法。

2. 要求学生熟练掌握并运用本课的7个重点词语和8个语言点。

3. 要求学生理解课文并能回答课后问题。

4. 要求学生能正确完成课后练习。

5. 要求学生能对"租房"这一话题发表自己的看法。

教学内容

1. 题解。

2. 词语（62个，包括3个专有名词）

重点词语（7个）：负担、剧烈、迅速、教训、乐意、凑、遥远。

3. 语言点（8个）：自……以来、所、明、因为……、万一、不是……就是、既然……就、趁。

4.课文：

（1）重点内容：关于租房的词语，理解租房的种种困难。

（2）语句（难词难句解释）：

即使把钱掰开了算，也负担不起一个人住的开销。

平时三个人各上各的班。

如果实在混不出样子来，再回老家去。

甜甜的脸上露出一种光芒，就像无数个同龄人走入这个城市时，脸上带有的那种表情一样。

5.练习。

教学重点

1.重点词语（7个）：负担、剧烈、迅速、教训、乐意、凑、遥远。

2.语言点（8个）：自……以来、所、明、因为……、万一、不是……就是、既然……、就、趁。

3.课文：甜甜三次租房的故事。

教学难点

1.重点词语和语言点：剧烈、所、明、不是……就是、趁。

2.课文难词难句解释：

即使把钱掰开了算，也负担不起一个人住的开销。

平时三个人各上各的班。

如果实在混不出样子来，再回老家去。

甜甜的脸上露出一种光芒，就像无数个同龄人走入这个城市时，脸上带有的那种表情一样。

学时分配

8学时

第二十课　现代女性的三难选择

教学目标

1.对于本课词语，要求学生会读、会写并了解基本用法。

2.要求学生熟练掌握并运用本课的7个重点词语和8个语言点。

3.要求学生理解课文并能回答课后问题。

4.要求学生能正确完成课后练习。

5.要求学生能复述课文中讲的故事。

教学内容

1. 题解。

2. 词语（63个，包括2个专有名词）

　　重点词语（7个）：慎重、发誓、贷款、泡、违背、符合、解除。

3. 语言点（8个）：由、有所、……起来、拿不准、随手、一一、不仅不……反而……、往往。

4. 课文：

（1）重点内容：女性三种选择的利与弊。

（2）语句（难词难句解释）：

　　男友各方面条件都很好，这么拖着时间长了也怕出问题。

　　自己奋斗很辛苦，就算成功了也成黄脸婆了，享受起来也不那么痛快了。

　　计算一下每种选择的成本和收益。

　　家不是可以随时进出的自由港，而是你的第二单位。

　　除非你愿意冒着成为犯罪嫌疑人或解除婚约的风险。

5. 练习。

教学重点

1. 重点词语（7个）：慎重、发誓、贷款、泡、违背、符合、解除。

2. 语言点（8个）：由、有所、……起来、拿不准、随手、一一、不仅不……反而……、往往。

3. 课文：女性三种选择的利与弊。

教学难点

1. 重点词语和语言点：违背、解除、由、有所、往往。

2. 课文难词难句解释：

　　男友各方面条件都很好，这么拖着时间长了也怕出问题。

　　自己奋斗很辛苦，就算成功了也成黄脸婆了，享受起来也不那么痛快了。

　　计算一下每种选择的成本和收益。

　　家不是可以随时进出的自由港，而是你的第二单位。

　　除非你愿意冒着成为犯罪嫌疑人或解除婚约的风险。

学时分配

8学时

第二十一课　普通话与方言

教学目标

1. 对于本课词语，要求学生会读、会写并了解基本用法。

2. 要求学生熟练掌握并运用本课的 7 个重点词语和 7 个语言点。

3. 要求学生理解课文并能回答课后问题。

4. 要求学生能正确完成课后练习。

5. 让学生对中国的方言有所了解，充分理解学好普通话的重要性。

教学内容

1. 题解：普通话，即现代汉民族共同语，以北京语音为标准音，以北方话为基础方言，以典范的现代白话文著作为语法规范。方言，即一种语言中跟标准语言有区别、只在一个地区使用的话，如汉语的粤方言、吴方言等。

2. 词语（71 个，包括 8 个专有名词）

重点词语（7 个）：冤枉、询问、闹、便利、禁止、细致、强迫。

3. 语言点（7 个）：之所以……是因为……、不妨、不料、连连、与其……不如……、归、据。

4. 课文：

（1）重点内容：复述课文中由于方言引起误会的几个小故事，谈谈普通话与方言之间的关系。

（2）语句（难词难句解释）：

警察询问了之后才把他们放出来。

话音刚落

数百年甚至上千年

方言伴随着很多人的一生。

唐朝诗人贺知章有一首诗家喻户晓。

依然如故

老乡见老乡，两眼泪汪汪。

是弱势语言被强势语言影响的结果

5. 练习。

教学重点

1. 重点词语（7 个）：冤枉、询问、闹、便利、禁止、细致、强迫。

2. 语言点（7 个）：之所以……是因为……、不妨、不料、连连、与其……不如……、归、据。

3. 课文：复述课文中由于方言引起误会的几个小故事，谈谈普通话与方言之间的关系。

教学难点

1. 重点词语和语言点：冤枉、闹、不妨、连连、与其……不如……、据。

2. 课文难词难句解释：

警察询问了之后才把他们放出来。

话音刚落

数百年甚至上千年

方言伴随着很多人的一生。

唐朝诗人贺知章有一首诗家喻户晓。

依然如故

老乡见老乡，两眼泪汪汪。

是弱势语言被强势语言影响的结果

学时分配

8学时

第二十二课　左，还是右

教学目标

1. 对于本课词语，要求学生会读、会写并了解基本用法。

2. 要求学生熟练掌握并运用本课的7个重点词语和7个语言点。

3. 要求学生理解课文并能回答课后问题。

4. 要求学生能正确完成课后练习。

5. 要求学生对汽车靠左行驶或靠右行驶的原因有所了解。

教学内容

1. 题解。

2. 词语（70个，包括8个专有名词）

重点词语（7个）：典型、固定、跨、征服、给予、制定、阻止。

3. 语言点（7个）：并非、随后、在……看来、索性、这样一来、在……上、凡是。

4. 课文：

（1）重点内容：汽车靠左行驶或靠右行驶的原因，拿破仑开创了靠右行驶的阵营，以及美国改变了交通规则"左右"力量的对比。

（2）语句（难词难句解释）：

骑士精神

首先，……；其次，……

法国大革命

左驾车、右驾车

跨国交通

骆驼都有走老路的习惯。

"一国两制"

越是内地来的老司机越害怕，因为习惯成自然。

5.练习。

教学重点

1.重点词语（7个）：典型、固定、跨、征服、给予、制定、阻止。

2.语言点（7个）：并非、随后、在……看来、索性、这样一来、在……上、凡是。

3.课文：汽车靠左行驶或靠右行驶的原因，拿破仑开创了靠右行驶的阵营，以及美国改变了交通规则"左右"力量的对比。

教学难点

1.重点词语和语言点：跨、给予、并非、在……看来、在……上、凡是。

2.课文难词难句解释：

骑士精神

首先，……；其次，……

法国大革命

左驾车、右驾车

跨国交通

骆驼都有走老路的习惯。

"一国两制"

越是内地来的老司机越害怕，因为习惯成自然。

学时分配

8学时

第二十三课 后海四合院

教学目标

1.对于本课词语，要求学生会读、会写并了解基本用法。

2.要求学生熟练掌握并运用本课的6个重点词语和7个语言点。

3.要求学生理解课文并能回答课后问题。

4.要求学生能正确完成课后练习。

5.要求学生能复述四合院的结构，能对如何保护民族文化提出自己的看法。

教学内容

1.题解。

2.词语（68个，包括7个专有名词）

重点词语（6个）：繁重、完善、拆、怀念、抛弃、破坏。

3.语言点（7个）：距、特地、舍不得、别看、难怪、为了……而……、轻易。

4.课文：

（1）重点内容：北京四合院的历史及四合院的结构，四合院发生的变化，以及人们对待民族文化的态度。

（2）语句（难词难句解释）：

要说后海的四合院，那是最具京味的。

（四合院）它像故宫一样是我们北京的名胜古迹，确切地说是一种文化象征。

每个民族的文化都像一把剑，捍卫着整个民族的尊严与荣誉。

5.练习。

教学重点

1.重点词语（6个）：繁重、完善、拆、怀念、抛弃、破坏。

2.语言点（7个）：距、特地、舍不得、别看、难怪、为了……而……、轻易。

3.课文：北京四合院的历史及四合院的结构，四合院发生的变化，以及人们对待民族文化的态度。

教学难点

1.重点词语和语言点：完善、别看、难怪、轻易。

2.课文难词难句解释：

要说后海的四合院，那是最具京味的。

（四合院）它像故宫一样是我们北京的名胜古迹，确切地说是一种文化象征。

每个民族的文化都像一把剑，捍卫着整个民族的尊严与荣誉。

学时分配

8学时

第二十四课　沙漠之殇

教学目标

1.对于本课词语，要求学生会读、会写并了解基本用法。

2.要求学生熟练掌握并运用本课的7个重点词语和8个语言点。

3.要求学生理解课文并能回答课后问题。

4.要求学生能正确完成课后练习。

5.要求学生能复述曼宁到来之前邻居们的生活及他到来之后邻居们的生活变化，能发表对依赖、惰性等的看法。

教学内容

1. 题解。

2. 词语（67个，包括3个专有名词）

重点词语（7个）：免除、批、无比、诱惑、庆幸、偿还、援助。

3. 语言点（8个）：除此之外、幸亏、个个（量词重叠）、不曾、非……不可、何苦、毕竟、一旦。

4. 课文：

（1）重点内容：曼宁到来之前，邻居们如何为水和食物而努力；曼宁给邻居们带来的生活条件的变化；邻居们的结局。

（2）语句（难词难句解释）：

除此之外，再种植玉米等不太怕干旱的庄稼，用自己的双手建造一片沙漠中的绿洲。

最后终于无法抵挡诱惑，一头扎进了池塘。

一旦池塘无水、农田荒芜，它们就只能等待死神的来临。

有时候一个物种的灭绝，并不是因为屠杀，对它们纵容一点儿，当它们养成依赖习惯后，突然断绝所有援助，死亡可能会随时来临……

5. 练习。

教学重点

1. 重点词语（7个）：免除、批、无比、诱惑、庆幸、偿还、援助。

2. 语言点（8个）：除此之外、幸亏、个个（量词重叠）、不曾、非……不可、何苦、毕竟、一旦。

3. 课文：曼宁到来之前，邻居们如何为水和食物而努力；曼宁给邻居们带来的生活条件的变化；邻居们的结局。

教学难点

1. 重点词语和语言点：免除、偿还、援助、除此之外、幸亏、毕竟、一旦。

2. 课文难词难句解释：

除此之外，再种植玉米等不太怕干旱的庄稼，用自己的双手建造一片沙漠中的绿洲。

最后终于无法抵挡诱惑，一头扎进了池塘。

一旦池塘无水、农田荒芜，它们就只能等待死神的来临。

有时候一个物种的灭绝，并不是因为屠杀，对它们纵容一点儿，当它们养成依赖习惯后，突然断绝所有援助，死亡可能会随时来临……

学时分配

8学时

四、实践环节及要求

每次上课前要求学生使用工具书或者网络资源预习词语、课文，并多渠道查阅相关资料。

课堂教学过程中，教师讲解完重点词语和语言点后引导学生在语言交流或表达中能够正确使用这些词语或语言点。要求学生在理解课文的逻辑后，能够理解课文的语篇结构，能够用自己的语言复述课文重点段落的内容。要求学生对课文中的一些语篇表达模式进行模仿，提高成段表达能力。

课后，除了要求学生扩展阅读、深入了解课文相关的话题以外，还要让学生就相关话题提出自己感兴趣的问题，在观察生活、观看影视材料或对周围的人进行采访后进行写作，并与周围同学进行交流。

要求学生在生活中尽量用自己课上所学的知识进行语言实践，了解中国社会，学习中国文化，结交中国朋友。

上下学期各组织一次参观北京市内文化景点的活动，如参观首都博物馆、颐和园等，每次半天计4学时，共8学时。

五、课程学生成绩评定

成绩评定方式表

考核环节	百分比（％）	考核／评价细则
平时成绩	20	考勤、预习与复习情况、作业、参与课堂活动的情况
两次阶段性测试	20	闭卷考试
期中考试	20	闭卷考试
期末考试	40	闭卷考试

六、教学资源

课程教学资源

资源类型	资源
教材	《尔雅中文：中级汉语综合教程》（上），刘苏乔、聂凤春，北京语言大学出版社，2013年 《尔雅中文：中级汉语综合教程》（下），刘苏乔、徐燕军、郭姝慧，北京语言大学出版社，2013年

第二章　　中级汉语听力课程教学大纲

一、课程概览

课程中文名称	中级汉语听力				
课程英文名称	Intermediate Chinese Listening Course				
课程学分	4	课程总学时数		64 学时（全部为理论教学）	
课程类别	专业课	课程性质	必修	课程形态	线上／线下／线上线下混合
考核方式	考试				
开课学部（学院）	国际中文学院	授课对象		本科留学生	
面向专业（方向）	所有专业（方向）	开课学期		二年级上、下	
大纲编写人	赵菁、文瑛、刘畅	审核人		刘畅	
课程简介	本课程为已完成现代汉语基础教育一年的学生和已掌握 2500—3000 个常用词和基本语法的汉语学习者开设，是本科二年级留学生的一门必修课，是听力言语技能、言语交际技能训练课。 　　训练远远多于讲解是本课程最大的教学特点。本课程的教学以技能训练为主，力求避免过多知识性的传授，促使教学活动转化为一种交际行为。听力技能的训练侧重于句子、语段及篇章的整体理解，训练方式则按照训练目的分专项技能训练（如捕捉主要信息的能力训练、跳跃障碍的能力训练等）和多项技能训练。按照检测手段分填空、回答问题、判断正误、多项选择、听后复述等。				

二、课程目标

项目	具体内容
课程总目标	1. 使学生在课堂上大致能听懂语速正常、内容熟悉的连贯性讲解。 2. 使学生在日常交际中基本能听懂语速正常且比较朴素的（成语、惯用语较少的）标准普通话或略带方音的普通话。 3. 使学生能基本具备在高等院校入系听课的能力，在日常交际中，能够听懂语速正常的一般性会话及一定范围内的工作用语。
价值塑造目标	1. 培养学生社会和谐、家庭和谐的意识。 2. 培养学生尊重生命、关爱他人、遵纪守法、保护环境、勇于承担责任的思想意识。 3. 培养学生诚实守信的思想品格。 4. 帮助学生树立正确的爱情观、婚姻观，学会自爱自信。 5. 帮助学生培养良好的职业道德。 6. 培养学生的跨文化交际意识。
知识传授目标	1. 以听 200—300 字的语段为起点，最后达到听 800—1000 字的篇章。 2. 每课学习掌握 30—60 个词语及 4—9 个语言点。
能力培养目标	1. 培养学生捕捉主要信息的能力。 2. 培养学生联想机制的应用能力。 3. 培养学生跳跃障碍的能力。 4. 培养学生快速反应的能力。

三、各课教学内容和学时分配

上学期：

《汉语听说教程》（上）（仅讲授部分内容）

第一课　旧识新交

教学目标

　　要求学生能够进一步了解中国人之间寒暄与攀谈的方式及与之相关的交际文化，能够运用汉语中一些常用的寒暄与攀谈的方式进行交际。在交谈过程中，能够准确地理解对方的意思，并恰当地运用所学的表达形式和恰当的语气介绍人物、与人打招呼并寻找共同话题与人攀谈。

教学内容

　　1. 听力练习（1）张王李赵。

2. 听力练习（2）打招呼。

3. 听力练习（3）沟通。

教学重点与难点

1. 话题：人物介绍、打招呼的习惯、寒暄方式。

2. 表达形式：

听力练习（1）说实话、数……（最）……、对了。

听力练习（2）就是说、是否、总之。

听力练习（3）别提了、说不过去、有什么用。

3. 文化点：打招呼的习俗、攀谈的话题。

4. 功能：寒暄（打招呼、问候、客套、邀请、道别）；

攀谈（人物介绍、开启话题、交谈）。

学时分配

4 学时

第二课　待人接物

教学目标

帮助学生掌握一些在不同社交场合中所使用的接待用语及应酬用语，帮助学生了解一些在与中国人交往的过程中应该注意的文化差异及部分社交礼俗，提高学生的应变能力。同时，要求学生能够熟练地使用汉语中这些常用的表示接待与应酬的表达形式参加社交活动，训练学生应答的得体性，以提高社交能力。

教学内容

1. 听力练习（1）迎来送往。

2. 听力练习（2）买鞋。

3. 听力练习（3）朋友。

教学重点与难点

1. 话题：接团、购物、交友。

2. 表达形式：

听力练习（1）对……来说、到……为止、转眼。

听力练习（2）再说、其实、这么着。

听力练习（3）意味着、甚至。

3. 文化点：社交礼俗、中国人的交友观。

4. 功能：招待（约定、迎接、介绍、招待、挽留、送别）；

应酬（问候、客套、称赞、致谢、致歉）。

学时分配

4学时

第三课 我想问一下……

教学目标

帮助学生掌握提问的技巧，使学生能够针对日常生活、学习和工作中遇到的问题及时向中国人求助或请教。

教学内容

1. 听力练习（1）租房。

2. 听力练习（2）晕头转向。

3. 听力练习（3）人类健康的第三状态——亚健康。

教学重点与难点

1. 话题：找房子、问路、谈论健康问题。

2. 表达形式：

听力练习（1）是这样；是……，不过……；可见。

听力练习（2）要不、麻烦您……、天哪。

听力练习（3）从……做起。

3. 文化点：社区生活、健康观念。

4. 功能：咨询（发问、打听）；

查询。

学时分配

4学时

第四课 单元练习

教学目标

对第一至三课所学的内容进行一次总的复习和检验，并引入新的话题，对第一至三课所学的功能进行补充性或扩展性练习。

218

教学内容

1. 听力练习（1）中国人的称谓。

2. 听力练习（2）金丝猴。

3. 听力练习（3）小测验。

教学重点与难点

1. 话题：称呼、亲属关系、动物保护。

2. 表达形式：

听力练习（1）一连、一旦、拿……来说。

听力练习（2）随着。

3. 文化点：中国人称谓的文化特征、亲属称谓。

4. 功能：寒暄与攀谈、招待与应酬、咨询与查询。

学时分配

4 学时

第五课　左思右想

教学目标

使学生掌握商议与请求的言语功能，掌握如何与人进行商谈，如何询问别人、征求别人的意见，如何提出请求；而作为商谈的另一方，又如何提出自己的建议。使学生学会在认为对方的做法或观点不宜采纳时委婉地否定对方。

教学内容

1. 听力练习（1）选择。

2. 听力练习（2）请求（本篇作为机动材料，备用）。

3. 听力练习（3）减肥。

教学重点与难点

1. 话题：毕业后的选择、生活小节、做客礼仪、减肥。

2. 表达形式：

听力练习（1）好说、要我说呀、与其……不如……、说得也是、两手（准备）。

听力练习（2）糟了。

听力练习（3）A 是 A，可是（但是）……；一是……二是……；再……也……

3. 文化点：生活中的不良习俗。

4. 功能：商议（征求、建议、否定）；

请求。

学时分配

4学时

第六课　来龙去脉

教学目标

让学生掌握陈述与说明的功能及一些常用口语句式，学会按照一定的线索有条理地叙述、说明事情的前后经过、来龙去脉、前因后果，并能够对一些具体的细节进行描述与形容。

教学内容

1. 听力练习（1）消费者的权益。

2. 听力练习（3）梁山伯与祝英台。

教学重点与难点

1. 文化点：消费者的权益、传说故事。

2. 表达形式：

听力练习（1）凭什么、得了吧、别说……就是……、依我看。

听力练习（3）拿……来比喻、无法、一再。

3. 文化点：公民的权利、民间传说。

4. 功能：陈述（情节的展开、时间的推移）；

说明。

学时分配

4学时

第七课　这个问题嘛……

教学目标

使学生学会就某一事件或某一现象表明自己的态度、立场，表达自己的感受，抒发个人的见解，进而在实际交际中能够学会观察并了解他人的观点和立场并能迅速地做出反应，确定并准确地表达自己的立场。

教学内容

1. 听力练习（1）求人不如求己。

2. 听力练习（2）涉外婚姻（本篇作为机动材料，备用）。

教学重点与难点

1. 话题：下岗问题、涉外婚姻。

2. 表达形式：

  听力练习（1）早晚、况且、论、别看、说不定。

  听力练习（2）换句话说、说穿了、就算……、要知道。

3. 文化点：婚姻观念的变化、失业现象。

4. 功能：应答（附和、回答）；

  表态（赞成、反对、中立、肯定、否定、犹豫、怀疑、淡然、担忧、意外）。

学时分配

 4学时

第八课　单元练习

教学目标

  对第五至七课所学的内容进行一次总的复习和检验，并引入新的话题，对第五至七课所学的功能进行复习及补充性或扩展性练习。

教学内容

  听力练习（3）小测验。

教学重点与难点

 1. 文化点：中国国情。

 2. 功能：商议与请求、陈述与说明、应答与表态。

学时分配

 4学时

下学期：

《汉语听说教程》（下）（仅讲授部分内容）

第十三课　有话好好说

教学目标

  引入家庭矛盾、人生观、面子问题等话题，使学生学会劝解与阻止的表达形式，并恰当地运用这些表达形式应对一些困难和实际问题，在实际交往中准确地传达自己的想法。

教学内容

  1. 听力练习（1）热线电话。

2. 听力练习（2）善待生命。

3. 听力练习（3）面子。

教学重点与难点

1. 话题：家庭矛盾、失恋与自杀（生命意识）、面子问题。

2. 表达形式：

听力练习（1）除此之外、动不动、假如、不妨。

听力练习（2）光顾了……、即使……也……、或早或晚。

听力练习（3）大不了、一个劲儿。

3. 文化点：代沟、面子问题。

4. 功能：劝解（建议、提醒、忠告、教导、劝慰）；

阻止（申斥、命令、警告）。

学时分配

4 学时

第十四课　各执一词

教学目标

要求学生能够就某一话题发表个人的看法并与持不同见解的人进行争论，灵活地运用汉语中一些常见的表示议论与争执的表达形式与人交换不同的看法。

教学内容

1. 听力练习（1）可怜天下父母心。

2. 听力练习（2）争论。

教学重点与难点

1. 话题：孩子的教育问题、工业发展问题、环境保护问题。

2. 表达形式：

听力练习（1）至于、除了……还是……、什么 A 不 A 的、固然。

听力练习（2）不单是。

3. 文化点：言语策略——抓住对方的话柄。

4. 功能：议论（感慨、评说、阐述）；

争执（指责、申辩、反驳、质问）。

学时分配

4 学时

第十五课　喜怒哀乐

教学目标

使学生学会区分不同情感的表达方式，掌握情感宣泄与倾诉的表达形式，与人交流自己对生活的看法及自己内心的种种感受。

教学内容

1. 听力练习（1）父亲的爱。

2. 听力练习（2）兔子快跑！

教学重点与难点

1. 话题：父爱、生活压力、内心感受。

2. 表达形式：

听力练习（1）这样一来、为……而……、多亏。

听力练习（2）轮到、总得、总算。

3. 文化点：爱的教育、现实生活中的烦恼及压力。

4. 功能：宣泄（喜悦、愤怒、悲伤、爱、恨、厌恶）；

倾诉（愤怒、感伤、爱、不满、无奈、失落、震撼、思念）。

学时分配

4学时

第十六课　单元练习

教学目标

对第十三至十五课所学的内容进行一次总的复习和检验，并引入中学生早恋、环境污染等新的话题，对第十三至十五课所学的功能进行复习及补充性或扩展性练习。

教学内容

1. 听力练习（1）心事。

2. 听力练习（2）屡禁不止。

3. 听力练习（3）小测验。

教学重点与难点

1. 话题：中学生早恋现象、环境污染。

2. 表达形式：

听力练习（1）无所谓、何况、不只。

223

听力练习（2）日益。

3. 功能：劝解与阻止、议论与争执、宣泄与倾诉。

4. 文化点：早恋现象、环保意识。

学时分配

4 学时

第十七课　讨价还价

教学目标

要求学生进一步学习如何在贸易谈判中与对方讨价还价，并熟悉经贸方面的一些话题，了解一些商务洽谈的策略和方法，提高学生在今后的生活与工作中实际应用汉语的能力。

教学内容

1. 听力练习（1）成交。

2. 听力练习（2）谈判二则。

教学重点与难点

1. 话题：购物、讨价还价、经贸洽谈。

2. 表达形式：

听力练习（1）您知道的、这一点。

听力练习（2）这倒是，不过……；向……交代。

3. 文化点：谈判技巧。

4. 功能：洽谈（协商、争执、承诺、议定）；

调查（解释、提问、归纳）。

学时分配

4 学时

第十八课　刨根问底

教学目标

帮助学生掌握如何进一步查询和追究一件事情的内情或原因，根据所掌握的情况进行试探性的追问，从中获取相关的信息。

教学内容

1. 听力练习（1）治愈心灵的创伤。

2. 听力练习（2）保险咨询。

3. 听力练习（3）网上人生。

教学重点与难点

1. 话题：婚姻危机、保险办理、网上生活。

2. 表达形式：

听力练习（1）对……（没）有吸引力、对……抱有好感。

听力练习（2）就……来说、刹那、到……地步。

听力练习（3）忍不住、以至于、正如……所说。

3. 文化点：爱情观、婚姻观、如何面对挫折、自爱自信。

4. 功能：追究（质询、追问）；

探询（假设、推测）。

学时分配

4 学时

第十九课 避重就轻

教学目标

帮助学生理解推托与回避的表达方式，并学会运用这种方式去回避一些难以回答或不愿回答的问题，学会运用语言策略应付一些棘手的问题，避免尴尬局面的出现，化被动为主动。

教学内容

1. 听力练习（1）追债。

2. 听力练习（2）责任。

教学重点与难点

1. 话题：讨债、火灾。

2. 表达形式：

听力练习（1）以……的名义、你看你……、实不相瞒、之所以……也是……、何必。

听力练习（2）据悉。

3. 文化点：合作关系、禁忌与避讳。

4. 功能：推脱（寻找借口、转移目标）；

回避（避实就虚、绕开话题）。

学时分配

4 学时

第二十课　单元练习

教学目标

对第十七至十九课所学的内容进行一次总的复习和检测，并引入新的话题，对第十七至十九课所学的功能进行补充性或扩展性练习。

教学内容

1. 听力练习（1）维修。

2. 听力练习（2）留学生活。

3. 听力练习（3）小测验。

教学重点与难点

1. 话题：售后服务、出国留学。

2. 表达形式：

听力练习（1）是这么回事……

听力练习（2）尽可能、仅次于。

3. 文化点：职业道德、跨文化交流、人际关系处理。

4. 功能：洽谈与调查、追究与探询、推脱与回避。

学时分配

4 学时

四、实践环节及要求

本课程的课下实践环节主要是每次课前观看词语和语法的教学视频、听课文录音等，无其他集体实践活动内容。

五、课程学生成绩评定

成绩评定方式表

考核环节	百分比（%）	考核 / 评价细则
平时成绩	30	考勤、预习与复习情况、参与课堂活动情况
期中测验	20	以期中考试卷面得分为准
期末考试	50	以期末考试卷面得分为准

六、教学资源

课程的基本教学资源

资源类型	资源
教材	《汉语听说教程》（上、下），赵菁、梁彦敏、孙欣欣编，北京语言文化大学出版社，2000 年

第三章 汉语中级口语课程教学大纲

一、课程概览

课程中文名称	汉语中级口语			
课程英文名称	Intermediate Chinese Speaking Course			
课程学分	4	课程总学时数	64 学时（理论教学 56 学时，实践教学 8 学时）	
课程类别	专业课	课程性质	必修	课程形态
				线上/线下/线上线下混合
考核方式	考试（口试）			
开课学部（学院）	国际中文学院	授课对象	本科留学生	
面向专业（方向）	所有专业（方向）	开课学期	二年级上、下	
大纲编写人	赵雷、吴雪钰	审核人	吴雪钰	
课程简介	汉语中级口语课是本科二年级留学生的必修课，是中级阶段汉语口语言语技能、言语交际技能训练课。 本课程的教学围绕口头表达训练的各个不同侧面展开，训练并帮助学习者以对话或独白的形式完成现实生活、学习及未来工作中的多种交际任务，并在此过程中掌握汉语的口头表达技能，能够就生活、学习、工作等话题进行较为得体的社会交际，即能够基本流利、准确、灵活地选择恰当的语言表达方式，较详细地描述人物和事件，较充分清晰地表达个人见解和情感，得体地与人沟通。 主要教学方法： 1.以任务型教学法为主，充分体现"在用中学"的核心理念，将有意义的交际活动贯穿于课堂教学的各个环节。 2.注意保持内容与形式的平衡，通过不同的交际任务实现流利、准确、得体和多样等不同的口头表达训练目标。 3.以多媒体技术为手段，通过多模态输入激发学习者的兴趣，并为学习者完成任务搭建各种支架。 4.以学习者为中心，以双人、小组、全班互动为主要活动形式，课内、课外学习活动有机结合。			

二、课程目标

项目	具体内容
课程总目标	1. 使学习者能满足一般性日常生活、社会交际及一定范围内的工作需要,能够进行较为连贯的、有条理的成段表述。 2. 使学习者能够就一般性的问题发表个人看法,参与谈话,与人讨论或争论。 3. 使学习者掌握基本的口语学习策略和会话交际策略。
价值塑造目标	1. 使学习者深入了解中国文化,理解当代中国人的精神和生活,培养其对中国人、对汉语及中国文化的积极情感,努力使其知华、友华。 2. 结合教学内容,使学习者了解中国的交际礼仪和习俗,通过完成交际任务,启发学习者思考中国文化与其他国家文化的共性和差异,提升跨文化交际意识和跨文化口头交际能力,为学习者毕业回国后的跨文化国际传播奠定基础。
知识传授目标	1. 帮助学习者掌握中级阶段的4—5级语言量化指标的音节,做到发音基本准确,语调比较自然。 2. 使学习者能够运用中级阶段涉及的词汇和语法完成相关话题表达和交际任务,引导学习者掌握话题表达和完成交际任务所需的口头交际策略。 3. 指导学习者掌握中级口语学习策略及资源运用策略。
能力培养目标	1. 逐步培养学习者自主学习与合作学习的能力。 2. 使学习者能够运用中级阶段应掌握的词汇、语法、中国文化知识等,运用常见的交际策略,就日常生活、工作、职业、社会文化等领域的较为复杂的话题进行成段表达,具备基本的跨文化交际能力。

三、各课教学内容和学时分配

上学期:

《沟通:任务型中级汉语口语》(上)(仅讲授部分单元)

开篇　用中学

教学目标

了解任务型汉语中级口语课的学习内容,初步掌握学习策略和学习方法。

汉语口语学习不是单一个体可以独自完成的,而是需要学习者多人合作完成各种交际任务,在完成有明确交际目的的任务过程中接触语言、运用语言、掌握语言。在"联合国"班集体中,学习之初,就要倡导相互尊重、互动合作、相互包容、同舟共济、合作共赢的精神和理念,并将这些精神和理念融入课堂教学活动和课后作业，让这些精神和理念成为各国学习者都理解的行为准则。

通过讲练结合、师生互动、生生互动，在完成任务中掌握任务型口语课的学习方法。

教学内容

1. 进一步明确学习口语的目的。

2. 简要了解通过口语课要学习并提高哪些方面的能力。

3. 初步了解任务型口语课的学习方法：合作互动、在用中学。

4. 了解自己的现有水平和目标水平之间的距离并制订出学习计划。

5. 明确口语课的教学要求、考试方法及相关规定。

6. 能完整流利地复述三个故事中的一个。

7. 完成情境配音。

教学重点

1. 掌握任务型口语课的学习方法：合作互动、在用中学。形成合作互动、同舟共济、互助共赢的班集体学习理念。

2. 让学生在课下组成 2—3 人的合作学习小组。

教学难点

在互动中学会协商，掌握协商互动的方法和常用语句。

学时分配

4 学时

第一单元　寒暄问候

教学目标

掌握初次见面时寒暄问候的方法。

习近平总书记指出，"人类生活在同一个地球村，各国相互联系、相互依存、相互合作、相互促进的程度空前加深，国际社会日益成为一个你中有我、我中有你的命运共同体"。在这样的时代背景下，各国人民之间更需要增进了解，了解不同国家的文化、语言，了解不同民族文化的差异，并相互包容、相互尊重。

教师通过本课的故事复述，让学生体会因不了解英语和汉语闹出的误会，在理解和复述故事的过程中体会误解可能引发的问题；在小组讨论中，学生相互介绍并了解各国不同的见面礼节，了解各国不同的打招呼方式及其背后深层的文化原因，从而能够更自觉地入乡随俗，包容地处理与外国人见面时可能遇到的文化差异，最终能将跨文化交际知识转化为得体地进行跨文化交际的能力。

教学内容

1. 掌握初次见面时怎样开启谈话。

2. 能用正式和非正式的方式介绍自己和他人。

3. 能用正式和非正式的方式问候别人、与别人打招呼。

4. 能用合适的体态语与他人寒暄。

5. 完成跨文化交流的小组讨论及报告，主题为"人在国外，打招呼是否应该入乡随俗"，掌握小组讨论的步骤、方法，学习小组讨论报告的结构框架，在讨论过程中，学会并掌握在互动中进行有意义的协商的具体方法。

6. 能完整流利地讲述"陈阿土"的故事，并能说明故事的启示。活动形式：信息差＋拼盘。掌握从故事中抓住故事要点的方法，即：5W＋1H［5W——who（谁）、when（什么时候）、where（在哪儿）、what（做了什么事）、why（为什么），1H——how（结果怎样）］。

7. 完成情境配音，要求：准、像，流利、自然。

教学重点

复述故事、小组讨论报告。

教学难点

在互动中学会协商，掌握相关语言结构，掌握复述故事的方法和小组讨论的流程及方法。强调有意义的协商的重要性，掌握互动协商的具体方法。

学时分配

4学时

第二单元　煎炸炖炒

教学目标

1. 要求学生完成在中餐馆点菜的任务。

2. 要求学生介绍各国人早餐常吃的食物，对比分析共性与差异。

3. 通过复述"两个饥饿的人"的故事，启发学生思考并明确：只有合作互助、同舟共济才能互利共赢。

教学内容

1. 熟悉常见的中餐，熟练完成在中餐馆点菜的任务。

2. 全班交流：介绍各国有代表性的早餐食品，并比较世界各国早餐的共性与差异。要求学生分组进行，课前准备好PPT，课上介绍，相互问答。教师引导进行概括、比较和分析。

3. 完成关于"我们是否应该吃早餐"这一问题的小组讨论及报告，掌握小组讨论的步骤、方法，学习小组讨论报告的结构框架，在讨论过程中，掌握进行有意义的协商的具体方法。

4. 能完整并流利地讲述、比较"两个饥饿的人"的故事 A 与 B，并能说明故事的哲理，继续练习掌握故事要点（5W＋1H）和复述故事的方法。活动形式：信息差＋拼盘＋比较分析。

5. 完成情境配音，要求：准、像，流利、自然。

教学重点

复述故事、介绍早餐、小组讨论报告。

教学难点

在互动中学会协商，掌握相关语言结构，掌握复述故事的方法和小组讨论的流程及方法，能够熟练地互动协商。

学时分配

4 学时

第三单元 住房家居

教学目标

1. 要求学生能简要介绍各国民居，并能完成在中国租房的任务。

2. 通过"单住还是与外国同学合住"这一问题的讨论，启发各国学生思考，使学生在与外国同学合住的过程中，相互学习，求同存异，明白换位思考、相互包容、互助友爱的重要意义。

3. 通过复述"老木匠的故事"，启发学生思考"生活就像盖好的房子一样，不能推倒重建""自己的未来掌握在自己手中"等人生哲理，鼓励学生对自己负责，珍惜时光，认真努力学习。

教学内容

1. 表达对住房问题的看法，完成租房等交际任务。

2. 完成关于留学生住宿问题（单住还是合住？学生应该住在校内还是校外？未来住在城里好还是城外好？）的小组讨论及报告。说清楚观点与理由，进行有意义的协商，最后的报告要做到准确完整。

3. 能够简要介绍各国民居；能够根据 PPT 的图片，使用"住房、方位、家居用品"等词语和句式有条理地介绍民居或自己的住房。

4. 能完整流利地讲述"老木匠的故事"，能说出故事的哲理。

5. 完成情境配音，要求：准、像，流利、自然。

教学重点

复述故事、租房对话、小组讨论报告。

教学难点

在互动中学会协商，掌握相关语言结构。

学时分配

4学时

第四单元　穿衣戴帽

教学目标

1.要求学生能说出各类常见服饰的汉语名称及其量词搭配。

2.要求学生能流利准确地描述周围同学的着装，能描述说明为某种场合选择的服装搭配及理由。通过各国服饰的介绍和交流，学生们可以了解与欣赏不同国家的特色服饰，了解人类文明的美好成果，让服饰文化在交流中熠熠生辉。

3.通过复述"皇帝的新装"，启发学生思考：虽然有时假话比真话更悦耳动听，但假话毕竟是假话，假话重复一万遍也不会成为真理，自欺欺人，掩耳盗铃，早晚要出大事。

教学内容

1.能说出各类常见服装的汉语名称。

2.跨文化交流：各组介绍各国代表性的民族服饰。

3.描述人们的着装情况，就服饰等话题表达自己的观点。

4.完成关于"是否该买名牌服装"这一问题的小组讨论报告。说清楚观点与理由，进行有意义的协商，最后的报告要做到准确完整。

5.能完整流利地讲述"皇帝的新装"这一故事，并能说明其中的道理。

6.完成情境配音。

教学重点

描述服装、小组讨论、复述故事。

教学难点

在互动中学会协商，掌握描述服饰、穿衣的词语和结构。

学时分配

4学时

第五单元　交通出行

教学目标

1.要求学生熟练地使用描述旅游计划、旅游经历的常用词语，能清楚地说明旅游计划并讲述旅游经历。

2.要求学生简要、清楚地介绍自己国家的风景名胜及其相关的历史文化，开阔国际视野，增进对世界的认知与了解。

3.要求学生能介绍城市主要交通工具并讲述主要交通问题。通过各国城市交通问题的交流，可以了解借鉴他国经验，为解决本国城市交通问题提出合理化建议。

教学内容

1.能介绍自己的旅游计划，讲述难忘的旅游经历。

2.跨文化交流：推荐各国最佳旅游景点和旅游路线。

3.谈论城市交通问题，提出一些解决问题的建议。

4.完成关于酒后驾车问题的小组讨论及报告。说清楚观点与理由，进行有意义的协商，最后的报告要做到准确完整。

5.完成情境配音。

教学重点

介绍难忘之旅、有条理地推荐旅游景点和路线、讨论酒后驾车该不该重罚。

教学难点

小组讨论报告，说明酒后驾车是否要重罚及其理由。

学时分配

4学时

第九单元　视听说——电影《刮痧》

教学目标

习近平总书记指出，"我们应该秉持平等和尊重，摒弃傲慢和偏见，加深对自身文明和其他文明差异性的认知，推动不同文明交流对话、和谐共生"。

通过观看电影《刮痧》，启发学生思考各国之间应该如何摒弃偏见，如何对待文化差异，如何换位思考，相互尊重，和谐共处。

教学内容

1.能讲述电影《刮痧》的故事梗概。

2.能具体描述电影中的主要人物，如爷爷、许大同、简宁、丹尼斯。

3.能就影片内容及跨文化的某些问题发表个人看法。结合影片故事，说说应该如何应对文化冲突。

4.完成关于"该不该打孩子"这一问题的小组讨论及报告。关于"打是亲，骂是爱，不打不骂不成材"的观点，你是否赞成？要能举例说清楚自己的观点和理由。

5.完成情境配音。

教学重点

了解电影的主要内容，了解中西文化差异。

教学难点

描述影片人物，分析说明人物各自的观点。

学时分配

4学时

下学期：

《沟通：任务型中级汉语口语》（下）（仅讲授部分单元）

第十单元 医疗健身

教学目标

1.要求学生能准确地向医生描述自己的病情，了解看病的一般流程，逐渐适应在中国的生活。

2.要求学生能完整流利地讲述"抓药的传说"这一故事，增进对中国传统医药文化知识的了解。

3.要求学生了解常见运动和中国传统运动的表达方法，并能流利地介绍一种运动项目。

4.要求学生完成运动健身方面的小组调查报告，提高学生在运动、健康方面的意识，积极参加体育活动。

教学内容

1.学习看病流程，学习与医疗相关的常用词语。

2.介绍自己国家和中国的就医流程，对比各个国家就医流程的异同。

3.模拟就医过程中医护人员和病人的对话。

4.复述"抓药的传说"这一故事。

5.学习运动方面的词语。

6.熟悉并掌握常见运动的名称、类别，以及常见的中国传统运动的名称。

7.介绍一项自己熟悉或者擅长的运动。

8.完成运动健身方面的小组调查，并根据调查结果完成小组调查报告。

9.完成情境配音。

教学重点

准确地向医生描述自己的病情和需求、小组调查报告。

教学难点

1. 在互动中学会协商，掌握协商互动的方法和常用语句。

2. 小组调查报告的结构和逻辑。

学时分配

4 学时

第十一单元 恋爱婚姻

教学目标

1. 要求学生能够运用得体的语句表达婚恋方面的祝福。

2. 要求学生能流利自然地讲述中国传统的爱情故事，增进学生对中国传统文化的了解。

3. 要求学生能对关于爱情和婚姻的热点问题发表自己的看法，培养学生健康的婚恋观。

4. 要求学生完成关于婚恋问题的小组调查报告，并在小组讨论中相互介绍、互相了解世界各国不同的婚恋习俗，用包容的心态看待与外国人相处时可能遇到的文化差异，最终将跨文化交际知识转化为得体地进行跨文化交际的能力。

教学内容

1. 学习婚姻和恋爱方面的相关词语。

2. 相互介绍各国婚礼习俗。

3. 复述"牛郎织女"和"梁山伯与祝英台"的故事。

4. 分组讨论（各组任选 1—2 个话题）：我看跨国婚姻 / 独身主义 / 丁克主义 / 全职家庭主妇。

5. 设计婚姻和恋爱方面的调查问卷，进行小组调查，并根据调查结果进行小组讨论报告。

教学重点

复述故事、完成小组讨论报告。

教学难点

1. 调查问卷题目和选项的设置。

2. 复述故事的方法、小组讨论的流程与方法。

3. 调查报告的结构和逻辑。

学时分配

4 学时

第十二单元 和睦家庭

教学目标

1. 要求学生能介绍家庭成员及亲属关系，帮助学生了解不同国家的家庭结构。

2. 要求学生能讲述感人的亲情故事。

3. 让学生了解中国"敬爱老人"和"百善孝为先"的文化，引发学生对"年轻人如何对待长辈"这一话题的思考。

教学内容

1. 家庭树和家庭成员的关系及称呼。

2. 复述小橘的亲情故事并发表感想。

3. 讲述自己的亲情故事。

4. 完成情境配音。

教学重点

复述故事、讲述亲情故事。

教学难点

复述及讲述故事时的要点（5W + 1H）。

学时分配

4 学时

第十三单元 电脑网络

教学目标

1. 要求学生熟悉并能说出常用的电子设备、手机电脑软件、和网络相关的词语。

2. 要求学生能说明使用一些软件的具体步骤，能利用互联网解决实际问题。

3. 要求学生能就手机、网络的利弊等问题发表自己的观点。

4. 让学生就留学生网上学习、网络购物的情况或使用手机的情况进行小组调查。

教学内容

1. 电子设备的名称，常用软件和互联网平台的名称、类别和功能。

2. 介绍自己常用的软件，并向同学推荐几款软件并说明理由。

3. 就以下问题进行讨论：使用手机的利与弊、网络购物的经验和利弊、如何处理在网络生活中遇到的问题（比如遭遇网络暴力、网络诈骗等）。引导学生文明参与网络语言生活，并增强学生在网络生活中的安全意识和自我保护意识。

4.完成关于留学生网课学习情况、网购情况或使用手机情况的小组调查。

教学重点

话题讨论、小组讨论报告。

教学难点

1.在互动中学会协商，掌握相关语言结构。

2.调查报告的结构和逻辑。

学时分配

4学时

第十五单元　职业选择

教学目标

1.帮助学生了解多种职业的工作内容、工作要求和利弊等，向学生展现当代中国的经济发展情况及当代中国人"坚强自律、不怕吃苦、不惧挑战、勇于拼搏"的精神面貌，引导学生进行初步的职业发展规划，增强学生学习汉语的动力，鼓励学生积极参加校内外的实践活动，提高学生的综合素质。

2.使学生能够对不同行业的职场人士进行礼貌的采访和咨询。

3.使学生能够流利地谈论个人的职业意向并说明理由。

4.使学生能够就工资收入与职业选择的关系问题进行讨论。

5.使学生能够对留学生职业选择的情况进行调查并报告调查结果。

教学内容

1.熟悉并掌握常见的职业名称。

2.说明自己未来打算从事的职业及理由。

3.模拟记者采访：

　　采访对象：翻译（同声传译）、汉语教师、导游、外交官等。

　　采访主要内容：工作职责、从业要求和工作的利弊等。

4.小组讨论：大学毕业生在选择职业时，首先要考虑的因素有哪些？哪些因素是不太重要的？工资是否是刚毕业的大学生最需要考虑的因素？

5.留学生未来职业选择情况调查及报告。

6.完成情境配音。

教学重点

礼貌地说明采访缘由、在采访中得体地提问和应答、介绍职业发展规划、进行有意义的协商。

教学难点

在采访和小组讨论中，用得体的语言和不同的身份进行交际。

学时分配

4 学时

第十六单元　工作面试

教学目标

1. 使学生了解工作面试的一般流程和典型问答语句。

2. 使学生能根据自身情况选定合适的招聘信息并前去应聘。

3. 使学生能流利地讲述面试小故事。

4. 使学生能得体、流利地在面试中进行自我介绍。

5. 使学生能够快速、得体地回答面试中常见的问题。

6. 让学生了解无领导小组讨论的基本流程和方法。

7. 让学生通过准备面试的自我介绍思考对未来两年的规划，引导学生形成并保持良好的学习状态，了解在当今世界应该具备的社会服务能力，明确自己应该承担的责任，鼓励学生参加社会实践活动，做到"在用中学"和"学以致用"。

教学内容

1. 与职业能力相关的表达方式。

2. 自我介绍的结构和具体表达方法。

3. 复述和表演面试小故事。

4. 模拟面试时的提问与回答，学习灵活、得体地进行提问与回答的方法。

5. 演练无领导小组讨论。

6. 完成情境配音。

教学重点

自我介绍、面试问答。

教学难点

自我介绍的结构应当完整，内容应该简明且清晰，举例恰当，对自身能力、经历的介绍需要符合目标工作的要求。

学时分配

4 学时

第十八单元　视听说——电影《女人的天空》

教学目标

1. 要求学生能讲述电影《女人的天空》的故事梗概。

2. 要求学生能具体描述电影中的某个人物，主要人物有：罗薇宁、肖霆锋、汪明慧、李如云。

3. 要求学生能根据影片情景画面模拟角色对白，为人物配音。

4. 要求学生能流利地介绍"空姐"这一职业。

5. 要求学生能对影片内容和其中的某些现象发表个人看法。

教学内容

1. 复述电影主要内容并谈论感想。

2. 人物介绍（包括年龄、身份、性格特点、和人物有关的小故事等）。

3. 电影片段配音。

4. 结合影片故事，小组举例讨论以下问题：全职主妇的利与弊、父母应该如何跟孩子相处、夫妻或恋人之间遇到矛盾应该如何沟通、求职面试和职场问答时应该注意哪些方面的问题。

教学重点

了解电影的主要内容、在不同场景中进行得体的语言交际活动。

教学难点

描述影片人物，讲述电影故事内容。

学时分配

4学时

四、实践环节及要求

上学期：

语言实践——小组调查报告

教学目标

1. 学生通过小组合作，完成课外语言实践调查任务，并向全班报告。

2. 把课堂教学与课外学习结合起来，体验"在用中学"，学以致用。

3. 增进同学之间的相互了解，加深友谊。

要求

（一）完成小组调查任务

3—4人一组，利用课余时间，进行某个方面的调查，并进行分析、研究，完成调查报告（文本），最后制作成 PPT，向全班演示并口头报告。

（二）参考选题范围（可选择某一主题范围自行拟题）

1. 外国人在中国的情况调查（包括学习、生活、工作等方面）。

2. 有关中国情况的调查：

（1）中国人的情况（包括中国人的价值观和思维方式，对待学习、工作、家人、朋友的态度等）。

（2）外国人眼中的中国（包括中国的饮食、交通、教育、音乐、节日、城市等）。

3. 中外（如中欧、中泰、中非）对比（包括习俗、某种观念的比较等）。

（三）实践环节

1. 3—4 人自愿组成一组，选出组长，集体确定一个调查主题。

2. 根据调查主题，设计出调查问卷，然后利用课余时间分工调查，每人以采访的形式调查 8—10 人。各组调查人数不能少于 30 人，可根据调查主题选择调查对象，各年龄段的外国人、中国人都可以。

3. 各组汇总、分析调查结果，共同完成小组调查报告的书面文本。

4. 把调查结果制作成 PPT，准备向全班演示并合作完成口头报告（10—15 分钟）。

5. 在班级语言实践报告会上，各小组依次口头报告调查结果（每人 3—4 分钟，小组不超过 15 分钟）。

6. 接受全班同学的提问，解答相关问题。

7. 以小组为单位，组内评议后，完成小组评价表。

8. 会后完善调查报告文本和 PPT，按规定时间上交小组调查报告电子文本和 PPT。

9. 完成本次调查情况自我评价表。

10. 讲评及训练。教师根据本次活动情况进行集体讲评，指出学生在这次调查活动中的优点和不足，并进行针对性的语言聚焦训练。

下学期：

语言实践——影视剧配音大赛

教学目标

1. 学生通过小组合作，完成影视剧配音的排练，并向全班表演和展示。

2. 提高留学生汉语口语语音的准确度、口语流利度、语音语调的自然度。

3. 学生通过影视剧配音，进一步了解剧中人物的生活、思想、情感，深入理解其中涉及的文化内涵。

4. 通过协作，增进同学间的相互了解，加深友谊。

要求

（一）小组配音排练

2—3 人一组，利用课余时间，选取一段 3 分钟左右的影视剧片段，分角色练习配音，可选择教师指定的电影、电视剧片段，也可以自选合适的片段。

要求发音准确、表达流利、语音准确、语气语调自然且尽量贴近影视剧原声。

（二）班级汇报展示

各组同学按顺序进行汇报和展示。在展示过程中，教师和其他同学作为评委，对每位表演者打分。最后根据教师和学生的打分情况，评选出最佳女演员、最佳男演员、最佳语音奖等奖项。评奖完成后，教师根据本次活动情况进行集体讲评，指出学生在这次调查活动中的优点和不足，并进行针对性的语言聚焦训练。

五、课程学生成绩评定

成绩评定方式表

考核环节	百分比（%）	考核 / 评价细则
平时成绩	60	上课考勤 20%、课堂表现 30%、平时作业 50%
期末考试成绩	40	复述故事或完成交际任务 30%、情境配音 20%、小组讨论报告 50%

六、教学资源

课程的基本教学资源

资源类型	资源
教材	《沟通：任务型中级汉语口语》（上、下），赵雷主编，北京语言大学出版社，2012—2013 年

第四章 中级汉语阅读课程教学大纲

一、课程概览

课程中文名	中级汉语阅读		
课程英文名	Intermediate Chinese Reading Course		
课程学分	4	**课程总学时数**	64 学时（理论教学 44 学时，实践教学 20 学时）
课程类别	专业课	**课程性质** 必修	**课程形态** 线上 / 线下 / 线上线下混合
考核方式	考试		
开课学部（学院）	国际中文学院	**授课对象**	本科留学生
面向专业	所有专业（方向）	**开课学期**	二年级上、下
课程负责人	高典、高蕊	**审核人**	高蕊
课程简介	中级汉语阅读课是为已经进行了一年现代汉语基础教育和已经掌握了2000—2500 个汉语常用词和基本语法的汉语学习者开设的一门技能训练课。本课程是本科二年级留学生的必修课，课程结束时，要求学生掌握 1500 个左右中等阶段的词语及相应的汉字，从而达到 4000 左右的词汇量。 　　本课程从留学生的实际水平出发，教学内容和教学重点在于使学习者扩展词汇量，掌握段落及篇章的阅读技能、技巧，提高理解能力和阅读速度。 　　本课程基本上属于理解性阅读，同时兼顾记忆性阅读和评价性阅读，即要求学生在课堂上阅读时，理解主要篇章的内容，掌握基本观点，记取某些资料，提出自己的见解，复述文章主要内容。在课堂上，教师导读、教师提问、教师精讲与学生默读、学生回答问题及讨论相结合。		

二、课程目标

项目	具体内容
课程总目标	作为一门阅读技能训练课，中级汉语阅读课主要通过大量汉语书面材料的阅读实践，让学生掌握阅读理解的技巧，提高学生阅读汉语书面语的能力，培养学生通过语言获取各种信息的能力，具体是指从阅读技能训练入手，在字词、句子、段落和篇章等方面对学生进行集中的、系统的、有针对性的训练，让学生巩固所学的语言知识，扩展并积累词汇，提高阅读速度，并具备猜测词义、跳跃障碍、查询信息和把握大意等能力。
价值塑造目标	培养学生对中华文化的喜爱，帮助学生形成勇于探索、宽容友善、积极向上、坚忍顽强的人生态度与品格。
知识传授目标	使学生掌握1500个左右中等阶段的词语及相应的汉字，巩固汉语句式，熟悉汉语篇章结构，并了解中国亲情孝道、都市生活、爱情婚姻、职场生活、购物、网络、中西文化、动物保护等方面的知识。
能力培养目标	1.培养学生识记生字、运用词语的能力。 2.培养学生阅读汉语长句、难句的能力。 3.培养学生把握段落主旨、概括段落大意的能力。 4.培养学生掌握理解文章主题思想的能力。

三、各课教学内容和学时分配

上学期：

《中级汉语阅读教程》（上）（自编教材）

第一课　至爱亲情

教学目标

1.语言方面：理解文章内容，巩固语言知识，扩大词汇量，尤其要掌握、拓展亲属称谓方面的主题词群。

2.文化知识及价值塑造：了解中国式亲情的特点，尊老敬亲。

3.阅读技能：掌握语境、语段平行结构及问句在阅读理解中的作用。语境在阅读理解中的作用——帮助猜词，语段平行结构对阅读理解的作用——意义相似（本课），问句在阅读理解中的作用——提示段落内容。

教学内容

1. 词语：培养学生认读生字、词语的能力。学生在阅读中遇到的第一个困难就是生字、词语关，他们应在课前看教师要求观看的视频，通过辨认汉字特点、了解汉语构词规律、利用语境猜词等方法理解并掌握本课的主要词语。

2. 重点讲解文章中的长单句和复杂复句，通过提问的方式启发学生掌握汉语句式特点，培养学生把握段落主旨、找中心句及理解提炼段落主要内容的能力。段落主句是标示段落中心思想的句子，常在段落的开头或结尾，找到它往往就抓住了段落的主旨。段落的内容常用一些标明层次和逻辑关系的提示词语加以展现，因此，这些词语可以帮助学生理解段落的内容，教学中要注意引导学生关注这些词语。

3. 把握篇章：培养学生理解并掌握文章主题思想的能力。教师通过分析文章的标题、寻找文章主题句和主题段的训练，使学生在阅读中能较快地把握文章的中心思想。

4. 拓展文化知识：介绍与文章相关的文化知识，如作者的生平思想、文章的写作背景，以及文化常识。

5. 塑造价值观：结合本课的内容"亲情"讲授中国孝道传统，传达尊老敬亲等价值观。

教学重点

1. 对通读课文（第三篇文章）进行重点讲解，使学生掌握重点词语及句式，理解、复述文章主要内容，完成课后练习。

2. 让学生课前先阅读文章再略读文章，完成相关练习，提高学生的速读能力并强化阅读技巧。

3. 通过查阅文章训练学生快速浏览某些句段、查询信息的能力。

教学难点

1. 复杂句式和含有话题句或需要提炼主题句的段落。

2. 文章主旨。

3. 理解文化差异。

4. 提高阅读技巧。

学时分配

2 学时

第二课　都市生活

教学目标

1. 语言方面：理解文章内容，巩固语言知识，扩大词汇量。

2. 文化知识及价值塑造：了解中国都市生活，倡导睦邻和谐。

3. 阅读技能：掌握猜词技能，借助语境理解词语；利用文章中的对比理解文章大意。

教学内容

1. 词语：培养学生认读生字、词语的能力。学生在阅读中遇到的第一个困难就是生字、词语关，他们应在课前看教师发放的词语讲解资料，通过辨认汉字特点、了解汉语构词规律、利用语境猜词、利用主题词语记忆其他词语等方法理解并掌握本课词语。

2. 重点讲解文章中的长单句和复杂复句，通过提问的方式启发学生掌握汉语句式特点，培养学生把握段落主旨、找中心句及理解提炼段落主要内容的能力。段落主句是标示段落中心思想的句子，常在段落的开头或结尾，找到它往往就抓住了段落的主旨。段落的内容常用一些标明层次和逻辑关系的提示词语加以展现，因此，这些词语可以帮助学生理解段落的内容，教学中要注意引导学生关注这些词语。

3. 把握篇章：培养学生理解并掌握文章主题思想的能力。教师通过分析文章的标题、寻找文章主题句和主题段的训练，使学生在阅读中能较快地把握文章的中心思想。

4. 拓展文化知识：了解大城市的邻里关系。

5. 塑造价值观：让学生潜移默化地形成睦邻友好的价值观。

教学重点

1. 对通读课文（第三篇文章）进行重点讲解，使学生掌握重点词语及句式，理解、复述文章主要内容，完成课后练习。

2. 让学生课前先阅读文章再略读文章，完成相关练习，提高学生的速读能力并强化阅读技巧。

3. 通过查阅文章训练学生快速浏览某些句段、查询信息的能力。

教学难点

1. 掌握对比方法在阅读理解中的作用。

2. 查找与提炼文章主旨。

学时分配

2学时

第三课　爱情婚姻

教学目标

1. 语言方面：理解文章内容，巩固语言知识，扩大词汇量。

2. 价值塑造：树立正确的婚恋观。

3. 阅读技能：了解文章的隐喻式写法，通过喻体理解文章的深层意义。

教学内容

1. 词语：讨论婚恋话题，让学生熟悉相关话题的主题词群，帮助记忆。

2. 通过文章题目猜测文章内容，通过上段预测后段内容。

3. 拓展文化知识：简单介绍当代的婚恋百态。

4. 塑造价值观：树立正确的婚恋观。

教学重点

1. 对通读课文（第三篇文章）进行重点讲解，使学生掌握重点词语及句式，理解、复述文章主要内容，完成课后练习。

2. 让学生课前先阅读文章再略读文章，完成相关练习，提高学生的速读能力并强化阅读技巧。

3. 通过查阅文章训练学生快速浏览某些句段、查询信息的能力。

教学难点

1. 阅读并理解含有隐喻的文章。

2. 题目多义时如何理解文章主旨。

学时分配

2 学时

第四课　求职历程

教学目标

1. 语言方面：理解文章内容，巩固语言知识，扩大词汇量。

2. 价值塑造：树立正确的职业观。

3. 阅读技能：重点掌握破折号在阅读理解中的作用。

教学内容

1. 词语：学生预习教师发放的词语预习资料，学会通过复句的前后关系猜测词语意思，比如"虽然……但是……""不仅……而且……"等。

2. 成语和四字格在本课比较多见，教师要引导学生通过语境、结构、语用等理解并掌握成语和四字格。

3. 拓展文化知识：了解求职中的注意事项。

4. 塑造价值观：树立正确的职业观。

教学重点

1. 对通读课文（第三篇文章）进行重点讲解，使学生掌握重点词语及句式，理解、复述文章主要内容，完成课后练习。

2. 让学生课前先阅读文章再略读文章，完成相关练习，提高学生的速读能力并强化阅读技巧。

3. 通过查阅文章训练学生快速浏览某些句段、查询信息的能力。

教学难点

理解委婉表达的实质意义。

学时分配

2 学时

第五课　青春岁月

教学目标

1. 语言方面：理解文章内容，巩固语言知识，扩大词汇量。

2. 价值塑造：树立珍惜青春时光、乐观、奋斗、向上的人生观。

3. 阅读技能：略读长文章，学会找到承载全篇脉络的重点句子。

教学内容

1. 词语：让学生熟悉相关话题的主题词群，理解并掌握词语。

2. 通过理解含义深刻、意义复杂的反问句理解文章内容。

3. 拓展文化知识：介绍"70 后""80 后""90 后""00 后"青年人的不同青春时光。

4. 塑造价值观：珍惜青春，勇敢追求。

教学重点

1. 对通读课文（第三篇文章）进行重点讲解，使学生掌握重点词语及句式，理解、复述文章主要内容，完成课后练习。

2. 让学生课前先阅读文章再略读文章，完成相关练习，提高学生的速读能力并强化阅读技巧。

3. 通过查阅文章训练学生快速浏览某些句段、查询信息的能力。

教学难点

理解意义复杂的反问句。

学时分配

2 学时

第六课　智慧人生

教学目标

1. 语言方面：理解文章内容，巩固语言知识，扩大词汇量。

2. 价值塑造：智慧取舍、因势利导帮助成就美满人生。

3. 阅读技能：借助上下文补全内容有助于理解口语化的句子。

教学内容

1. 词语：学生根据教师下发的资料预习词语。

2. 通过跳读快速把握长段落的内容。

3. 拓展文化知识：讨论对成功的理解，尤其是中国人对成功的看法。

4. 塑造价值观：智慧取舍、因势利导、化被动为主动。

教学重点

1. 对通读课文（第三篇文章）进行重点讲解，使学生掌握重点词语及句式，理解、复述文章主要内容，完成课后练习。

2. 让学生课前先阅读文章再略读文章，完成相关练习，提高学生的速读能力并强化阅读技巧。

3. 通过查阅文章训练学生快速浏览某些句段、查询信息的能力。

教学难点

理解口语化句群。

学时分配

2 学时

第七课　时尚购物

教学目标

1. 语言方面：理解文章内容，巩固语言知识，扩大词汇量。

2. 价值塑造：理智消费才是真正地享受生活。

3. 阅读技能：重点掌握冒号、分号和省略号在阅读理解中的作用。

教学内容

1. 词语：通过内容并列的组句理解并掌握词语。

2. 通过跳读理解数个句子并列的长段落内容。

3. 拓展文化知识：讨论时尚购物、网购和中国人的购物特点。

4. 塑造价值观：理智购物，享受简单生活。

教学重点

1. 对通读课文（第三篇文章）进行重点讲解，使学生掌握重点词语及句式，理解、复述文章主要内容，完成课后练习。

2. 让学生课前先阅读文章再略读文章，完成相关练习，提高学生的速读能力并强化阅读技巧。

3.通过查阅文章训练学生快速浏览某些句段、查询信息的能力。

教学难点

通过阅读文章题目，判断文章首段是不是重点段。

学时分配

2学时

第八课　网络时空

教学目标

1.语言方面：理解文章内容，巩固语言知识，扩大词汇量。

2.价值塑造：网络世界只是一个虚拟世界，应该理性利用网络。

3.阅读技能：查找文章的中心句。

教学内容

1.词语：通过图片掌握网络方面的词语。

2.可以把《太反常了》作为要求复述的文章。

3.拓展文化知识：网络改变世界，改变生活。

4.塑造价值观：比网络更重要的是真实世界的生活。

教学重点

1.对通读课文（第三篇文章）进行重点讲解，使学生掌握重点词语及句式，理解、复述文章主要内容，完成课后练习。

2.让学生课前先阅读文章再略读文章，完成相关练习，提高学生的速读能力并强化阅读技巧。

3.通过查阅文章训练学生快速浏览某些句段、查询信息的能力。

教学难点

依靠语境理解多义词在本课的意思。

学时分配

2学时

第九课　中西文化

教学目标

1.语言方面：理解文章内容，巩固语言知识，扩大词汇量。

2.价值塑造：理性对待不同文化之间的差异，求同存异、尊重差异方是和谐相处之道。

3. 阅读技能：理解故事论据的真实意义，注意故事讲述中的评判句即中心句。

教学内容

1. 词语：掌握不同文化中的特有词语。

2. 总结长文章中的并列词语，有时文章靠并列词语组织结构。

3. 拓展文化知识：不同文化之间的差异。

4. 塑造价值观：求同存异、尊重差异。

教学重点

1. 对通读课文（第三篇文章）进行重点讲解，使学生掌握重点词语及句式，理解、复述文章主要内容，完成课后练习。

2. 让学生课前先阅读文章再略读文章，完成相关练习，提高学生的速读能力并强化阅读技巧。

3. 通过查阅文章训练学生快速浏览某些句段、查询信息的能力。

教学难点

段落的真意常常埋藏在大段的故事论据讲述中，要善于披沙拣金。

学时分配

2 学时

第十课　职场生涯

教学目标

1. 语言方面：理解文章内容，巩固语言知识，扩大词汇量。

2. 价值塑造：爱岗敬业是职业之道。

3. 阅读技能：理解反问句对掌握作者写作意图的意义。

教学内容

1. 词语：掌握比喻构词的意义并生成脉络。

2. 归纳文章中数个例子、数个段落的相似点，从而把握文章大意。

3. 拓展文化知识：职场上的注意事项。

4. 塑造价值观：树立爱岗敬业的职业观，职业之道贵在不放弃，贵在提升自我。

教学重点

1. 对通读课文（第三篇文章）进行重点讲解，使学生掌握重点词语及句式，理解、复述文章主要内容，完成课后练习。

2. 让学生课前先阅读文章再略读文章，完成相关练习，提高学生的速读能力并强化阅读技巧。

3.通过查阅文章训练学生快速浏览某些句段、查询信息的能力。

教学难点

文章的主要意思有时会通过数个例子说明，要善于通过总结例子的相似性理解文章主旨。

学时分配

2学时

下学期：

《中级汉语阅读教程》（下）（自编教材）

第一课　青春校园

教学目标

1.知识目标：阅读文章并完成相关练习，理解文章内容，巩固语言知识，扩大词汇量。

2.能力目标：跳跃障碍，根据汉字的表意形旁猜测字意，根据上下文猜词。

3.素质目标：团结友爱是中国传统文化的核心价值观之一。大学是知识的海洋，是学生从象牙塔走向社会的最后一站，教师要引导学生思考怎样让自己的大学生活变得充实，怎样让自己的梦想成为现实。

教学内容

阅读关于青春校园的文章五篇；完成练习，总结语言知识和阅读技能。

教学重点

1.重点词语：迈、纯粹、招收、赤裸、许愿、吟、无穷无尽、贵族、多元、捐赠、实质、成本、策略、欺负、频繁、惨、轨道。

2.语法点：小儿科、……扮演了……的角色。

教学难点

导读之后引导学生默读，完成练习题，回答问题。

学时分配

3学时

第二课　社会百态

教学目标

1.知识目标：阅读文章并完成相关练习，理解文章内容，巩固语言知识，扩大词汇量。

2.能力目标：跳跃障碍，根据汉字的表意形旁猜测字意，根据上下文猜词。

3.素质目标：教师要加深学生对社会的了解和认识，让学生思考怎样建设一个和谐社会，从而让我们更好地生活。

教学内容

阅读关于社会百态的文章五篇；完成练习，总结语言知识和阅读技能。

教学重点

1.重点词语：维修、照料、承诺、补偿、遗产、诉讼、借鉴、开辟、异常、家喻户晓、恳切、辜负、诱惑、衣裳、脆弱、验证、根深蒂固、脱离、纯洁。

2.语法点：烫手的山芋、……对……产生重要的影响。

教学难点

导读之后引导学生默读，完成练习题，回答问题。

学时分配

3学时

第三课　多元文化

教学目标

1.知识目标：阅读文章并完成相关练习，理解文章内容，巩固语言知识，扩大词汇量。

2.能力目标：跳跃障碍，根据汉字的表意形旁猜测字意，根据上下文猜词。

3.素质目标：了解春节习俗、二十四节气。文化是一种社会现象，每个民族、每个国家都有自己独特的文化；文化也是一种历史现象，每个民族、每个国家的文化都在悄悄地发生着改变。通过本课的学习，学生可以加深对中国传统习俗的了解。

教学内容

阅读关于多元文化的文章五篇；完成练习，总结语言知识和阅读技能。

教学重点

1.重点词语：产业、肖像、气质、小心翼翼、结晶、历年、告状、吉祥、呈现、疲惫、天伦之乐、更新、系列、频率、档次、尴尬、眼色、舔、酗酒。

2.语法点：……被喻为……

教学难点

导读之后引导学生默读，完成练习题，回答问题。

学时分配

3 学时

第四课　名人小记

教学目标

1. 知识目标：阅读文章并完成相关练习，理解文章内容，巩固语言知识，扩大词汇量。

2. 能力目标：跳跃障碍，根据汉字的表意形旁猜测字意，根据上下文猜词。

3. 素质目标：各行各业的伟人都是学生学习的目标。在人类的历史长河中，总有一些不平凡的人留下了深深的印记，他们仿佛夜空中闪亮的明星，照耀着我们的世界，教师要启发学生努力钻研、勤奋学习，创造一个更加美好的世界。

教学内容

阅读关于名人小记的文章五篇；完成练习，总结语言知识和阅读技能。

教学重点

1. 重点词语：精通、权威、记载、摆脱、奉献、灵感、愚蠢、循环、漫画、枯燥、解雇、搞乱、争议、舆论、展示、赋予、辨认、要点、先进。

2. 语法点：受……委托、V＋于＋地点／时间。

教学难点

导读之后引导学生默读，完成练习题，回答问题。

学时分配

3 学时

第五课　边走边看

教学目标

1. 知识目标：阅读文章并完成相关练习，理解文章内容，巩固语言知识，扩大词汇量。

2. 能力目标：跳跃障碍，根据汉字的表意形旁猜测字意，根据上下文猜词。

3. 素质目标：读万卷书行万里路，来自书本的知识，来自路上的风景，都让我们的人生更加丰富，教师要加深学生对中国人文思想的理解，激发学生探索世界的好奇心。

教学内容

阅读关于边走边看的文章五篇；完成练习，总结语言知识和阅读技能。

教学重点

1. 重点词语：熬、晾、渺小、筹备、风光、进化、原始、陡峭、偏僻、孕育、机构、宫殿、奠定、庄重、珍贵、甘心、幢、迫不及待、毅然。

2. 语法点：之所以……，是因为……；……因……而名闻天下。

教学难点

导读之后引导学生默读，完成练习题，回答问题。

学时分配

3 学时

第六课　饮食天下

教学目标

1. 知识目标：阅读文章并完成相关练习，理解文章内容，巩固语言知识，扩大词汇量。

2. 能力目标：跳跃障碍，根据汉字的表意形旁猜测字意，根据上下文猜词。

3. 素质目标：饮食在人们的生活中占有十分重要的位置，它不仅能满足人们的生理需要，而且具有十分丰富的文化内涵，教师要加深学生对饮食文化的理解，倡导学生珍惜粮食、杜绝浪费。

教学内容

阅读关于饮食天下的文章五篇；完成练习，总结语言知识和阅读技能。

教学重点

1. 重点词语：品尝、盛产、过滤、遗传、基因、层次、容忍、掰、掏、斯文、仪式、左顾右盼、随即、点缀、版本、搭配、起源、发酵。

2. 语法点：……盛产……、……起源于……

教学难点

导读之后引导学生默读，完成练习题，回答问题。

学时分配

3 学时

第七课　体育传奇

教学目标

1. 知识目标：阅读文章并完成相关练习，理解文章内容，巩固语言知识，扩大词汇量。

2. 能力目标：跳跃障碍，根据汉字的表意形旁猜测字意，根据上下文猜词。

3.素质目标：教师要加深学生对体育文化的理解，引导学生热爱运动，热爱生命。

教学内容

阅读关于体育传奇的文章五篇；完成练习，总结语言知识和阅读技能。

教学重点

1.重点词语：超级、凝聚力、武侠、梢、响应、涌现、打猎、奔波、新陈代谢、对照、装备、田径、赞助、极限、投掷、生存、缺陷、弥补、颁发。

2.语法点：引以为傲、……被称为……

教学难点

导读之后引导学生默读，完成练习题，回答问题。

学时分配

3学时

第八课 健康生活

教学目标

1.知识目标：阅读文章并完成相关练习，理解文章内容，巩固语言知识，扩大词汇量。

2.能力目标：跳跃障碍，根据汉字的表意形旁猜测字意，根据上下文猜词。

3.素质目标：健康是一个多元概念，包括生理、心理和社会适应三个方面，教师要加深学生对健康的理解，引导学生珍惜生命，快乐生活。

教学内容

阅读关于健康生活的文章五篇；完成练习，总结语言知识和阅读技能。

教学重点

1.重点词语：脂肪、唯独、惦记、清澈、在意、疏忽、编织、油然而生、代价、素食、掩盖、前景、烹饪、致力、牺牲、折腾、涉及、指标、扭转。

2.语法点：唯独……、致力于……、涉及……

教学难点

导读之后引导学生默读，完成练习题，回答问题。

学时分配

3学时

四、实践环节及要求

中级汉语阅读课包含大量的实践环节，学生在教师指导下进行阅读理解活动。具体要求：

1. 导读：要求学生阅读之前，结合文章题目提出引导性的问题，讨论文章可能写什么，让学生做出假设，之后带着问题阅读，边读边思考，印证假设。

2. 默读：默读时要限定时间，在保证基本理解文字材料内容的前提下，按照速读的要求，以尽可能快的速度读完，过时不候。这样可以给学生一种压力，使他们能够全神贯注，努力提高阅读速度。要求学生遇到生字、词语、难句及其他问题时，尽量运用相关阅读技巧加以解决，对于一些确实难以解决的问题，要在默读时做出标记，以备提问。

3. 答疑：既可以由教师答疑，也可以由学生答疑，尤其是那些比较简单的问题，应尽量让学生解答，有不尽之处，教师再规范完善，这样可以活跃课堂气氛，充分调动学生参与的积极性。

4. 检查：检查阅读效果，巩固知识。要求学生用自己的话将主要课文、主要内容叙述出来。对于文章内容有争议的地方，可以进行必要的讨论，这样可以活跃课堂气氛，开阔学生的思路。

五、学生成绩评定

成绩评定方式表

考核环节	百分比（％）	考核／评价细则
平时小考试三次	30	课内知识、课外知识分别占试卷的一半左右
平时成绩	10	出勤情况、课堂表现、作业完成情况
期末考试	60	题量适中，全面覆盖所学范围，并增加一半以上的课外阅读内容

六、 教学资源

课程的基本教学资源

资源类型	资源
教材	《中级汉语阅读教程》（上、下）（自编教材）
参考书目	从新闻报刊、微信推文中选取适合学生水平的文章，每周发一两篇至微信群，作为课外拓展阅读的内容。

第五章　汉语写作基础课程教学大纲

一、课程概览

课程中文名称	汉语写作基础			
课程英文名称	Basics of Chinese Writing			
课程学分	4	课程总学时数	64 学时（理论教学 60 学时，实践教学 4 学时）	
课程类别	专业课	课程性质	必修	课程形态
				线上／线下／线上线下混合
考核方式	考试			
开课学部（学院）	国际中文学院	授课对象	本科留学生	
面向专业（方向）	所有专业（方向）	开课学期	二年级上、下	
大纲编写人	林艳、张书杰	审核人	高蕊	
课程简介	本课程的教学对象为国际中文学院本科各专业二年级的学生。经过初级阶段（一年级）的学习，学生应该已掌握基本的语音及语法知识（甲级语法和乙级语法约 150 项）、基本的常用句式、常用汉字 1200 个左右、常用词 2500 个左右。 　　汉语写作基础课是专项技能课，是指导学生综合运用已学过的汉字、词语、语法、书写格式、标点符号等进行书面表达的语言实践课。本课程的核心是实践，要求学生从表达思想的需要出发，独立运用语言，在具体运用过程中吸收新词语，补充新知识，并综合运用从各门课中学到的语言知识和社会知识。 　　上学期的教学内容主要是汉语文章的一般写作格式及各种常用文体的写作方法；下学期则重在叙事类文体写作能力的培养，包括叙事短文、给材料叙事文、叙事命题作文、以记事为主的叙事文、以写人为主的叙事文、游记等具体写作训练内容。 　　通过学习例文、练习写作、讲评、改错、分析、归纳、总结等过程，在下学期结束时，学生要能够用汉语在 2 学时之内按题目要求写出一篇 700 字以上的文章。			

二、课程目标

项目	具体内容
课程总目标	1. 在一年级培养汉语综合语言能力的基础上，继续培养学生正确使用汉语的词语与结构进行写作的能力，纠正错误，逐渐减少母语干扰。 2. 培养学生运用汉语进行书面表达的基本能力，使学生掌握汉语文章的一般写作格式及各种常用文体的写作方法；使学生把握常用的说明性和叙事性文章的功能、写法、结构形式、语言风格等方面的特点，写出符合文体要求的文章。
价值塑造目标	1. 促使学生多侧面观察社会、体悟人生、反思自我。 2. 让学生感受中国的风土人情，丰富学生对于社会与人生多样性的认识，以获得更好的跨文化视野。
知识传授目标	1. 帮助学生掌握汉语常用文体语篇写作的要求和规范。 2. 让学生复习、巩固、运用学过的汉字、词语、语法等知识。 3. 让学生通过学习范文扩大词汇量，学习不同语境下的各种正确表达方式及一般的修辞技巧。
能力培养目标	让学生逐步适应汉语篇章的表达习惯，提高学生运用汉语进行写作的能力。

三、各课教学内容和学时分配

上学期：

（使用自编教材）

第一课　汉语书写格式

教学目标

1. 掌握汉语文章的一般写作格式，使用正确的书写方法，正确使用标点符号等。

2. 把握常用的介绍性文章及说明性文章在功能、写法、结构形式、语言风格等方面的特点，写出符合文体要求的文章。

3. 减少基础性的语法错误。

4. 把握叙述性文章和说明性文章的区别，即前者要求生动、形象、具体，后者要求准确、平实、简洁。

教学内容

1. 教师讲解，指导做练习题，学习例文。

2.教师命题及学生写作实践：给材料作文（一）听后写。

3.课堂讲评作文。

教学重点

1.写作重点：给材料作文（一）听后写。

2.语言练习重点：书写格式、常用标点符号。

（1）书写格式：如何写作文题目、如何写作者姓名、标点如何用格、如何分段等。

（2）常用标点符号：逗号、句号、问号、感叹号、顿号、分号、冒号、引号、省略号、书
名号、破折号等。

教学难点

1.汉语各种标点符号的细微区别。

2.如何正确使用各种代词、表示时间或空间的词语、同义词语等，以及如何使用省略。

学时分配

6学时

第二课 自我介绍

教学目标

能够用比较通顺的语言写出一篇简短的自我介绍，能正确省略句中的代词，并做到表达清楚、
连贯。

教学内容

1.教师指导：

（1）检查作业，复述故事。

（2）讲解例文：例文（一）、（二），学习如何省略第一人称。

（3）完成练习。

2.教师命题及学生写作实践：向老师和同学介绍自己。

3.课堂讲评作文。

教学重点

1.写作重点：自我介绍。

2.语言练习重点：句中词语的省略，主要是第一人称做主语和定语的省略。

教学难点

如何在自我介绍中使用省略和代词，使语句简洁而自然地衔接。

学时分配

4 学时

第三课 看图写故事

教学目标

通过对一组图画的观察、分析，展开想象，写成一篇完整的故事，要求把事物间的关系阐述清楚，能够在直接引语和间接引语中正确使用代词。

教学内容

1. 教师指导学生学习例文，完成练习。

2. 教师命题及学生写作实践：看图写故事。

3. 课堂讲评作文。

教学重点

1. 写作重点：给材料作文（二）看图写故事。

2. 语言练习重点：代词的使用（一）。

教学难点

1. 代词做定语强调事物的归属。

2. 引语中的代词。

学时分配

6 学时

第四课 扩写故事

教学目标

能够把一篇简短的文章或一段概括性的话加以补充、扩展，在不改变原文中心意思和基本情节的前提下，使文章的内容更加丰富、充实，语言更加生动、形象。

教学内容

1. 教师指导学生学习例文并完成练习题。

2. 教师命题及学生写作实践：扩写故事。

3. 课堂讲评作文。

教学重点

1. 写作重点：给材料作文（三）扩写故事。

2.语言练习重点：代词的使用（二）。

教学难点

人称代词和指示代词的使用原则。

学时分配

6学时

第五课　请柬、启事

教学目标

学会在生活和工作中，用正确的格式、礼貌的语言、规范的谦称和敬称写请柬、邀请信和启事。

教学内容

1.教师结合例文分别介绍请柬、邀请信、启事的一般格式。

2.教师指导学生完成课后练习。

3.教师命题及学生写作实践：分别写一份请柬、一封邀请信和一个启事，可以分组练习。

4.课堂讲评作文。

教学重点

1.写作重点：请柬、邀请信、启事。

2.语言练习重点：请柬、邀请信和启事的写作格式及常用词语，名量词的使用。

教学难点

让学生把握语体风格，恰当地选择词语，正确地组织语言，写出规范的请柬、邀请信和启事。

学时分配

2学时

第六课　一般书信

教学目标

能够按照中文书信的格式写一般书信，能正确使用某些中文书信中常用的语句，学会观察中国人在新时代的精神面貌，学习他们积极向上的精神和克服困难的勇气，并把这些信息在一封书信中传达出来。

教学内容

1.介绍一般书信的写作知识。

2. 教师指导学生阅读、分析例文。

3. 教师指导学生完成练习。

4. 教师命题及学生写作实践：写一封完整的书信。

5. 课堂讲评作文。

教学重点

1. 写作重点：一般书信。

2. 语言练习重点：一般书信的格式和常用语句。

教学难点

熟记一般书信的格式，包括称呼、问候、正文、祝愿、署名、日期等，掌握书信中常用的问候语、祝福语等。

学时分配

2 学时

第七课　社交书信

教学目标

能用正确的格式和规范的语句写一般的社交书信。

教学内容

1. 学习例文（一）至（四）。

2. 教师指导学生完成课后练习。

3. 教师命题及学生写作实践：写一封自荐信或感谢信。

4. 课堂讲评作文。

教学重点

1. 写作重点：感谢信、贺信、自荐信和辞呈。

2. 语言练习重点：社交书信的格式、内容和常用语句。

教学难点

掌握社交书信的正确格式，使用规范的语句写信。

学时分配

2 学时

第八课　介绍一个地方

教学目标

　　能够用平实的语言从客观的角度点面结合地介绍一个地方，初步学习用描写和比喻的方法进行景物描写，能够适当地运用时间词语和处所词语连接语句。本课可以启发学生结合他们在中国旅游的所见所闻，用生动、流畅的语言介绍中国的城市或乡村，感受中国城市和乡村日新月异的变化。

教学内容

　　1.教师指导学生阅读、分析例文。

　　2.教师指导学生完成课后练习。

　　3.教师命题及学生写作实践：介绍一个熟悉的城市或乡村。

教学重点

　　1.写作重点：介绍一个熟悉的城市或乡村。

　　2.语言练习重点：表示时间、处所的词语。

教学难点

　　如何用比喻和描写的方法介绍一个地方，如何恰当运用时间词语和处所词语连接语句。

学时分配

　　4学时

第九课　介绍地方风俗

教学目标

　　能够用较为丰富的语言介绍一种风俗习惯或者人们社会生活中的某一种活动，学会从客观的角度叙述，并能够在写作中突出某些细节，把风俗或活动的来龙去脉交代清楚。

教学内容

　　1.教师讲评第八课的作文。

　　2.教师指导学生阅读，分析例文（一）和（三）。

　　3.教师指导学生完成课后练习。

　　4.教师命题及学生写作实践：介绍一个熟悉的城市或乡村的风俗习惯。

教学重点

　　1.写作重点：介绍某一个地方的风俗习惯或社会生活。

2. 语言练习重点：同义词的使用。

教学难点

如何在介绍某一种风俗习惯或者某一种社会活动时使用较为丰富的语言，突出某些细节；如何把风俗或活动的来龙去脉交代清楚。

学时分配

2 学时（备注：第八课和第九课的内容也可以结合起来，一共用 6 个学时学完。）

下学期：

《汉语写作教程》（讲授下编的内容，除第十五课、第十七课）

第十课　叙事短文

教学目标

1. 使学生明确叙事短文的文体特点。

2. 通过语言练习和实际写作训练，培养学生写汉语叙事短文的能力。

3. 通过对学生作文的批改、讲评，强化学生写作的自觉意识。

教学内容

1. 讲授叙事短文的文体知识。

2. 分析例文《看病》《珍珠项链》《我学会了用筷子》，让学生感受认真工作的重要性、教师对学生的关爱之心及民族文化的价值。

3. 语言知识讲解：分句或句子间的承接关系（一）。

4. 布置作业：完成课后练习。

5. 复习并布置写作任务，进行写前指导。

6. 学生完成写作任务。

7. 作文讲评（包括内容表达、语言运用、标点符号的使用、汉语文章写作格式等方面）。

8. 学生修改自己的作文。

教学重点

1. 叙事短文的文体要求。

2. 分句或句子间的承接关系（一）。

教学难点

1. 语篇的连接与转换。

2. 汉语标点符号的用法。

学时分配

6学时

第十一课　给材料叙事记叙文

教学目标

1. 通过限制性写作，强化学生对叙事类文体特点的把握。

2. 通过语言练习和实际写作训练，培养学生写较长篇幅的叙事文的能力。

3. 通过对学生作文的批改、讲评，提高学生的语言运用能力。

教学内容

1. 进一步讲授叙事文的文体知识，让学生把握叙事文在结构安排上的特点。

2. 分析例文《把风暴甩在下面》《小闹钟》《"良心"的发现》，让学生体会如何提高人生境界，感受中国宾馆热心周到的服务精神及中外人士的友好情谊。

3. 语言知识讲解：文章的开头、结尾、过渡和照应。

4. 布置作业：完成课后练习。

5. 复习并布置写作任务，进行写前指导。

6. 学生完成写作任务。

7. 作文讲评（包括内容表达、语言运用、标点符号的使用、汉语文章写作格式等方面）。

8. 学生修改自己的作文。

教学重点

1. 叙事文的结构特点。

2. 文章的开头、结尾、过渡和照应。

教学难点

根据所给材料进行合理的联想。

学时分配

6学时

第十二课　叙事命题作文

教学目标

1. 检验学生对叙事类文体特点的把握及独立表达思想内容的能力。

2. 通过对学生作文的批改、讲评，提高学生的语言运用能力。

教学内容

1. 讲授叙事文写作与人生经验的关系。

2. 分析例文《到动物园看猴子》，让学生认识和体会儿童世界与成人世界的不同，了解人的成长过程。

3. 语言知识讲解：分句或句子间的转折关系、因果关系和选择关系。

4. 布置写作任务，要求学生在课下完成，明确提交时间。

5. 作文讲评（包括内容表达、语言运用、标点符号的使用、汉语文章写作格式等方面）。

6. 学生修改自己的作文。

教学重点

1. 激发学生自主、独立写作的热情。

2. 分句或句子间的转折关系、因果关系和选择关系。

教学难点

1. 调动学生写作的积极性，克服畏难情绪。

2. 叙事文写作中语言风格的选择。

学时分配

4 学时

第十三课　人物的肖像描写和语言描写

教学目标

1. 使学生把握以写人为主的叙事文的文体特点。

2. 使学生体会如何对人物进行肖像描写和语言描写。

3. 通过对学生作文的批改、讲评，提高学生对肖像描写和语言描写的运用能力。

教学内容

1. 讲授以写人为主的叙事文的写作特点，分析其与以写事为主的叙事文的区别和联系。

2. 分析例文《我的奶奶》和《钟小帆》，让学生感受时代变迁对人们的影响，感受奉献精神和积极的人生追求。

3. 语言知识讲解：人物的肖像描写和语言描写，句子或句子间的并列关系、递进关系。

4. 布置写作任务，要求学生在课下完成，明确提交时间。

5. 作文讲评（包括内容表达、语言运用、标点符号的使用、汉语文章写作格式等方面）。

6. 学生修改自己的作文。

教学重点

1. 以写人为主的叙事文的写作特点。

2. 人物的肖像描写和语言描写。

教学难点

1. 以写人为主的叙事文和以写事为主的叙事文的区别与联系。

2. 人物肖像描写需要注意的地方，如用词、句式、顺序安排、繁简等。

学时分配

4 学时

第十四课　人物的动作描写和心理描写

教学目标

1. 使学生进一步把握以写人为主的叙事文的文体特点。

2. 使学生体会如何对人物进行动作描写和心理描写。

3. 通过对学生作文的批改、讲评，提高学生对动作描写和心理描写的运用能力。

教学内容

1. 分析例文《看楼人》和《凯瑟琳》，让学生感受爱岗敬业者的平凡与伟大，体会充实的精神生活更能够给人带来幸福感。

2. 语言知识讲解：人物的动作描写和心理描写，分句或句子间的承接关系（二）。

3. 布置写作任务，要求学生在课下完成，明确提交时间。

4. 作文讲评（包括内容表达、语言运用、标点符号的使用、汉语文章写作格式等方面）。

5. 学生修改自己的作文。

教学重点

1. 人物的动作描写和心理描写。

2. 分句或句子间的承接关系（二）。

教学难点

1. 表达动作和心理的词语及句式的运用。

2. 人物的动作描写和心理描写的准确与传神。

学时分配

4 学时

第十六课　写人的命题作文

教学目标

1.训练学生综合运用人物的肖像描写、语言描写、动作描写和心理描写刻画人物，突出人物的思想性格。

2.通过对学生作文的批改、讲评，提高学生的语言运用能力。

教学内容

1.进一步讲授以写人为主的叙事文的写作特点，使学生掌握如何恰当地使用四种描写方法。

2.分析例文《老摩尔根》和《父亲》，让学生体会父母对子女无私的爱及丰富的生活和劳动经验对于人的成长的启发意义。

3.语言知识讲解：分句或句子间的解说关系、目的关系。

4.布置作业：完成课后练习。

5.复习并布置写作任务，进行写前指导。

6.学生完成写作任务。

7.作文讲评（包括内容表达、语言运用、标点符号的使用、汉语文章写作格式等方面）。

8.学生修改自己的作文。

教学重点

1.如何描写人物的思想性格。

2.文章整体的立意和构思，以及多种人物描写方法的综合运用。

教学难点

1.通过描写独具特点的人物表达自己对生活的认识和评价。

2.描写方式的有机结合。

学时分配

6学时

四、实践环节及要求

上学期：学生写作实践

要求：根据教师讲评的范文及学过的语体知识，利用课上2学时的时间写出一篇作文。

下学期：作文比赛

题目：我的中国故事 / 我与中国的缘分

要求：1.一篇以写事为主的叙事文。

2. 内容要与中国有关，是自己的亲身经历。

3. 字数在 600 字以上、1000 字以内。

奖励规则：比赛设一等奖 3 名，二等奖 6 名，三等奖 12 名，颁发奖品和获奖证书；所有参赛同学都将获得纪念奖；特别优秀的作文将推荐到报纸上发表。

五、课程学生成绩评定

上学期成绩评定方式表

考核环节	百分比（%）	考核／评价细则
平时成绩	50	考勤、作业
期末成绩	50	期末考试

下学期成绩评定方式表

考核环节	百分比（%）	考核／评价细则
平时写作成绩	40	依据完成情况，给每篇作文打分，最后综合本学期所有写作训练的完成情况给出平时成绩
期中考试成绩	20	1 小时 50 分钟内完成一篇 600 字以上的作文，写作题目偏重于阶段性目标的达成情况
期末考试成绩	40	1 小时 50 分钟内完成一篇 700 字以上的作文，写作题目能体现出本学期所学的内容，具有综合性和相应的写作难度

六、教学资源

课程的基本教学资源

资源类型	资源
教材	上学期用自编教材；下学期用《汉语写作教程》，赵建华、祝秉耀，北京语言大学出版社，2003 年
参考书目	《新汉语写作教程》，罗青松，华语教学出版社，2012 年 《新汉语写作教程·基础篇》，何重先主编，武汉大学出版社，2014 年

第六章　现代汉语语音课程教学大纲

一、课程概览

课程中文名称	现代汉语语音			
课程英文名称	Modern Chinese Phonetics			
课程学分	2	课程总学时数		32 学时（理论教学 16 学时，实践教学 16 学时）
课程类别	专业课	课程性质	选修	课程形态	线上 / 线下 / 线上线下混合
考核方式	考试			
开课学部（学院）	国际中文学院	授课对象		本科留学生
面向专业（方向）	所有专业（方向）	开课学期		二年级上
大纲编写人	王安红	审核人		唐伶
课程简介	本课程为知识课，以帮助学生掌握汉语声母、韵母和声调发音的基本知识、提高学生的汉语发音水平为授课目标。对二年级上学期的留学生来说，学习这门课算是初次接触汉语语言知识课，这就要求教师在讲解语音知识时，力求重点突出，表述简单，每次课所教语音知识不超过三个要点，鼓励学生养成记笔记、多思考的习惯，在理解的基础之上记忆，并且学以致用。 　　好的语音面貌可以提升学生学习汉语的信心。中级水平的留学生汉语语音面貌或多或少还存在一些瑕疵，教师在语音知识讲解的基础之上，要向学生介绍必要的正音技巧，鼓励学生运用学到的正音技巧练习发音，改善自己的语音面貌。发音练习的材料除了词语和句子以外，还有中国古代和现代的诗歌。			

二、课程目标

项目	具体内容
课程总目标	1. 使学生较为系统地了解和学习汉语普通话的基础语音知识。 2. 帮助学生改善汉语语音面貌。
价值塑造目标	1. 让学生感受汉语发音的音乐性和韵律美。 2. 让学生增强学好汉语的兴趣和信心。 3. 培养学生欣赏诗歌优美的意境，让学生了解中国人的审美追求。
知识传授目标	1. 使学生掌握汉语声母、韵母和声调的发音特点。 2. 提高学生分析声、韵、调的能力。
能力培养目标	1. 帮助学生培养良好的语音面貌，更好地运用汉语进行交际。 2. 提高学生的语音听辨能力，掌握初步的纠音方法。

三、各课教学内容和学时分配

《汉语语音教程》

第一单元　声音和语音

教学目标

1. 了解声音四要素跟汉语发音的联系。

2. 了解语音的生理属性。

教学内容

1. 声音四要素：音色、音高、音长和音强。

2. 以元音为例，理解声音四要素在语音中的作用。

3. 语音的生理属性、口腔内发音部位的名称。

教学重点

1. 声音四要素在汉语发音中的作用。

2. 重要发音器官及发音部位的名称。

教学难点

1. 分析汉语发音中的声音四要素。

2. 了解和掌握与汉语普通话发音相关的发音器官和发音部位的名称。

学时分配

4 学时

第二单元　国际音标和语音的分类

教学目标

1. 了解国际音标与表音文字或拼音方案的区别。

2. 掌握分析元音和辅音的方法。

教学内容

1. 国际音标是准确表示发音的工具：一音一符，一符一音。

2. 元音和辅音的区别。

3. 元音的分析：舌位前后、高低，嘴唇的圆展。

4. 辅音的分析：发音部位和发音方法。

教学重点

1. 元音和辅音的区别。

2. 元音的分析：舌位前后、高低，嘴唇的圆展。

3. 辅音的分析：发音部位和发音方法。

教学难点

1. 元音的分析：舌位前后、高低，嘴唇的圆展。

2. 辅音的分析：发音部位和发音方法。

学时分配

6 学时

第三单元　普通话的声母

教学目标

1. 了解普通话的音节结构。

2. 了解零声母和辅音声母的书写形式。

3. 掌握 21 个辅音声母的发音方法，能够区分易混淆的发音。

4. 正确发出普通话的声母。

教学内容

1. 普通话的声韵调、零声母和辅音声母。

2. 塞音声母。

3. 擦音声母。

4. 塞擦音声母。

5. 鼻音声母、边音声母。

6. 听辨易混淆的发音。

7. 听写与本课语音点相关的常用词，朗读绕口令和诗歌。

教学重点

1. 不送气声母和送气声母的听辨和发音。

2. 不同发音部位擦音声母的听辨和发音。

3. 不同发音部位塞擦音声母的听辨和发音。

教学难点

1. 不送气声母和送气声母的听辨和发音。

2. 不同发音部位擦音声母的听辨和发音。

3. 不同发音部位塞擦音声母的听辨和发音。

学时分配

8 学时

第四单元　普通话的韵母

教学目标

1. 了解普通话韵母的分类。

2. 了解普通话韵母的发音要点，能够区分易混淆的发音。

3. 正确发出普通话的韵母。

教学内容

1. 普通话韵母的分类（1）：单韵母、复韵母和鼻韵母。

2. 普通话韵母的分类（2）：开、齐、合、撮等四呼。

3. 单元音韵母的发音要点及常见偏误。

4. 复元音韵母的发音要点及常见偏误。

5. 鼻音尾韵母的发音要点及常见偏误。

6. 听辨易混淆的发音。

7. 听写与本课语音点相关的常用词，朗读绕口令和诗歌。

教学重点

1. 韵母的四呼。

2. 单元音韵母的发音要点及常见偏误。

3. 复元音韵母的发音要点及常见偏误。

4. 鼻音尾韵母的发音要点及常见偏误。

教学难点

1. 韵母的四呼。

2. 单元音韵母的发音要点及常见偏误。

3. 复元音韵母的发音要点及常见偏误。

4. 鼻音尾韵母的发音要点及常见偏误。

学时分配

6 学时

第五单元　普通话的声调和变调

教学目标

1. 了解普通话四个单字调的调值和发音特点。

2. 了解上声变调和"一、不"变调的规律。

3. 能够正确发出四个单字调及连读变调，改善语音面貌。

教学内容

1. 普通话四个单字调的调值和发音特点。

2. 上声变调和"一、不"变调的规律。

3. 听辨易混淆的声调。

4. 听写与本课语音点相关的常用词，朗读绕口令和诗歌。

教学重点

1. 普通话四个单字调的调值和发音特点。

2. 上声变调和"一、不"变调的规律。

3. 听辨易混淆的声调。

4. 听写与本课语音点相关的常用词，朗读绕口令和诗歌。

教学难点

1. 普通话四个单字调的调值和发音特点。

2. 上声变调和"一、不"变调的规律。

3. 听辨易混淆的声调。

学时分配

4 学时

第六单元　普通话的轻声和儿化

教学目标

1. 了解普通话轻声的作用。

2. 了解普通话轻声音长和音高的特点。

3. 了解普通话儿化的作用。

4. 了解普通话儿化的发音特点。

5. 能够正确使用普通话的轻声和儿化，改善语音面貌。

教学内容

1. 普通话轻声的作用。

2. 普通话轻声音长和音高的特点。

3. 普通话儿化的作用。

4. 普通话儿化的发音特点。

5. 常见轻声和儿化的发音偏误。

6. 听写与本课语音点相关的常用词，朗读绕口令和诗歌。

教学重点

1. 普通话轻声的音长和音高特点。

2. 普通话儿化的作用。

3. 普通话儿化的发音特点。

4. 分析常见轻声和儿化的发音偏误。

教学难点

1. 普通话轻声的音长和音高特点。

2. 普通话儿化的发音特点。

3. 分析常见轻声和儿化的发音偏误。

学时分配

4 学时

四、实践环节及要求

本课程为中级阶段的汉语语音知识课，由于学习者刚刚结束初级阶段的技能课学习，对于知识课的学习方法比较陌生，理论知识接受起来难度也不小，而且大多选择语音课的学生还是希望趁机改善自己的语音面貌，所以二年级上学期现代汉语语音课程的设计为知识讲解和发音练习并重，课程安排为理论讲解和实践操练各占一半课时，并充分利用小组活动。

教师要在语音知识讲解的基础上向学生介绍必要的正音技巧，鼓励学生发现自己的语音偏误，并运用学到的正音技巧练习发音，为自己纠音，也可以为同组同学纠音。这种启发式教学可以发挥学生们的主观能动性，把学习的过程分解为发现问题和解决问题两个阶段。小组活动可以提高学生们的学习兴趣，提升学习效率。对语音点的理解可以设计小组讨论，篇幅较长的现代诗歌也很适合小组表演。

课堂常规实践环节及实践形式除了小组活动以外，还包括听辨语音、听写常用字词、朗读句子、朗读绕口令和诗歌等。

五、课程学生成绩评定

成绩评定方式表

考核环节	百分比（%）	考核 / 评价细则
平时成绩	30	出勤、作业、课堂表现等
期末考试	70	闭卷考试，卷面百分制，按 70% 计入总成绩

六、教学资源

课程的基本教学资源

资源类型	资源
教材	《汉语语音教程》，曹文，北京语言文化大学出版社，2002 年
参考书目	《汉语语音训练》，曹文，北京大学出版社，2008 年

第七章 基础经贸汉语阅读课程教学大纲

一、课程概览

课程中文名称	基础经贸汉语阅读				
课程英文名称	Elementary Business Chinese Reading Course				
课程学分	2	课程总学时数	32 学时（理论教学 28 学时，实践教学 4 学时）		
课程类别	专业课	课程性质	选修	课程形态	线下
考核方式	考试				
开课学部（学院）	国际中文学院	授课对象	本科留学生		
面向专业（方向）	所有专业（方向）	开课学期	二年级上		
大纲编写人	刘文丽	审核人	冯传强		
课程简介	本课程选取近距离反映当代经济生活的文章，以经贸汉语知识、经贸专业知识（包括相关背景知识）、阅读技能训练为三条主线，使学生通过阅读掌握基础阶段的典型经贸词语，熟悉经贸汉语的句式特点、常用表达方法及语体特点，了解基础的经贸知识、理念及现实经济状况，并养成科学的视角和思维习惯，为更高阶段的学习和更深层次的阅读打下基础。 　　本课程充分考虑经贸汉语入门阶段的教学特点，从贴近生活的经贸话题入手，注意与初级阶段汉语水平的衔接，专业知识的介绍围绕课文内容，尽量渗透在经贸语言知识的学习和阅读技能的训练之中，使学习者在阅读中自主获得信息和知识。本课程重视全面阅读能力和语言技能的培养，兼顾不同类型的阅读训练。				

二、课程目标

项目	具体内容
课程总目标	帮助学生提高经贸汉语水平和全面的阅读能力,并养成科学的视角和思维习惯。
价值塑造目标	使学生了解中国经济发展现状及中国在经济相关领域取得的成就。
知识传授目标	使学生通过阅读掌握基础的经贸词语、常识性的概念术语和经贸知识,熟悉经贸汉语的句式特点、常用表达方法及语体特点,了解相关的经济背景知识,并为更高阶段的阅读打下基础。
能力培养目标	培养学生通过各种渠道获取信息并进行自主分析的能力和协作能力。

三、各课教学内容和学时分配

《尔雅中文:基础经贸汉语阅读教程》

第一课　茶叶价格,降还是不降

教学目标

1. 掌握本课重点词语和概念术语。

2. 理解本课课文内容和阅读技巧要点。

3. 掌握本课经贸知识和背景知识。

教学内容

1. 重点词语:大型、贸易、签订、合同、到货、销售、高峰、包装、预计、广告、交易、运输、费用、成本、财务、部门、定价、国产、业务、主管、方案、大幅度、薄利多销、利润、销路、仓库、亏本、时机、丰厚、经营、股东、交代、商机。

2. 概念与术语:董事会。

3. 经贸背景知识:交易的基本原则。

4. 拓展阅读。

5. 讨论与思考:

（1）你怎么看大卫和李先生的做法?

（2）了解国际市场上中国的出口产品。

6. 小组任务:介绍一种进（出）口产品。

教学重点与难点

1. 本课重点词语和概念术语。

2. 阅读能力和技巧训练。

3. 使学生了解定价合理是取得最佳销售效果和收益的一个重要因素。

4. 使学生了解中国产品出口到国际市场的发展过程与现状，尤其是出口增长状况。

学时分配

4 学时

第二课　小企业打入国际市场

教学目标

1. 掌握本课重点词语和概念术语。

2. 理解本课课文内容和阅读技巧要点。

3. 掌握本课经贸知识和背景知识。

教学内容

1. 重点词语：企业、小型、产量、出口、生产、产品、支配、市场调查、额、航运、谈判、报价、关税、征收、税率、规模、补贴、设计、防潮、储藏、品种、拳头产品。

2. 概念与术语：市场占有率、博览会、子公司、商标。

3. 经贸背景知识：复杂的国际市场。

4. 拓展阅读。

5. 讨论与思考：

（1）请根据课文分析一个企业怎样才能打入国际市场。

（2）了解在海外的中国企业。

6. 小组任务：介绍一个在海外发展的企业。

教学重点与难点

1. 本课重点词语和概念术语。

2. 阅读能力和技巧训练。

3. 使学生了解企业打入国际市场面临的基本问题。

4. 使学生了解中国企业在国际市场的发展情况和海外市场的拓展状况。

学时分配

4 学时

第三课　物价上涨的原因

教学目标

1. 掌握本课重点词语和概念术语。

2. 理解本课课文内容和阅读技巧要点。

3. 掌握本课经贸知识和背景知识。

教学内容

1. 重点词语：物价、热点、走高、煤、矿产品、铁矿石、缺乏、钢铁、预测、上扬、金属、耕地、日益、比例、数据、飙升、谷物、农产品、上浮、加工、农民工、相对、紧缺。

2. 概念与术语：统计、加工贸易。

3. 经贸背景知识：中国能源及原材料的进口、中国的物价。

4. 拓展阅读。

5. 讨论与思考：谈谈影响物价的因素有哪些。

6. 小组任务：请介绍自己国家的物价状况，并简要分析原因。

教学重点与难点

1. 本课重点词语和概念术语。

2. 阅读能力和技巧训练。

3. 使学生了解影响物价的基本因素。

4. 使学生了解中国物价的变化、物价改革及中国控制通货膨胀取得的成绩。

学时分配

4学时

第四课　如何应对高油价

教学目标

1. 掌握本课重点词语和概念术语。

2. 理解本课课文内容和阅读技巧要点。

3. 掌握本课经贸知识和背景知识。

教学内容

1. 重点词语：石油、上涨、高企、收入、阶层、敏感、开支、有效、汽油、消费、消耗、利用、必需品、休假、能源、经济、青睐、资源、紧张、领域、节能、技术、启动、回收、工业、污染、核能。

2. 概念与术语：替代品、电子商务、新能源。

3. 经贸背景知识：国际油价的上涨、石油资源的重要性。

4. 拓展阅读。

5. 讨论与思考：就如何应对高油价谈谈你的建议。

6. 小组任务：介绍油价上涨对普通消费者的影响（可选择一个侧面或一个具体的国家）。

教学重点与难点

1. 本课重点词语和概念术语。

2. 阅读能力和技巧训练。

3. 使学生初步了解国际油价的多轮涨跌周期，以及油价的变化对经济的发展和人们的生活方式产生的影响。

4. 使学生了解中国在能源领域的变化及成就。

学时分配

4学时

第五课　厄瓜多尔玫瑰产业

教学目标

1. 掌握本课重点词语和概念术语。

2. 理解本课课文内容和阅读技巧要点。

3. 掌握本课经贸知识和背景知识。

教学内容

1. 重点词语：产业、空运、遍及、农场、车程、赤道、海拔、土壤、肥沃、创造、岗位、种植、税收、设施、雇员、医疗、保险、养老金、雇佣、支出、效益、环保、攻击、暴露、化学品、项目、配备、培训、聘请、制裁。

2. 概念与术语：水利、认证。

3. 经贸背景知识：特色产业与地区经济。

4. 拓展阅读。

5. 讨论与思考：

（1）你怎么看厄瓜多尔玫瑰产业的利与弊？

（2）介绍一个你了解的中国产业。

6. 小组任务：请介绍一个自己国家的特色产业。

教学重点与难点

1. 本课重点词语和概念术语。

2.阅读能力和技巧训练。

3.使学生了解具有地区特色和市场竞争力的产业对经济的影响，了解这些产业如何面对在发展过程中遇到的各种问题。

4.使学生了解中国特色产业的发展状况，了解中国在经济发展过程中遇到的环境保护问题。

学时分配

4 学时

第六课　仓储商场

教学目标

1.掌握本课重点词语和概念术语。

2.理解本课课文内容和阅读技巧要点。

3.掌握本课经贸知识和背景知识。

教学内容

1.重点词语：仓储、投入、理念、投资、实用、交通、交界、闲置、厂房、营业、双重、功能、储存、陈列、结算、进货、档次、不逊于、品牌、畅销、特价、资金、周转、群体、环节、折扣、定位、物美价廉。

2.概念与术语：仓储商场、资金周转、商品流通。

3.经贸背景知识：零售业的业态。

4.拓展阅读。

5.讨论与思考：

（1）什么是仓储商场，它的特点和优势是什么？

（2）谈谈我们身边的中国零售企业。

6.小组任务：介绍一个零售企业。

教学重点与难点

1.本课重点词语和概念术语。

2.阅读能力和技巧训练。

3.使学生了解零售企业的经营方式在适应市场的过程中产生的变革。

4.使学生了解中国零售企业的发展变化及取得的成绩。

学时分配

4 学时

第七课　空调企业的高库存

教学目标

1. 掌握本课重点词语和概念术语。

2. 理解本课课文内容和阅读技巧要点。

3. 掌握本课经贸知识和背景知识。

教学内容

1. 重点词语：发起、降价、旺季、预热、库存、市场份额、总量、红火、成交、持续、走低、风险、亏损、消化、跌、空间、压缩、费用、上调、受害者、联合、借助、平台、渠道、淡季、清理、低廉、一箭双雕。

2. 概念与术语：促销、需求、过剩、产能、库存、房地产、劳动力、销售渠道、营销。

3. 经贸背景知识：中国的家电市场及家电企业。

4. 拓展阅读。

5. 讨论与思考：

（1）简要分析空调企业降价促销的利与弊。

（2）介绍一下你了解的中国家电品牌。

6. 小组任务：请选择一种自己熟悉的商品，介绍它在淡季和旺季的销售情况，以及商家的促销方式。

教学重点与难点

1. 本课重点词语和概念术语。

2. 阅读能力和技巧训练。

3. 使学生了解高库存引起的市场竞争和企业的对策。

4. 使学生了解中国家电企业和家电品牌的发展。

学时分配

4学时

四、实践环节及要求

让学生以小组为单位参加实践活动、进行市场调查并完成小组报告，要求通过各种渠道搜集查找信息和数据，小组成员合理分工协作。计入平时成绩。

五、课程学生成绩评定

成绩评定方式表

考核环节	百分比（%）	考核 / 评价细则
平时成绩	25	依据小组任务、课堂讨论、书面作业、课堂表现评定
期中考试	25	闭卷考试
期末考试	50	闭卷考试

六、教学资源

课程的基本教学资源

资源类型	资源
教材	《尔雅中文：基础经贸汉语阅读教程》，刘文丽，北京语言大学出版社，2020 年
其他资源	（1）非专业类报刊财经版的文章 （2）央视财经频道及财经类视频节目 （3）普及性、入门类的财经书籍，如《经济学常识》《经济学常识 1000 问》《应该知道的经济常识》《趣味经济学 100 问》《经济学的 100 个故事》等

第八章 成语选讲课程教学大纲

一、课程概览

课程中文名称	成语选讲				
课程英文名称	Selected Stories on Chinese Idioms				
课程学分	2	**课程总学时数**		32 学时（全部为理论教学）	
课程类别	专业课	**课程性质**	选修	**课程形态**	线上／线下／线上线下混合
考核方式	考试				
开课学部（学院）	国际中文学院	**授课对象**		本科留学生	
面向专业（方向）	所有专业（方向）	**开课学期**		二年级上	
大纲编写人	刘苏乔、聂凤春	**审核人**		尚英	
课程简介	本课程是本科二年级留学生的专业选修课，主要讲授经典的中华成语故事。通过导读 24 个具有代表性的成语故事，学生可以了解到成语或来源于历史故事，或始于寓言传说，或出自典籍书册，最后达到融会贯通、灵活运用成语的目的。本课程利用多媒体设备，配合声像资料进行教学，坚持精讲多练的原则，在教学上力求做到精读和泛读相结合，对常用的、寓意深刻的成语重点讲解，要求学生在读懂故事的基础上，可以复述故事内容，掌握成语的字面义、引申义及基本用法。本课程有助于加强学生对中国语言和文化的认识，拓宽学生的文化视野，为高年级的语言技能课学习打下基础。				

二、课程目标

项目	具体内容
课程总目标	要求学生在读懂故事的基础上，可以复述故事内容，掌握成语的字面义和引申义，最后能够灵活运用这些成语，并对相关的中国历史文化知识有所了解。
价值塑造目标	1. 汉语成语具有韵律的美感和丰富的内涵，因而充满了独特的魅力。希望通过本课程的学习，学生可以爱上成语，从而更加了解和热爱汉语。 2. 成语往往蕴含着丰富的历史文化知识和深刻的哲理，是语言文化的活化石，通过成语和成语故事的学习，学生也能进一步了解中国的历史文化和中国人的智慧，深入了解中国人的精神世界。
知识传授目标	1. 使学生了解成语的来历。 2. 使学生了解相关的历史文化知识。
能力培养目标	1. 提高学生的成段表达能力。 2. 使学生掌握成语的字面义和引申义，并能够比较熟练地使用成语。

三、各课教学内容和学时分配

《汉语成语选讲》（自编教材）

第一课　磨杵成针、井底之蛙

教学目标

1. 使学生在理解故事的基础上，能够复述这两个成语故事。

2. 使学生在理解成语字面义的基础上掌握这两个成语的引申义和用法。

3. 使学生了解这两个成语的来历和相关的文化知识。

教学内容

1. 两篇成语故事：磨杵成针、井底之蛙。

2. 成语的字面义、引申义和用法。

3. 词语。

4. 背景知识：唐朝、李白、庄子。

5. 了解与本课相关的其他成语（可以根据情况灵活处理）：

磨杵成针

　近义成语——愚公移山、滴水穿石、精卫填海

　反义成语——一曝十寒、半途而废

井底之蛙

　　近义成语——坐井观天、鼠目寸光

　　反义成语——见多识广

教学重点

1. 成语故事。

2. 成语的字面义、引申义和用法。

教学难点

1. 理解成语的引申义。

2. 使用成语造句。

学时分配

2 学时

第二课　亡羊补牢、塞翁失马

教学目标

1. 使学生在理解故事的基础上，能够复述这两个成语故事。

2. 使学生在理解成语字面义的基础上掌握这两个成语的引申义和用法。

3. 使学生了解这两个成语的来历和相关的文化知识。

教学内容

1. 两篇成语故事：亡羊补牢、塞翁失马。

2. 成语的字面义、引申义和用法。

3. 词语。

4. 背景知识：边塞、长城。

5. 了解与本课相关的其他成语（可以根据情况灵活处理）：

亡羊补牢

　　近义成语——迷途知返

　　反义成语——执迷不悟

塞翁失马

　　近义成语——祸福相倚

教学重点

1. 成语故事。

288

2. 成语的字面义、引申义和用法。

教学难点

1. 成语的引申义和用法。

2. 理解并讲述这两个成语故事。

学时分配

2 学时

第三课　狼狈为奸、东施效颦

教学目标

1. 使学生在理解故事的基础上，能够复述这两个成语故事。

2. 使学生在理解成语字面义的基础上掌握这两个成语的引申义和用法。

3. 使学生了解这两个成语的来历和相关的文化知识。

教学内容

1. 两篇成语故事：狼狈为奸、东施效颦。

2. 成语的字面义、引申义和用法。

3. 词语。

4. 背景知识：西施、春秋时期。

5. 了解与本课相关的其他成语（可以根据情况灵活处理）：

　东施效颦

　　近义成语——邯郸学步、亦步亦趋、照猫画虎

　狼狈为奸

　　近义成语——朋比为奸、沆瀣一气

　　反义成语——同心同德、众志成城

　　相关成语——取长补短

教学重点

1. 成语故事。

2. 成语的字面义、引申义和用法。

教学难点

1. 成语的引申义和用法。

2. 理解并讲述这两个成语故事。

学时分配

2 学时

第四课　争先恐后、画龙点睛

教学目标

1.使学生在理解故事的基础上，能够复述这两个成语故事。

2.使学生在理解成语字面义的基础上掌握这两个成语的引申义和用法。

3.使学生了解这两个成语的来历和相关的文化知识。

教学内容

1.两篇成语故事：争先恐后、画龙点睛。

2.成语的字面义、引申义和用法。

3.词语。

4.背景知识：赵襄子、晋国、龙的象征意义。

5.了解与本课相关的其他成语（可以根据情况灵活处理）：

争先恐后

近义成语——不甘人后、你追我赶

反义成语——不思进取、不求上进

画龙点睛

近义成语——点石成金、一针见血、一语中的

反义成语——画蛇添足、无的放矢、漫无边际

教学重点

1.成语故事。

2.成语的字面义、引申义和用法。

教学难点

1.成语的引申义和用法，尤其是"争先恐后"的本义和引申义的差异。

2.理解并讲述成语故事。

学时分配

2 学时

第五课 道听途说、鱼目混珠

教学目标

1. 使学生在理解故事的基础上，能够复述这两个成语故事。

2. 使学生在理解成语字面义的基础上掌握这两个成语的引申义和用法。

3. 使学生了解这两个成语的来历和相关的文化知识。

教学内容

1. 两篇成语故事：道听途说、鱼目混珠。

2. 成语的字面义、引申义和用法。

3. 词语。

4. 背景：《论语》、汉朝。

5. 了解与本课相关的其他成语（可以根据情况灵活处理）：

道听途说

近义成语——捕风捉影

反义成语——言之凿凿、耳闻目睹

鱼目混珠

近义成语——鱼龙混杂、滥竽充数、以假乱真、以次充好

教学重点

1. 成语故事。

2. 成语的字面义、引申义和用法。

教学难点

1. 成语的引申义和用法。

2. 理解并讲述成语故事。

学时分配

2 学时

第六课 对牛弹琴、夜郎自大

教学目标

1. 使学生在理解故事的基础上，能够复述这两个成语故事。

2. 使学生在理解成语字面义的基础上掌握这两个成语的引申义和用法。

3. 使学生了解这两个成语的来历和相关的文化知识。

教学内容

1. 两篇成语故事：对牛弹琴、夜郎自大。

2. 成语的字面义、引申义和用法。

3. 词语。

4. 背景知识：夜郎国、西汉。

5. 了解与本课相关的其他成语（可以根据情况灵活处理）：

　对牛弹琴

　　近义成语——徒劳无益、问道于盲

　　反义成语——对症下药

　夜郎自大

　　近义成语——井底之蛙、自高自大、妄自尊大

　　反义成语——妄自菲薄、虚怀若谷

教学重点

1. 成语故事。

2. 成语的字面义、引申义和用法。

教学难点

1. 成语的引申义和用法。

2. 理解并讲述成语故事。

学时分配

2 学时

第七课　掩耳盗铃、黔驴技穷

教学目标

1. 使学生在理解故事的基础上，能够复述这两个成语故事。

2. 使学生在理解成语字面义的基础上掌握这两个成语的引申义和用法。

3. 使学生了解这两个成语的来历和相关的文化知识。

教学内容

1. 两篇成语故事：掩耳盗铃、黔驴技穷。

2. 成语的字面义、引申义和用法。

3. 词语。

4. 背景知识：黔、柳宗元、驴的象征意义。

5. 了解与本课相关的其他成语（可以根据情况灵活处理）：

掩耳盗铃

近义成语——自欺欺人、欲盖弥彰

黔驴技穷

近义成语——黔驴之技、无计可施

反义成语——神通广大

教学重点

1. 成语故事。

2. 成语的字面义、引申义和用法。

教学难点

1. 成语的引申义和用法。

2. 理解并讲述成语故事。

学时分配

2 学时

第八课　大公无私、杞人忧天

教学目标

1. 使学生在理解故事的基础上，能够复述这两个成语故事。

2. 使学生在理解成语字面义的基础上掌握这两个成语的引申义和用法。

3. 使学生了解这两个成语的来历和相关的文化知识。

教学内容

1. 两篇成语故事：大公无私、杞人忧天。

2. 成语的字面义、引申义和用法。

3. 词语。

4. 背景知识：孔子、杞国。

5. 了解与本课相关的其他成语（可以根据情况灵活处理）：

大公无私

近义成语——公而忘私、一心为公、铁面无私

反义成语——自私自利、见利忘义

杞人忧天

近义成语——庸人自扰、自寻烦恼

反义成语——无忧无虑

教学重点

1. 成语故事。

2. 成语的字面义、引申义和用法。

教学难点

1. 成语的引申义和用法。

2. 理解并讲述成语故事。

学时分配

2 学时

第九课　鹬蚌相争、名落孙山

教学目标

1. 使学生在理解故事的基础上，能够复述这两个成语故事。

2. 使学生在理解成语字面义的基础上掌握这两个成语的引申义和用法。

3. 使学生了解这两个成语的来历和相关的文化知识。

教学内容

1. 两篇成语故事：鹬蚌相争、名落孙山。

2. 成语的字面义、引申义和用法。

3. 词语。

4. 背景知识：赵国、燕国、秦国、科举考试制度、宋朝。

5. 了解与本课相关的其他成语（可以根据情况灵活处理）：

鹬蚌相争

近义成语——螳螂黄雀

反义成语——精诚团结、同舟共济

名落孙山

近义成语——屡试不中、一败涂地、榜上无名

反义成语——金榜题名、榜上有名、名列前茅

教学重点

1. 成语故事。

2. 成语的字面义、引申义和用法。

教学难点

　　1. 成语的引申义和用法。

　　2. 理解并讲述成语故事。

学时分配

　　2 学时

第十课　走马观花、空中楼阁

教学目标

　　1. 使学生在理解故事的基础上，能够复述这两个成语故事。

　　2. 使学生在理解成语字面义的基础上掌握这两个成语的引申义和用法。

　　3. 使学生了解这两个成语的来历和相关的文化知识。

教学内容

　　1. 两篇成语故事：走马观花、空中楼阁。

　　2. 成语的字面义、引申义和用法。

　　3. 词语。

　　4. 背景知识：孟郊《登科后》、古代婚姻制度。

　　5. 了解与本课相关的其他成语（可以根据情况灵活处理）：

　　走马观花

　　　　近义成语——蜻蜓点水、浮光掠影

　　空中楼阁

　　　　近义成语——海市蜃楼、虚无缥缈、镜花水月

　　　　反义成语——脚踏实地

教学重点

　　1. 成语故事。

　　2. 成语的字面义、引申义和用法。

教学难点

　　1. 成语的引申义和用法。

　　2. 理解并讲述成语故事。

学时分配

　　2 学时

第十一课　胸有成竹、班门弄斧

教学目标

1. 使学生在理解故事的基础上，能够复述这两个成语故事。

2. 使学生在理解成语字面义的基础上掌握这两个成语的引申义和用法。

3. 使学生了解这两个成语的来历和相关的文化知识。

教学内容

1. 两篇成语故事：胸有成竹、班门弄斧。

2. 成语的字面义、引申义和用法。

3. 词语。

4. 背景知识：文与可、竹子的象征意义、鲁班、宋朝、春秋。

5. 了解与本课相关的其他成语（可以根据情况灵活处理）：

　胸有成竹

　　近义成语——成竹在胸、胜券在握

　班门弄斧

　　近义成语——不自量力

　　反义成语——自愧不如

教学重点

1. 成语故事。

2. 成语的字面义、引申义和用法。

教学难点

1. 成语的引申义和用法。

2. 理解并讲述成语故事。

学时分配

2学时

第十二课　囫囵吞枣、朝三暮四

教学目标

1. 使学生在理解故事的基础上，能够复述这两个成语故事。

2. 使学生在理解成语字面义的基础上掌握这两个成语的引申义和用法。

3. 使学生了解这两个成语的来历和相关的文化知识。

教学内容

1. 两篇成语故事：囫囵吞枣、朝三暮四。

2. 成语的字面义、引申义和用法。

3. 词语。

4. 背景知识：成语中数字的含义。

5. 了解与本课相关的其他成语（可以根据情况灵活处理）：

囫囵吞枣

近义成语——不求甚解、一知半解、生吞活剥

反义成语——细嚼慢咽、融会贯通

朝三暮四

近义成语——反复无常、朝秦暮楚、三心二意

反义成语——始终如一、始终不渝、一心一意

教学重点

1. 成语故事。

2. 成语的字面义、引申义和用法。

教学难点

1. 成语的引申义和用法。

2. 理解并讲述成语故事。

学时分配

2 学时

四、实践环节及要求

无

五、课程学生成绩评定

成绩评定方式表

考核环节	百分比（%）	考核／评价细则
平时成绩	16	根据作业、课堂表现等方面评定
期中考试	24	闭卷书面考试
期末考试	60	闭卷书面考试

六、教学资源

课程的基本教学资源

资源类型	资源
教材	《汉语成语选讲》（聂凤春自编教材）
参考书目	《汉语成语与汉文化》，莫彭龄，江苏教育出版社，2001 年

第九章　现代汉字概论课程教学大纲

一、课程概览

课程中文名称	现代汉字概论			
课程英文名称	Introduction to Modern Chinese Characters			
课程学分	2	课程总学时数	32 学时（理论教学 24 学时，实践教学 8 学时）	
课程类别	专业课	课程性质	选修	课程形态
				线上 / 线下 / 线上线下混合
考核方式	考试			
开课学部（学院）	国际中文学院	授课对象	本科留学生	
面向专业（方向）	所有专业（方向）	开课学期	二年级下	
大纲编写人	韩庆玲、王安红	审核人	唐伶	
课程简介	汉字课是汉语作为第二语言教学本科系列课程中的一门，是专为已经具备了一定的汉语水平、能够阅读一般的汉语文章、想要系统学习汉字知识及相关规律、想要进一步提高汉语水平的留学生开设的一门语言知识课。 　　首先，通过对汉字的历史、性质、造字法等相关知识的介绍，学生可以对汉字有更深刻的认识，对汉字与其母语文字的差异有更多的了解；其次，通过对汉字形、音、义的学习，学生可以掌握汉字的构成及字形与字音、字义的关系等相关规律，在深刻了解汉字形、音、义的基础上，进行实例分析和大量练习实践，增强理解和记忆汉字的能力，减少汉字书写的偏误。			

二、课程目标

项目	具体内容
课程总目标	1. 使学生较为系统地学习和了解汉字基础知识。 2. 提高学生分析汉字的能力。 3. 提高学生识记汉字的效率。
价值塑造目标	1. 使学生感受汉字之美，增强学生学习汉字的兴趣。 2. 使学生了解汉字在传承中华文化过程中的价值。
知识传授目标	1. 使学生了解汉字发展的历史、汉字的性质、汉字的造字法。 2. 使学生掌握汉字形、音、义等方面的规律。
能力培养目标	1. 培养学生分析汉字形体与音义关系的能力。 2. 提高学生识记汉字的能力。 3. 提高学生书写汉字的正确率。 4. 使学生具备对留学生常见的汉字书写的偏误进行分析和纠正的能力。

三、各课教学内容和学时分配

《汉字教程》

第一单元 汉字的历史

教学目标

1. 了解汉字的产生及发展过程。

2. 掌握汉字形体演变的总趋势。

3. 掌握汉字形体演变的三个阶段及代表字体。

教学内容

1. 古汉字的发现。

2. 汉字的产生、汉字灿烂的历史及其展现的古人智慧。

3. 汉字形体的演变：大致分为图形化（甲骨文、金文）、线条化（小篆）和笔画化（隶书、草书、楷书、行书）三个阶段。

教学重点

1. 商代后期的甲骨文和金文是中国目前所知道的最古老的已经构成符号体系的汉字。

2. 汉字形体演变的三个阶段及每个阶段的代表字体。

3. 从隶书开始有了笔画，隶书成为古文字和今文字的分水岭。

4. 汉字形体演变的总趋势。

教学难点

1. 汉字在形体演变的三个阶段中字体的差异。

2. 汉字简化的方式。

学时分配

4 学时

第二单元 现代汉字的性质和特点

教学目标

1. 理解并掌握现代汉字的性质，并与母语文字进行对比，了解自己母语文字的性质。

2. 理解并掌握现代汉字的特点，并与母语文字进行对比，加深对现代汉字特点的认识。

教学内容

1. 现代汉字的性质：表意兼表音的语素文字。

2. 现代汉字的特点：①二维的平面文字；②符号多，结构复杂；③以方块为布局原则，书写无分词；④形声字占主体；⑤具有一定的超时空性。

教学重点

1. 现代汉字的性质。

2. 现代汉字的五大特点。

教学难点

1. 理解汉字是一种表意兼表音的语素文字。

2. 理解和掌握现代汉字的特点。

学时分配

2 学时

第三单元 现代汉字的造字法

教学目标

1. 理解汉字的四种造字法，并能判断一些典型汉字所使用的造字法。

2. 理解并掌握什么是单部件字，什么是多部件字，并熟练掌握多部件字的类型。

教学内容

1. 六书与汉字造字法。

2. 象形、指事、会意和形声四种造字法的异同。

3. 部件的分类。

4. 部件的作用与现代汉字的分类。

教学重点

1. 从动态溯源角度了解象形、指事、会意、形声四种造字法。

2. 从静态描写角度了解单部件字与多部件字的部件属性。

教学难点

1. 理解象形、指事、会意、形声四种造字法。

2. 对多部件字的部件属性进行描写。

学时分配

6学时

第四单元 现代汉字的字形——笔画和笔顺

教学目标

1. 掌握汉字基本笔形与合成笔形，能够分析汉字的笔画数和笔画结构。

2. 掌握汉字的笔顺规则，能够正确书写汉字笔顺。

教学内容

1. 笔画：数目、笔形（基本笔形和合成笔形）、组合关系（分离、相接、相交）。

2. 笔顺：基本规则、补充规则、个别汉字的笔顺规范。

教学重点

1. 笔画数目。

2. 基本笔形与合成笔形。

3. 笔画的三种组合关系。

4. 笔顺的基本规则与补充规则。

教学难点

1. 基本笔形与合成笔形。

2. 结合笔顺规则判断笔画的数目。

3. 有关笔顺的各种规则。

学时分配

6 学时

第五单元 现代汉字的字形——部件和整字

教学目标

1. 掌握汉字部件的切分方法，并能对汉字进行部件切分，帮助记忆汉字。

2. 掌握多部件字间架结构类型，能分析多部件字间架结构，并能称说其中的典型部件。

教学内容

1. 部件：部件的切分原则、部件的切分方法、部件名称。

2. 整字：整字类型、多部件字间架结构、现代汉字字体。

3. 学习一些常见的汉字部首，找出学过的带有这些部首的汉字。

教学重点

1. 部件的切分方法及部件名称。

2. 多部件字间架结构：左右、上下、包围和特殊。

教学难点

1. 如何切分部件，判断部件是否成字。

2. 能分析多部件字间架结构类型。

3. 记住一些比较典型的部件名称。

学时分配

6 学时

第六单元 现代汉字的字音

教学目标

1. 了解并掌握典型且常用的多音字、同音字。

2. 掌握形声字声旁与字音的关系，并能分析特定形声字声旁与字音关系的类型。

教学内容

1. 现代汉字字音的特点。

2. 现代汉字形声字声旁的表音功能：①准确表音；②声韵母相同，声调不同；③声母相同，韵母不同；④韵母相同，声母不同；⑤声韵调完全不同或只有声调相同。

教学重点

1. 多音字、同音字。

2. 现代汉字形声字声旁与字音的关系。

教学难点

1. 理解形声字声旁与字音的关系。

2. 了解并掌握形声字声旁的功能。

学时分配

4 学时

第七单元 现代汉字的字义

教学目标

1. 了解并掌握汉字字义的特点。

2. 掌握形声字形旁与字义的关系，并能分析特定形声字形旁与字义的关系类型。

教学内容

1. 现代汉字字义的特点。

2. 现代汉字形声字形旁的表意功能：①形旁完全表意；②形旁基本表意；③形旁不表意。

教学重点

1. 语素义、多义字。

2. 现代汉字形声字形旁与字义的关系。

教学难点

1. 理解形声字形旁与字义的关系。

2. 了解并掌握形声字形旁的功能。

学时分配

4 学时

四、实践环节及要求

本课程为中级阶段的汉字知识课，学生在本课程的学习中可以梳理已经学过的汉字，初步建立汉字知识体系，增强分析汉字和识记汉字的能力。本课程在课程设计时要遵循适量讲解、充分练习的原则，在讲解造字法、笔画笔顺、部件分析、字音和字义等知识点之后都会专门设计实践环节，以小组竞赛、小组讨论、教师答疑等形式展开。

常规课堂上教师还会通过大量的练习检查学生对知识点的掌握情况，尤其要针对学生汉字学习中的难点及常见偏误进行练习。教师对于学生练习中出错率高的问题要进行反思，寻找原因，有针对性地加以解决。

五、课程学生成绩评定

成绩评定方式表

考核环节	百分比（%）	考核／评价细则
平时成绩	30	出勤、作业、课堂表现等
期末考试	70	笔试考核，以卷面完成情况为准

六、教学资源

课程的基本教学资源

资源类型	资源
教材	《汉字教程》，张静贤主编，北京语言大学出版社，2004 年
参考书目	《细说汉字》，左民安，九州出版社，2005 年

第十章　中级经贸汉语阅读课程教学大纲

一、课程概览

课程中文名称	中级经贸汉语阅读		
课程英文名称	Intermediate Business Chinese Reading Course		
课程学分	2	**课程总学时数**	32 学时（理论教学 28 学时，实践教学 4 学时）
课程类别	专业课	**课程性质**	选修	**课程形态**	线下
考核方式	闭卷考试		
开课学部（学院）	国际中文学院	**授课对象**	本科留学生
面向专业（方向）	所有专业（方向）	**开课学期**	二年级下
大纲编写人	刘文丽	**审核人**	冯传强
课程简介	本课程选取近距离反映当代经济生活的文章，以经贸汉语知识为总纲，以经贸汉语知识、经贸专业知识（包括相关背景知识）、阅读技能训练为三条主线，使学习者通过阅读学习中级阶段的典型经贸词语，熟悉经贸汉语的语体特点，了解相关的经贸知识、理念及现实经济状况，并养成科学的视角和思维习惯，为高级阶段的学习和阅读打下基础。 　　本课程充分考虑到这个阶段的学习者即将转入高级阶段及专业学习的特点，强调向高级学习阶段及专业性阅读的过渡，更加突出经贸汉语的典型特点，选取的阅读材料专业性增强，专题性有所突出，专业深度有所增加。专业知识的介绍围绕课文内容，尽量渗透在经贸语言知识的学习和阅读技能的训练之中，使学习者在阅读中自主获得信息和知识。本课程重视全面阅读能力和语言技能的培养，兼顾不同类型的阅读训练。		

二、课程目标

项目	具体内容
课程总目标	帮助学生提高经贸汉语水平和全面的阅读能力，并养成科学的视角和思维习惯。
价值塑造目标	使学生了解中国经济发展现状及中国在经济相关领域取得的成就。
知识传授目标	使学生通过阅读掌握中级阶段的经贸词语、概念术语和经贸知识，熟悉经贸汉语的句式特点、常用表达方法及语体特点，了解相关的经济背景知识，并为高级阶段的阅读打下基础。
能力培养目标	培养学生通过各种渠道获取信息并进行自主分析的能力和协作能力。

三、各课教学内容和学时分配

《尔雅中文：中级经贸汉语阅读教程》

第一课　沃尔玛的海外扩张

教学目标

1. 掌握本课重点词语和概念术语。

2. 理解本课课文内容和阅读技巧要点。

3. 掌握本课经贸知识和背景知识。

教学内容

1. 重点词语：扩张、模式、收购、现成、创立、濒临、乘机、无利可图、加剧、积累、改造、扭转、被动、移植、案例、合资、开拓、领袖、挫折、转让、溃败、照搬、未尝、策略、步伐。

2. 概念与术语：本土化、破产。

3. 经贸背景知识：跨国企业的全球化、沃尔玛的优势与竞争力、沃尔玛在中国。

4. 拓展阅读。

5. 讨论与思考：

（1）根据课文评价跨国企业进入海外市场的三种模式，并谈谈如果你是决策者，你会怎样根据具体情况做出选择。

（2）谈谈中国企业进入海外市场的状况。

6. 小组任务：介绍一个企业在海外市场发展的案例，并简要分析其成功或失败的原因。

教学重点与难点

1.本课重点词语和概念术语。

2.阅读能力和技巧训练。

3.使学生了解跨国公司在全球范围的投资与发展。

4.使学生了解中国企业拓展海外市场的状况、经验及取得的成就。

学时分配

4 学时

第二课　翠丰在中国市场的采购决策

教学目标

1.掌握本课重点词语和概念术语。

2.理解本课课文内容和阅读技巧要点。

3.掌握本课经贸知识和背景知识。

教学内容

1.重点词语：采购、决策、零售、竞争、力度、例外、交货、预期、供应、激烈、调整、对手、类似、信息、反馈、原材料、政策、双赢、考察、管理、改进、效率、订单、滞销、信誉、财产、损失、赔偿、起诉、投诉、断货。

2.概念与术语：供应商、分销。

3.经贸背景知识：中国产品的国际竞争力、跨国企业的全球采购、翠丰集团。

4.拓展阅读。

5.讨论与思考：

你怎么看影响翠丰集团采购决策的因素及采购定价方式？（请从下面任选一题）

（1）如果你是采购主管，你会怎么做，你有没有更好的建议？

（2）如果你是供应商，你会怎样争取订单，并为自己争取最大的利益？

（3）如果你是消费者，你对供应商和翠丰集团有什么建议？

6.小组任务：

（1）请选择一家自己熟悉的企业，简单介绍该企业与供应商的合作。

（2）介绍一家国际企业全球采购的情况。

教学重点与难点

1.本课重点词语和概念术语。

2.阅读能力和技巧训练。

3. 使学生了解影响企业采购的基本因素。

4. 使学生了解中国产品及中国市场的国际竞争力。

学时分配

4 学时

第三课　中国零售业的发展

教学目标

1. 掌握本课重点词语和概念术语。

2. 理解本课课文内容和阅读技巧要点。

3. 掌握本课经贸知识和背景知识。

教学内容

1. 重点词语：行业、突出、总额、增长、两位数、潜力、垄断、新型、连锁、发达、网点、冲
击、低档、分流、精品、凭借、购买、旺盛、商圈、成熟、饱和、崛起、消费群。

2. 概念与术语：业态、连锁经营、购买力、人力资源。

3. 经贸背景知识：中国零售业业态的发展、中国的本土零售企业和外资零售企业。

4. 拓展阅读。

5. 讨论与思考：

（1）谈谈最近几年中国零售业的新变化。

（2）介绍一下自己国家的零售业，并谈谈与中国零售业的异同。

6. 小组任务：

（1）介绍一家外资零售企业在中国的发展状况及其市场地位。

（2）介绍一下中国电子商务的发展及其对零售业的影响。

教学重点与难点

1. 本课重点词语和概念术语。

2. 阅读能力和技巧训练。

3. 使学生了解零售业的不断变革和进步及其产生的原因和带来的影响。

4. 使学生了解中国零售业尤其是电子商务的迅速发展与变革。

学时分配

4 学时

第四课　中国城乡居民的消费状况

教学目标

1. 掌握本课重点词语和概念术语。

2. 理解本课课文内容和阅读技巧要点。

3. 掌握本课经贸知识和背景知识。

教学内容

1. 重点词语：居民、拉动、升级、生存、基本、满足、转变、电子产品、普及、通讯、亮点、庞大、直线、波动、人均、储蓄、节俭、住宅、城镇、差距、领先、昂贵、强烈、欲望、缺乏、缩小。

2. 概念与术语：三驾马车、消费升级、奢侈品、改革开放、储蓄率。

3. 经贸背景知识：中国电子产品的消费状况、中国的农村消费市场、中国的三大经济区。

4. 拓展阅读。

5. 讨论与思考：

（1）根据课文谈谈你们国家近些年居民消费的变化趋势。

（2）你们国家有没有课文中谈到的类似问题，请介绍一下。

6. 小组任务：简要分析一个消费热点。

教学重点与难点

1. 本课重点词语和概念术语。

2. 阅读能力和技巧训练。

3. 使学生初步了解消费在影响一国（地区）宏观经济增长中的重要作用，以及面对世界经济的大变革和大调整，中国转变经济发展模式、提高经济增长质量、扩大内需、以消费为主导的发展之路。

4. 使学生了解几十年来中国消费市场的巨大变化。

学时分配

4 学时

第五课　格兰仕的产业延伸（一）

教学目标

1. 掌握本课重点词语和概念术语。

2. 理解本课课文内容和阅读技巧要点。

3. 掌握本课经贸知识和背景知识。

教学内容

1. 重点词语：延伸、创业、创始人、货源、紧缺、设备、贷款、手工、操作、制品、引进、生产线、打击、锐减、达标、拒之门外、积压、倒闭、决策、筹集、机遇、知名、系列、基地、主攻、集中、主打、评价。

2. 概念与术语：贸易保护主义、产业升级。

3. 经贸背景知识：中国本土企业成长的机遇与挑战、中国微波炉产业与市场、中国的小家电生产、中国家电生产基地、格兰仕集团。

4. 拓展阅读。

5. 讨论与思考：

（1）你怎么评价梁庆德面对 1984 年的危机做出的决策，请简要分析其利弊。

（2）你怎么看格兰仕集团从纺织业转向小家电行业，请分析一下这样做的利弊。

6. 小组任务：

（1）介绍一家中国服装企业并分析其成功经验。

（2）介绍一下格兰仕集团的小家电产品及其市场竞争力。

教学重点与难点

1. 本课重点词语和概念术语。

2. 阅读能力和技巧训练。

3. 使学生初步了解企业转型升级的基本问题与利弊得失。

4. 使学生了解具有现代意义的中国企业、中国品牌的发展及市场竞争力。

学时分配

4 学时

第六课　格兰仕的产业延伸（二）

教学目标

1. 掌握本课重点词语和概念术语。

2. 理解本课课文内容和阅读技巧要点。

3. 掌握本课经贸知识和背景知识。

教学内容

1. 重点词语：工程师、队伍、诞生、收益、放弃、大众、占领、绝对、微利、多元化、沃土、制冷、高端、低端、冲击、黑马、累计、一流、知名度、盈利、梯队、突破、研发。

2. 概念与术语：多元化经营、质量认证。

3. 经贸背景知识：中国家电企业的国际竞争力、中国家电市场的竞争格局、海尔集团、美的集团。

4. 拓展阅读。

5. 讨论与思考：

（1）你怎么评价格兰仕集团的几次重大决策？

（2）你怎么看格兰仕集团的价格战，简要分析价格战的利弊。

6. 小组任务：

（1）请介绍一个中国家电品牌在你们国家的发展情况，并简要分析其市场竞争力。

（2）请介绍一个你们国家的家电品牌，并简要分析其市场竞争力。

教学重点与难点

1. 本课重点词语和概念术语。

2. 阅读能力和技巧训练。

3. 使学生进一步了解企业转型升级的基本问题与利弊得失，以及市场竞争中价格战的利与弊。

学时分配

4 学时

第七课　中国纺织业

教学目标

1. 掌握本课重点词语和概念术语。

2. 理解本课课文内容和阅读技巧要点。

3. 掌握本课经贸知识和背景知识。

教学内容

1. 重点词语：纺织品、密集、制造、就业、下岗、剩余、密切、天然、纤维、涉及、生计、比重、产值、依存、负面、分工、附加、控制、容量、机械、挂钩、促进、媒体、法宝。

2. 概念与术语：再就业、劳动密集型产业、资金密集型产业、技术密集型产业、产业链、附加值。

3. 经贸背景知识：中国纺织品的出口、中国纺织品贸易摩擦。

4. 拓展阅读。

5. 讨论与思考：

（1）请介绍一下中国纺织品在你们国家的发展情况。

（2）请根据课文谈谈你们国家的纺织业与中国纺织业的异同。

6. 小组任务：介绍一个你们国家的具有代表性的产业并分析其优势、作用与存在的问题。

教学重点与难点

1. 本课重点词语和概念术语。

2. 阅读能力和技巧训练。

3. 使学生了解像纺织业这样的劳动密集程度高和对外依存度较大的产业在国民经济中的地位与作用，以及其面临的转型升级问题。

4. 使学生了解中国纺织业的迅速发展与转型升级，了解纺织业在中国的地位、作用与面临的挑战，了解中国纺织品的市场竞争力。

学时分配

4 学时

四、实践环节及要求

让学生以小组为单位参加实践活动、进行市场调查并完成小组报告，要求通过各种渠道搜集查找信息和数据，小组成员合理分工协作。计入平时成绩。

五、课程学生成绩评定

成绩评定方式表

考核环节	百分比（%）	考核／评价细则
平时成绩	25	依据小组任务、课堂讨论、书面作业、课堂表现评定
期中考试	25	闭卷考试
期末考试	50	闭卷考试

六、教学资源

课程的基本教学资源

资源类型	资源
教材	《尔雅中文：中级经贸汉语阅读教程》，刘文丽，北京语言大学出版社，2020 年
其他资源	（1）非专业类报刊财经版的文章 （2）央视财经频道及财经类视频节目 （3）普及性、入门类的财经书籍，如《经济学常识》《应该知道的经济常识》《趣味经济学 100 问》《经济学的 100 个故事》等

第十一章　中国成语文化课程教学大纲

一、课程概览

课程中文名称	中国成语文化			
课程英文名称	Chinese Idiom Culture			
课程学分	2	课程总学时数	32 学时（全部为理论教学）	
课程类别	专业课	课程性质	选修	课程形态	线上／线下／线上线下混合
考核方式	考试			
开课学部（学院）	国际中文学院	授课对象	本科留学生	
面向专业（方向）	所有专业（方向）	开课学期	二年级下	
大纲编写人	张咏梅	审核人	杨洁	
课程简介	本课程是本科二年级留学生的专业选修课，精选能够深度反映中国文化特质和中华民族优良传统的成语作为教学素材，以生动的故事、精练的讲解深入浅出地展示成语的内涵与用法，从而帮助学习者形成对汉语成语的整体认知，获得对汉语成语结构特点和整体功能的基本认识，为高级阶段的书面语学习打下基础。同时，本课程突出成语言简义丰、生动形象的特点，展示中华民族的优秀传统和美德，在精讲成语用法的同时剖析其文化内涵，使学习者深度领略中华文明的魅力。教学以教师讲授为主，以学生练习、课堂讨论为辅。			

二、课程目标

项目	具体内容
课程总目标	1. 在语言上，使学习者熟练掌握 22 个常用成语的意义及用法，并会讲成语背后的历史故事、神话寓言和经典名言。 2. 在文化上，激发和强化学习者对中华文化的正面认知，让学习者感知中华民族的整体性思维特征，拓宽和加深学习者对中国古代及现代社会各方面的了解。
价值塑造目标	激发和强化学习者对中华文化的正面认知，让学习者感知中华民族的整体性思维特征，全面而深入地了解中国文化。
知识传授目标	1. 使学习者掌握 22 个常用成语的意义及用法。 2. 使学习者学会讲成语故事。 3. 使学习者了解成语中的中国文化。
能力培养目标	使学习者通过汉语成语的学习理解所学成语体现的中国文化。

三、各课教学内容和学时分配

《中国成语文化》（自编教材）

第一课　多多益善、一鸣惊人

教学目标

1. 掌握成语"多多益善、一鸣惊人"的意义及用法。

2. 会讲成语"多多益善、一鸣惊人"的故事。

3. 阅读小知识:《诗经》与成语。

4. 了解《诗经》中有关婚俗的成语。

教学内容

1. 成语"多多益善、一鸣惊人"的意义及用法。

2. 成语"多多益善、一鸣惊人"的故事。

3. 中国的婚俗。

教学重点

1. 成语"多多益善、一鸣惊人"的意义及用法。

2. 成语"多多益善、一鸣惊人"的故事。

教学难点

1. 成语"多多益善、一鸣惊人"的意义及用法。

2.《诗经》中有关婚俗的成语。

学时分配

2 学时

第二课　守株待兔、拔苗助长

教学目标

1. 掌握成语"守株待兔、拔苗助长"的意义及用法。

2. 会讲成语"守株待兔、拔苗助长"的故事。

3. 阅读小知识：成语中的衣食住行（1）。

4. 了解有关服饰的汉语成语。

教学内容

1. 成语"守株待兔、拔苗助长"的意义及用法。

2. 成语"守株待兔、拔苗助长"的故事。

3. 中国的服饰文化。

教学重点

1. 成语"守株待兔、拔苗助长"的意义及用法。

2. 成语"守株待兔、拔苗助长"的故事。

教学难点

1. 成语"守株待兔、拔苗助长"的意义及用法。

2. 有关服饰的汉语成语。

学时分配

2 学时

第三课　熟能生巧、纸上谈兵

教学目标

1. 掌握成语"熟能生巧、纸上谈兵"的意义及用法。

2. 会讲成语"熟能生巧、纸上谈兵"的故事。

3. 阅读小知识：成语中的衣食住行（2）。

4. 了解有关饮食的汉语成语。

教学内容

1. 成语"熟能生巧、纸上谈兵"的意义及用法。

2. 成语"熟能生巧、纸上谈兵"的故事。

3. 中国的饮食文化。

教学重点

1. 成语"熟能生巧、纸上谈兵"的意义及用法。

2. 成语"熟能生巧、纸上谈兵"的故事。

教学难点

1. 成语"熟能生巧、纸上谈兵"的意义及用法。

2. 有关饮食的汉语成语。

学时分配

2 学时

第四课　持之以恒、世外桃源

教学目标

1. 掌握成语"持之以恒、世外桃源"的意义及用法。

2. 会讲成语"持之以恒、世外桃源"的故事。

3. 阅读小知识：成语中的衣食住行（3）。

4. 了解有关居住的汉语成语。

教学内容

1. 成语"持之以恒、世外桃源"的意义及用法。

2. 成语"持之以恒、世外桃源"的故事。

3. 中国的民居。

教学重点

1. 成语"持之以恒、世外桃源"的意义及用法。

2. 成语"持之以恒、世外桃源"的故事。

教学难点

1. 成语"持之以恒、世外桃源"的意义及用法。

2.有关居住的汉语成语。

学时分配

2 学时

第五课　黄粱美梦、司空见惯

教学目标

1.掌握成语"黄粱美梦、司空见惯"的意义及用法。

2.会讲成语"黄粱美梦、司空见惯"的故事。

3.阅读小知识：成语中的衣食住行（4）。

4.了解有关出行的汉语成语。

教学内容

1.成语"黄粱美梦、司空见惯"的意义及用法。

2.成语"黄粱美梦、司空见惯"的故事。

3.中国有关送别的文化。

教学重点

1.成语"黄粱美梦、司空见惯"的意义及用法。

2.成语"黄粱美梦、司空见惯"的故事。

教学难点

1.成语"黄粱美梦、司空见惯"的意义及用法。

2.有关送别的成语及文化。

学时分配

2 学时

第六课　毛遂自荐、盲人摸象

教学目标

1.掌握成语"毛遂自荐、盲人摸象"的意义及用法。

2.会讲成语"毛遂自荐、盲人摸象"的故事。

3.阅读小知识：成语中的科学知识。

4.了解有关中国古代科学技术知识的汉语成语。

教学内容

1. 成语"毛遂自荐、盲人摸象"的意义及用法。

2. 成语"毛遂自荐、盲人摸象"的故事。

3. 中国古代的科学技术。

教学重点

1. 成语"毛遂自荐、盲人摸象"的意义及用法。

2. 成语"毛遂自荐、盲人摸象"的故事。

教学难点

1. 成语"毛遂自荐、盲人摸象"的意义及用法。

2. 有关中国古代科学技术知识的汉语成语。

学时分配

2 学时

第七课　刮目相看、卧薪尝胆

教学目标

1. 掌握成语"刮目相看、卧薪尝胆"的意义及用法。

2. 会讲成语"刮目相看、卧薪尝胆"的故事。

3. 阅读小知识：英语和汉语中的成语。

4. 了解有关人情（亲情、爱情、友情）的汉语成语。

教学内容

1. 成语"刮目相看、卧薪尝胆"的意义及用法。

2. 成语"刮目相看、卧薪尝胆"的故事。

3. 中国的人情世界。

教学重点

1. 成语"刮目相看、卧薪尝胆"的意义及用法。

2. 成语"刮目相看、卧薪尝胆"的故事。

教学难点

1. 成语"刮目相看、卧薪尝胆"的意义及用法。

2. 有关人情（亲情、爱情、友情）的汉语成语。

学时分配

2 学时

第八课　一鼓作气、雪中送炭

教学目标

1. 掌握成语"一鼓作气、雪中送炭"的意义及用法。

2. 会讲成语"一鼓作气、雪中送炭"的故事。

3. 阅读小知识：外来的成语。

4. 了解有关中国乐器的汉语成语。

教学内容

1. 成语"一鼓作气、雪中送炭"的意义及用法。

2. 成语"一鼓作气、雪中送炭"的故事。

3. 中国古代的乐器。

教学重点

1. 成语"一鼓作气、雪中送炭"的意义及用法。

2. 成语"一鼓作气、雪中送炭"的故事。

教学难点

1. 成语"一鼓作气、雪中送炭"的意义及用法。

2. 有关中国乐器的汉语成语。

学时分配

2 学时

第九课　愚公移山、对症下药

教学目标

1. 掌握成语"愚公移山、对症下药"的意义及用法。

2. 会讲成语"愚公移山、对症下药"的故事。

3. 阅读小知识：成语的结构（1）。

4. 了解有关中医的汉语成语。

教学内容

1. 成语"愚公移山、对症下药"的意义及用法。

2. 成语"愚公移山、对症下药"的故事。

3. 中医。

教学重点

1. 成语"愚公移山、对症下药"的意义及用法。

2. 成语"愚公移山、对症下药"的故事。

教学难点

1. 成语"愚公移山、对症下药"的意义及用法。

2. 有关中医的汉语成语。

学时分配

2 学时

第十课　扑朔迷离、游刃有余

教学目标

1. 掌握成语"扑朔迷离、游刃有余"的意义及用法。

2. 会讲成语"扑朔迷离、游刃有余"的故事。

3. 阅读小知识：成语的结构（2）。

4. 了解有关数字与方位的汉语成语。

教学内容

1. 成语"扑朔迷离、游刃有余"的意义及用法。

2. 成语"扑朔迷离、游刃有余"的故事。

3. 中国人的认知思维。

教学重点

1. 成语"扑朔迷离、游刃有余"的意义及用法。

2. 成语"扑朔迷离、游刃有余"的故事。

教学难点

1. 成语"扑朔迷离、游刃有余"的意义及用法。

2. 有关数字与方位的汉语成语。

学时分配

2 学时

第十一课 一举两得、墨守成规

教学目标

1. 掌握成语"一举两得、墨守成规"的意义及用法。

2. 会讲成语"一举两得、墨守成规"的故事。

3. 阅读小知识：成语的结构（3）。

4. 了解有关书法、绘画的汉语成语。

教学内容

1. 成语"一举两得、墨守成规"的意义及用法。

2. 成语"一举两得、墨守成规"的故事。

3. 中国的书法、绘画艺术。

教学重点

1. 成语"一举两得、墨守成规"的意义及用法。

2. 成语"一举两得、墨守成规"的故事。

教学难点

1. 成语"一举两得、墨守成规"的意义及用法。

2. 有关书法、绘画的汉语成语。

学时分配

2 学时

四、实践环节及要求

学生课下查阅资料，对比同一文化类别中汉语成语与学生母语的异同，并撰写成文，要求能够体现出不同文化的相同点与不同点。

五、课程学生成绩评定

成绩评定方式表

考核环节	百分比（%）	考核 / 评价细则
平时成绩	20	考勤、预习与复习情况、参与课堂活动的情况
期中考试	20	以期中考试卷面得分为准
期末考试	60	以期末考试卷面得分为准

六、教学资源

课程的基本教学资源

资源类型	资源
教材	《中国成语文化》（聂凤春、张咏梅自编教材）
参考书目	《成语里的中国历史》，乔忠延，商务印书馆，2017 年
其他资源	中国大学 MOOC "学成语 知中国"

第十二章　中国文化基础课程教学大纲

一、课程概览

课程中文名称	中国文化基础
课程英文名称	Basics of Chinese Culture

课程学分	4	**课程总学时数**	64 学时（理论教学 60 学时，实践教学 4 学时）

课程类别	专业课	**课程性质**	选修	**课程形态**	线上 / 线下 / 线上线下混合

考核方式	考试

开课学部（学院）	国际中文学院	**授课对象**	本科留学生
面向专业（方向）	所有专业（方向）	**开课学期**	二年级上、下
大纲编写人	舒燕	**审核人**	于洁

课程简介	中国文化基础课是为有一定语言基础、想要更深入地了解中国文化的留学生设置的专门性文化类课程。教材《尔雅中文：中国文化基础》（上）包括中国文化中最具代表性的内容，如名胜古迹、饮食、文学、艺术、民俗、武术、服饰等，可以帮助学生了解中国文化的基本面貌，感受中国文化的悠久历史与独特魅力。《尔雅中文：中国文化基础》（下）分别从中国文学、中国艺术、中国人的生活、中国古代教育四个方面展示了中国文化的独特性与多样性。课文内容旨在以小见大，知古鉴今；语言力求由浅入深，生动简明；文化注释言简意赅；课后练习紧扣课文，题型多样。 　　本课程教学方法灵活多样，旨在将语言教学和文化教学融合在一起，除文本学习外，还配以音像、图片等资料。在条件允许的情况下，教师可组织学生外出参观访问，以培养学生的探究意识和学习兴趣，拓宽文化视野，进而提升学生的自主学习能力，为高级阶段的汉语学习打下坚实的基础。

二、课程目标

项目	具体内容
课程总目标	1. 帮助学生了解中国文化的基本面貌，感受中国文化的悠久历史与独特魅力。 2. 帮助学生拓宽文化视野，提升自主学习能力，为高级阶段的汉语学习打下坚实的基础。
价值塑造目标	1. 提升学生的人文素养，培养学生对文化多样性的感知和包容态度。 2. 使学生了解人类文化的共性和差异性，培养学生包容、宽厚的人文品格，帮助学生提高人类文明共建与多元文化共生的意识。
知识传授目标	1. 教授有代表性的中国文化内容，增加学生的中国文化常识，提高学生的语言能力。 2. 引导学生从文学、艺术、生活、教育等方面了解中国文化的独特性和多样性，进而使学生理解中国文化的基本精神和中国人的价值观念、审美理想。
能力培养目标	1. 组织丰富多样的教学活动，提升学生的跨文化意识与跨文化能力。 2. 培养学生的自主学习能力，提升学生的汉语综合运用能力。

三、各课教学内容和学时分配

上学期：

《尔雅中文：中国文化基础》（上）

第一课　长城

教学目标

1. 引导学生了解长城的历史及文化内涵。

2. 引导学生树立维护世界和平、反对侵略战争的理念。

3. 培养学生尊重中华文明、理解中华民族精神的友好感情。

教学内容

介绍长城的规模、历史及其代表的中华民族精神。

教学重点

长城在历史上的防御功能和在今天的象征意义。

教学难点

通过长城的物理形态和历史探寻其背后的文化内涵。

学时分配

2学时

第二课　北京烤鸭

教学目标

1. 通过"全聚德"的成功之道引导学生理解品德在商业经营活动中的作用。

2. 引导学生培养诚信意识、敬业精神。

3. 增进学生对中华美食所蕴含的文化价值观的理解。

教学内容

北京烤鸭的历史、北京烤鸭的做法和吃法、"全聚德"的成功之处。

教学重点

北京烤鸭在做法和吃法上的讲究、"全聚德"的成功之道。

教学难点

中华饮食文化中较为专业的表达方式，如蘸、烤、肥而不腻等。

学时分配

2学时

第三课　太极拳

教学目标

1. 引导学生了解太极拳"以柔克刚"的特点、强身健体的功能和所蕴含的文化哲理。

2. 引导学生树立和谐观念，培养健康向上的生活态度。

教学内容

太极拳"以柔克刚"的特点、强身健体的功能和所蕴含的文化哲理。

教学重点

太极拳在日常生活中发挥的保健作用。

教学难点

太极拳蕴含的阴阳平衡等哲学思想。

学时分配

2学时

第四课　京剧

教学目标

1.通过多媒体展示，引导学生了解京剧艺术的特点和表演方法。

2.丰富学生对中国传统艺术的认识，提高审美能力。

教学内容

京剧艺术的主要特点、京剧中的主要角色分类。

教学重点

京剧的艺术特点。

教学难点

京剧表演的技法，如做、虚拟等。

学时分配

2学时

第五课　中国龙

教学目标

1.向学生展示中国龙文化蕴含的奋发有为、昂扬向上的基本精神。

2.通过中外对比，引导学生树立多元文化观，培养宽厚包容的文化品格。

教学内容

中国龙的形象和演变过程、中国龙在中国文化中的意义。

教学重点

中国龙的形态特点和"龙的精神"。

教学难点

将符号化的文化具体化，形象生动地展示中国龙代表的气韵。

学时分配

2学时

第六课　中国画

教学目标

1.引导学生体会中国绘画"诗中有画、画中有诗"的艺术特色。

2.引导学生了解中国绘画的美学特征及其对世界绘画艺术史的贡献。

教学内容

深入浅出地引导学生欣赏中国画的艺术特点，了解中国画的分类和代表画家。

教学重点

中国画的艺术特点。

教学难点

让学生体会"诗中有画"和"画中有诗"的艺术特色。

学时分配

2 学时

第七课　孔子

教学目标

1.引导学生树立平等教育观，传承中国古代的优秀教育理念。

2.引导学生理解尊师重教的中国传统文化精神。

教学内容

孔子的生平、主张和历史贡献。

教学重点

孔子的主要教育思想。

教学难点

"仁、有教无类、学思并重"等思想。

学时分配

2 学时

第八课　曹雪芹与《红楼梦》

教学目标

1.引导学生了解中国文学经典的价值与成就。

2.引导学生通过古今对比感受中国社会的进步与发展。

教学内容

结合《红楼梦》的片段进行教学，引导学生了解曹雪芹的主要生平经历。

教学重点

曹雪芹创作《红楼梦》的背景和过程。

教学难点

曹雪芹所处的时代背景。

学时分配

2 学时

第九课　印刷术

教学目标

引导学生了解中国古代科技成就及其对人类文明的贡献。

教学内容

活字印刷术的发展过程和影响。

教学重点

活字印刷术的产生及原理。

教学难点

活字印刷术和雕版印刷术的区别。

学时分配

2 学时

第十课　中国人的姓名

教学目标

1.引导学生了解中国人姓名中蕴含的生活理想与价值观念。

2.给学生起一个寓意美好的中国名字。

教学内容

中国人姓氏的起源和特点。

教学重点

中国人起名的习惯和规律。

教学难点

不同性别的姓名特点、名字所寄托的希望。

学时分配

2 学时

第十一课　春节

教学目标

1. 引导学生了解春节的习俗及文化意义。

2. 引导学生树立人与自然和谐相处的理念。

3. 引导学生培养感恩之心及对家庭和社会的责任感。

教学内容

春节的传统习俗和文化寓意。

教学重点

春节的各种习俗。

教学难点

春节习俗体现的意义，代表的民族心理。

学时分配

4 学时

第十二课　旗袍

教学目标

1. 引导学生通过旗袍了解现代中国的发展变化。

2. 通过服饰文化，培养学生开放包容的文化态度。

教学内容

旗袍的历史演变过程及其体现出的社会变化。

教学重点

旗袍的特点与演变。

教学难点

旗袍的演变与现代中国女性解放的关系。

学时分配

2 学时

第十三课　中国传统婚礼

教学目标

1.通过婚礼习俗的变化反映中国社会的发展进步。

2.引导学生树立正确的婚姻观。

教学内容

中国汉族的传统婚礼习俗、婚礼习俗的变化。

教学重点

传统婚礼中的"六礼"及其步骤。

教学难点

传统婚礼中的家庭观念。

学时分配

2 学时

第十四课　北京城

教学目标

1.丰富和加深学生对北京历史文化的感知和理解。

2.培养学生尊重历史、文明互鉴、面向未来的文化态度和文化意识。

3.通过中外文化对比，引导学生树立文化遗产保护理念。

教学内容

以点带面地选取北京城的地标，引导学生了解北京城的历史和布局特点。

教学重点

北京作为都城的悠久历史、北京的名胜古迹。

教学难点

北京的布局特点，如横平竖直、壮美等。

学时分配

2 学时

第十五课　黄河、长江与中国文明

教学目标

1. 引导学生了解独特的地理环境对中华文明的巨大影响。

2. 引导学生树立正确的文明观。通过中外对比，加深学生对人类不同文明共性与差异性的认知与理解，增强文明互鉴、共创未来的责任意识。

教学内容

黄河流域、长江流域的文明及特点。

教学重点

黄河、长江的文化意义。

教学难点

黄河与农耕文明的关系、长江作为"鱼米之乡"的经济功能。

学时分配

2 学时

下学期：

《尔雅中文：中国文化基础》（下）

第一课　中国古代神话

教学目标

1. 引导学生了解中国古代神话中的精神，如勇敢无畏、勇于牺牲的精神。

2. 引导学生将中国神话与自己国家的神话进行简要对比，分析中外文化的共性和差异性。

教学内容

女娲补天、夸父逐日。

教学重点

女娲补天和夸父逐日的文化意义。

教学难点

古代神话产生的历史背景。

学时分配

4 学时

第二课　唐诗宋词赏析

教学目标

1.引导学生初步了解唐诗宋词的特点，感受中国古典诗词之美。

2.引导学生理解古典诗词所表达的思想情感。

3.引导学生自主介绍中外著名诗人及其作品，以拓宽文化视野。

教学内容

李白《静夜思》、苏轼《水调歌头·明月几时有》。

教学重点

《静夜思》与《水调歌头·明月几时有》所表达的思想感情。

教学难点

中国古典诗词的特点。

学时分配

4 学时

第三课　中国民间传说

教学目标

1.引导学生理解梁祝传说和孟姜女传说所蕴含的价值观。

2.引导学生将自己国家的传说与中国民间传说进行对比，了解中外文化的异同点。

教学内容

梁山伯与祝英台、孟姜女哭长城。

教学重点

梁祝传说和孟姜女传说的文化意义。

教学难点

非物质文化遗产的概念与内涵。

学时分配

4 学时

第四课　中国古代建筑

教学目标

引导学生了解中国古代建筑的特点，并与自己国家的代表性建筑进行对比。

教学内容

故宫和天坛、传统民居与古典园林。

教学重点

中国古代建筑的特点、中国古典园林的代表作品与文化特征。

教学难点

中国古代的建筑思想与结构特点。

学时分配

4 学时

第五课　中国民间音乐

教学目标

1.通过音乐形式（音频、视频等），引导学生感受中国民间文化的内涵与多彩，丰富学生对中国文化多样性的认识。

2.引导学生树立平等观念，培养文明互鉴意识。鼓励学生介绍自己国家的具有代表性的民间音乐，与大家分享。

教学内容

《二泉映月》、中国民歌的分布。

教学重点

《二泉映月》的创作背景与艺术魅力、中国民歌的民族性与地域性。

教学难点

《二泉映月》的思想内涵。

学时分配

4 学时

第六课　中国茶文化

教学目标

1. 引导学生认识人与自然的关系，树立人与自然和谐相处的观念。

2. 培养学生健康向上的生活态度，引导学生查阅与中国茶文化传播有关的资料，以提升自我修养与自主学习的能力。

教学内容

茶简史、茶艺。

教学重点

中国茶文化发展简史、茶叶冲泡方法与敬茶礼仪、《茶经》的主要内容、陆羽对中国茶文化的贡献。

教学难点

《茶经》的内容。

学时分配

4学时

第七课　中国医药文化

教学目标

1. 引导学生理解中医文化的整体观与和谐观。

2. 引导学生思考中医与西医的区别，共同探讨中外文化中的健康观、养生观。

教学内容

《黄帝内经》《本草纲目》。

教学重点

《黄帝内经》所体现的中医整体观念与辨证论治思想。

教学难点

"不治已病治未病，不治已乱治未乱"的含义与现代意义。

学时分配

4学时

第八课　中国古代教育

教学目标

1. 引导学生理解"博学之，审问之，慎思之，明辨之，笃行之"的含义。

2. 引导学生查阅相关文献，共同探讨教育的目的及中外教育理念和教学方法的差异。

3. 培养学生勤奋、善思、诚信、笃行的良好品质，启发学生树立正确的人生观和教育观。

教学内容

古代书院、科举制度。

教学重点

中国古代书院的含义、特点、发展历程及对中国乃至世界的影响。

教学难点

"博学之，审问之，慎思之，明辨之，笃行之"的含义。

学时分配

4学时

四、实践环节及要求

第一学期在以下项目中选择1—3项进行实践：1. 学习《长城》或《北京城》后，选择一处北京的文化景点进行参观，并在课堂展示参观过程，交流体验；2. 学习《北京烤鸭》后，品尝一种京味美食，记录自己的感受，结合自己国家的饮食进行比较；3. 学习《太极拳》后，尝试练习一套太极拳或个别动作，在课堂表演并解释动作要领、意义；4. 学习《中国人的姓名》后，询问几个中国人的姓名并思考这些姓名的意义，给自己起一个中国名字并在课堂解释为什么选择这个名字。

第二学期在以下项目中选择2—3项进行实践：1. 选择一首自己最喜爱的唐诗（李白、王维、杜甫、白居易等人的诗），对诗的内容进行简要介绍，并朗读这首诗，录音后提交作业，进行课堂交流；2. 根据课程大纲内容自主选择一个主题，查阅文献，做课堂报告，课上交流讨论（计入平时成绩）；3. 在客观条件允许的情况下进行参观访问活动，撰写小组活动报告。

五、课程学生成绩评定

成绩评定方式表

考核环节	百分比（%）	考核／评价细则
平时成绩	50	出勤占 20%、平时作业占 40%、课堂报告占 40%
期末考试成绩	50	闭卷和开卷结合，闭卷（客观题）占 70%，开卷（主观题）占 30%

六、教学资源

课程的基本教学资源

资源类型	资源
教材	《尔雅中文：中国文化基础》（上），李春雨，北京语言大学出版社，2020 年 《尔雅中文：中国文化基础》（下），舒燕，北京语言大学出版社，2019 年
参考书目	《中国文化》（第三版），韩鉴堂，北京语言大学出版社，2018 年 《中国文化读本》，叶朗、朱良志，外语教学与研究出版社，2008 年 《中国传统文化与现代生活：留学生中级文化读本 I》，张英、金舒年主编，北京大学出版社，2003 年

第十三章　新闻语言基础课程教学大纲

一、课程概览

课程中文名称	新闻语言基础			
课程英文名称	Basics of News Language			
课程学分	8	课程总学时数		128 学时（理论教学 64 学时，实践教学 64 学时）
课程类别	专业课	课程性质	选修	课程形态	线上 / 线下 / 线上线下混合
考核方式	考试			
开课学部（学院）	国际中文学院	授课对象		本科留学生
面向专业（方向）	所有专业（方向）	开课学期		二年级上、下
大纲编写人	肖立	审核人		于洁
课程简介	新闻语言基础课是为国际中文学院本科二年级留学生开设的选修课，旨在培养留学生阅读中文新闻的能力，特别是识别新闻基本要素——时间、地点、人物、事件、因果关系的能力，使其在学习和生活中能从中文新闻中获取所需要的各种信息。授课时以实践第一为原则，注重培养学生的阅读技能，同时兼顾中国当代社会的背景知识。			

二、课程目标

项目	具体内容
课程总目标	使学生了解当代中国的社会现实。
价值塑造目标	造就通识性人才，培养学生正确的价值观。
知识传授目标	使学生具备中等程度的阅读理解新闻媒体信息的能力
能力培养目标	为学生在高级阶段学习汉语、研究和理解中国道路奠定基础。

三、各课教学内容和学时分配

上学期：

《新闻语言基础教程》

第一课　伦敦书展的"中国风"

教学目标

熟悉和了解中国文化的输出近况。

教学内容

与汉语教学和考试相关的词语和表达方式。

教学重点

关键的时间和地点（例如书展举办地英国伦敦）、人物关系。

教学难点

阅读并理解初级水平的课文，完成练习。

学时分配

4学时（第一次课程学习词语和课文，第二次课程完成练习和阅读。）

第二课　支教志愿者：到乡村学校书写最美青春

教学目标

熟悉和了解留学生的同龄人——中国青年志愿者群体。

教学内容

与志愿服务相关的词语和表达方式。

教学重点

关键的时间和地点（例如面试地点、支教地点）、人物社会关系。

教学难点

阅读并理解初级水平的课文，熟悉中国地图，完成练习。

学时分配

4学时（第一次课程学习词语和课文，第二次课程完成练习和阅读。）

第三课　英国女孩眼里的春节

教学目标

熟悉和了解以春节为代表的中国节庆文化。

教学内容

与春节相关的词语和表达方式。

教学重点

关键的时间和地点、人物背景和关系、春节蕴含的情感和文化含义。

教学难点

阅读并理解初级水平的课文，完成练习。

学时分配

4 学时（第一次课程学习词语和课文，第二次课程完成练习和阅读。）

第四课　中国仍为全球投资首要目的地

教学目标

熟悉和了解中国市场吸引外资的情况。

教学内容

与全球投资、中国市场相关的词语和表达方式。

教学重点

关键的时间和地点、市场和投资领域的常用术语。

教学难点

阅读并理解初级水平的课文，完成练习。

学时分配

4 学时（第一次课程学习词语和课文，第二次课程完成练习和阅读。）

第五课　哈德逊河上的迫降奇迹

教学目标

熟悉和了解突发类新闻规范。

教学内容

与哈德逊河上的迫降奇迹相关的词语和表达方式。

教学重点

关键的时间和地点、航空和应急救援专业知识。

教学难点

阅读并理解初级水平的课文，完成练习和测验。

学时分配

6 学时（第一次课程学习词语和课文，第二次课程完成练习和阅读，第三次课程安排讨论和总结。）

第六课　中国女性崛起

教学目标

熟悉和了解中国女性的工作和生活现状。

教学内容

与女性权益相关的词语和表达方式。

教学重点

关键的时间和地点、人物及职业背景知识。

教学难点

阅读并理解初级水平向中级水平过渡的课文，完成练习。

学时分配

4 学时（第一次课程学习词语和课文，第二次课程完成练习和阅读。）

第七课　中国：面对人口老化的挑战

教学目标

熟悉和了解中国人口发展的现状。

教学内容

与人口演变相关特别是与老龄化相关的词语和表达方式。

教学重点

关键时间、地点、数据、中外对比。

教学难点

阅读并理解初级水平向中级水平过渡的课文，完成练习。

学时分配

4学时（第一次课程学习词语和课文，第二次课程完成练习和阅读。）

第八课　习近平主席出席二十国集团领导人第八次峰会

教学目标

熟悉和了解中国外事、外交活动，了解时政类新闻规范。

教学内容

与外事、外交相关的规范化表达方式。

教学重点

关键时间、地点、事件、重点人物（领导人）和机构名称。

教学难点

阅读并理解初级水平向中级水平过渡的课文，完成练习。

学时分配

4学时（第一次课程学习词语和课文，第二次课程完成练习和阅读。）

第九课　中国市场的"方便面大战"

教学目标

熟悉和了解中国内地经济发展惠及港澳台的情况。

教学内容

与方便面生产、销售相关的经济活动。

教学重点

代表性企业和案例、中国内地市场规模。

教学难点

阅读并理解初级水平向中级水平过渡的课文，完成练习。

学时分配

4学时（第一次课程学习词语和课文，第二次课程完成练习和阅读。）

第十课　我国禁毒国际合作取得明显成效

教学目标

熟悉和了解中国的社会治理，特别是禁毒领域的国际合作。

教学内容

与毒品犯罪、禁毒工作相关的词语和表达方式。

教学重点

关键时间、地点、案例。

教学难点

阅读并理解初级水平向中级水平过渡的课文，完成练习和测验。

学时分配

6学时（第一次课程学习词语和课文，第二次课程完成练习和阅读，第三次课程安排讨论和测验。）

第十一课　孙杨当选世界游泳锦标赛最佳男子运动员

教学目标

熟悉和了解体育赛事类新闻的写作规范。

教学内容

与游泳和竞赛相关的词语和表达方式。

教学重点

关键时间、地点、赛事、人物关系。

教学难点

阅读并理解中级水平的课文，完成练习。

学时分配

4学时（第一次课程学习词语和课文，第二次课程完成练习和阅读。）

第十二课　政务微博兴起：走到网民中去

教学目标

熟悉和了解中国社会向信息化、服务化社会转型付出的努力。

教学内容

与网络、新媒体相关的词语和表达方式。

教学重点

关键时间线、地点、案例、新媒体特征。

教学难点

阅读并理解中级水平的课文，完成练习。

学时分配

4学时（第一次课程学习词语和课文，第二次课程完成练习和阅读。）

第十三课　华为突飞猛进的四个秘密

教学目标

熟悉和了解中国科技进步的近况。

教学内容

与网络和科研相关的词语和表达方式。

教学重点

关键时间、地点、科技用语、经营用语。

教学难点

阅读并理解中级水平的课文，完成练习。

学时分配

4学时（第一次课程学习词语和课文，第二次课程完成练习和阅读。）

第十四课　杨欣：可可西里的环保斗士

教学目标

熟悉和了解中国发展与保护并重的环境政策。

教学内容

与保护青藏高原环境相关的词语和口语体表达方式。

教学重点

关键时间、地点、事件（特别是藏羚羊保护）、人物关系。

教学难点

阅读并理解中级水平的课文，完成练习。

学时分配

4学时（第一次课程学习词语和课文，第二次课程完成练习和阅读。）

第十五课　五味的调和

教学目标

熟悉和理解电视纪录片。

教学内容

与饮食和地域特色相关的词语和表达方式。

教学重点

关键时间、地点（需借用地图）、情节和人物。

教学难点

阅读并理解中级水平的课文，完成练习和测验（模拟考试）。

学时分配

4学时（第一次课程学习词语和课文，第二次课程完成练习和阅读。）

下学期：

《新闻语言基础教程》

第十六课　中国航天员太空授课

教学目标

熟悉和了解中国科技进步状况和科技类新闻规范。

教学内容

与航天科技相关的词语和表达方式。

教学重点

借助视频，了解关键时间、地点、人物和事件。

教学难点

阅读并理解中级水平的课文，完成练习。

学时分配

4学时（第一次课程学习词语和课文，第二次课程完成练习和阅读。）

第十七课　人民还需不需要相声?

教学目标

熟悉和了解传统文化在现代社会的处境及变迁。

教学内容

与相声相关的口语词语、表达方式和地域文化特点。

教学重点

关键人物、代表作品和作者论点。

教学难点

阅读并理解中级水平的课文，完成练习。

学时分配

4学时（第一次课程学习词语和课文，第二次课程完成练习和阅读。）

第十八课　中文版《孤独星球》是怎样写成的?

教学目标

熟悉和了解中国旅游业的发展状况。

教学内容

与旅游行业、地域文化相关的词语和表达方式。

教学重点

关键时间、地点、导游类书籍的写作特点。

教学难点

阅读并理解中级水平的课文，完成练习。

学时分配

4学时（第一次课程学习词语和课文，第二次课程完成练习和阅读。）

第十九课　我国艾滋病防治取得新进展

教学目标

熟悉和了解中国公共卫生事业的发展状况。

教学内容

与艾滋病和公共卫生系统相关的书面语和表达方式。

教学重点

关键时间、地点、数据和案例。

教学难点

阅读并理解中级水平的课文，完成练习。

学时分配

4学时（第一次课程学习词语和课文，第二次课程完成练习和阅读。）

第二十课　马军：应对中国水危机

教学目标

熟悉和了解中国环境保护与发展兼顾的国策。

教学内容

与环境保护和志愿者工作相关的词语和表达方式。

教学重点

关键时间、地点、人物之间的关系、中外对比。

教学难点

阅读并理解中级水平的课文，完成练习和测验。

学时分配

6学时（第一次课程学习词语和课文，第二次课程完成练习和阅读，第三次课程安排讨论和测验。）

第二十一课　"德国村"的试验

教学目标

熟悉和了解"三农"题材的新闻规范。

教学内容

与农民、农村、农业相关的词语和表达方式。

教学重点

关键时间、地点（山东省南张楼村）、事件发展脉络。

教学难点

阅读并理解中高级水平的课文，完成练习。

学时分配

4 学时（第一次课程学习词语和课文，第二次课程完成练习和阅读。）

第二十二课　入世十年:"中国做对了，世界也做对了"

教学目标

熟悉和了解中国改革开放的国策及成果。

教学内容

与国际贸易相关的词语和表达方式。

教学重点

关键时间、地点、人物、中国加入世界贸易组织这一重大历史事件。

教学难点

阅读并理解中高级水平的课文，完成练习。

学时分配

4 学时（第一次课程学习词语和课文，第二次课程完成练习和阅读。）

第二十三课　漫长的石油替代道路

教学目标

熟悉和了解能源类、科技类新闻的写作规范。

教学内容

与能源（石油、天然气）和国际贸易相关的词语和表达方式。

教学重点

关键时间、地点（世界能源版图）、能源储量和供求关系。

教学难点

阅读并理解中高级水平的课文，完成练习。

学时分配

4 学时（第一次课程学习词语和课文，第二次课程完成练习和阅读。）

第二十四课　不同寻常的历史时刻——重温邓小平访美历程

教学目标

熟悉和理解以重大历史事件为题材的新闻。

教学内容

与国际关系相关的词语和表达方式。

教学重点

关键时间、地点、人物之间的关系、事件及影响。

教学难点

阅读并理解中高级水平的课文，完成练习。

学时分配

4 学时（第一次课程学习词语和课文，第二次课程完成练习和阅读。）

第二十五课　中国仍是外国人青睐的就业地点

教学目标

熟悉和了解中国经济和社会发展的潜力。

教学内容

与经济社会发展和国际型人才就业相关的词语和表达方式。

教学重点

关键时间、地点、事件、中外对比。

教学难点

阅读并理解中高级水平的课文，完成练习和测验。

学时分配

6 学时（第一次课程学习词语和课文，第二次课程完成练习和阅读，第三次课程安排讨论和总结。）

第二十六课　中国迈入高铁时代

教学目标

熟悉和了解中国交通事业的发展近况。

教学内容

与高铁发展相关的词语和表达方式。

教学重点

关键时间、地点（高铁网络地图）、事件。

教学难点

阅读并理解高级水平的课文，观看相关视频，完成练习。

学时分配

4学时（第一次课程学习词语和课文，第二次课程完成练习和阅读。）

第二十七课　大学生婚恋观调查：男生看重外貌，

女生更愿意一起为生活努力

教学目标

熟悉和理解以青年发展为题材的新闻。

教学内容

与恋爱婚姻和感情生活相关的词语及表达方式。

教学重点

关键时间、地点（高等院校）、人物及不同意见类型。

教学难点

阅读并理解高级水平的课文，讨论、完成练习。

学时分配

4学时（第一次课程学习词语和课文，第二次课程完成练习和阅读。）

第二十八课　2013年国民经济和社会发展统计公报（节选）

教学目标

熟悉并了解资料类和史料类的新闻题材规范。

教学内容

中国经济和社会发展的考查方式。

教学重点

关键时间、术语、数据。

教学难点

阅读并理解高级水平的课文，引导学生查看各自国家的公报数据，完成练习。

学时分配

4学时（第一次课程学习词语和课文，第二次课程完成练习和阅读。）

第二十九课　阿里巴巴现象

教学目标

理解科技进步推动社会发展。

教学内容

与电子商务相关的词语和表达方式。

教学重点

关键时间、地点、人物、事件（特别是电子商务在中国的发展状况）。

教学难点

阅读并理解高级水平的课文，对比各国状况进行小组讨论，完成练习。

学时分配

4学时（第一次课程学习词语和课文，第二次课程完成练习和阅读。）

第三十课　和平与正义的象征：曼德拉

教学目标

熟悉和理解国际政治类新闻的写作规范。

教学内容

与南非和国际政治相关的词语和表达方式。

教学重点

关键时间、地点、人物（曼德拉、德克勒克）、事件。

教学难点

阅读并理解高级水平的课文，完成练习、总结和测验（模拟考试）。

学时分配

4学时（第一次课程学习词语和课文，第二次课程完成练习和阅读）。

四、实践环节及要求

课前要求学生预习，课上要求所有学生参与朗读词语与课文的环节，教师要确保提问到所有学生，保持学生对教学环节的注意力，保证课堂交流效率。教师可以在课后回答学生扩展性的问题，督促学生搜索学习相关新闻并分享。

五、课程学生成绩评定

成绩评定方式表

考核环节	百分比（%）	考核/评价细则
平时成绩	10	出勤、参与教学活动
期中考试	30	过半课程教学效果检验
期末考试	60	全部课程教学效果检验

六、教学资源

课程的基本教学资源

资源类型	资源
教材	《新闻语言基础教程》，肖立，北京大学出版社，2018年
参考书目	《新中国极简史：1949至2019的年度故事》，陈晋，中国青年出版社，2019年 《中国改革开放全纪录：1978—2018》，中国（海南）改革发展研究院，五洲传播出版社，2022年

第十四章　英汉翻译基础课程教学大纲

一、课程概览

课程中文名称	英汉翻译基础			
课程英文名称	Basics of English-Chinese Translation			
课程学分	4	**课程总学时数**		64 学时（理论教学 32 学时，实践教学 32 学时）
课程类别	专业课	**课程性质**	选修	**课程形态** 线上／线下／线上线下混合
考核方式	考试			
开课学部（学院）	国际中文学院	**授课对象**		本科留学生
面向专业（方向）	所有专业（方向）	**开课学期**		二年级上、下
大纲编写人	王民越	**审核人**		韩立冬
课程简介	本课程是一门以英译汉为主的语言技能训练课，周课时 2 课时，面向以英语为母语或英语达到较高水平的学生，教学内容由语言对比、翻译实践等部分组成，目的在于帮助学生初步了解翻译的特点、要领及技巧，掌握英语和汉语在词语、语法、句式及表达方式上的异同，初步掌握两种语言互相转换的规律，引导学生在翻译中灵活、正确地运用汉语的各种基础句式，如"把"字句、"被"字句、比较句等，提高汉语综合运用能力。			

二、课程目标

项目	具体内容
课程总目标	1.使学生认识英语和汉语在词语、语法、句式及表达方式上的异同。 2.使学生初步掌握英语和汉语互相转换的规律。
价值塑造目标	基于翻译教学的特点，让学生认识核心价值观念，深化对核心价值观念的理解，了解中国文化，成为对华友好的人才。
知识传授目标	1.使学生掌握"把"字句、"被"字句、比较句等的使用，在翻译中灵活、正确地运用这些汉语基础句式。 2.使学生了解汉语和英语的基本语序差别。
能力培养目标	1.使学生学会简单英语句子的翻译，能使用合适的翻译技巧进行翻译。 2.提高学生的汉语综合表达能力。

三、各课教学内容和学时分配

上学期：

《英汉翻译教程》（第1册）（仅讲授部分内容）

第一课　Meeting People

教学目标

1.通过口译练习，培养学生快速翻译的能力。

2.帮助学生自如流利地翻译本课对话，掌握见面时的一些常用表达方式及英汉两种语言表达习惯的差异。

3.要求学生掌握 yes 和 no 作为一般疑问句的答语时在翻译中的灵活处理方法。

教学内容

1.口译练习:《即学即用·英语 900 句》单元 1。

2.课文翻译。

3.课后练习 1、课后练习 3。

教学重点

1.let me/let's... 句型的翻译。

2.again 的翻译、区分"又"和"再"。

3.yes 和 no 作为一般疑问句的答语时的翻译方式。

4.时间状语与地点状语在英语和汉语中的语序差别。

教学难点

1.yes 和 no 作为一般疑问句的答语时的翻译方式。

2.时间状语与地点状语在英语和汉语中的语序差别。

学时分配

8 学时

第二课　Sports

教学目标

1.通过口译练习，培养学生快速翻译的能力。

2.帮助学生自如流利地翻译本课对话，掌握谈论运动话题时的一些常用表达方式。

3.要求学生掌握 play 在不同搭配中的翻译。

教学内容

1.口译练习:《即学即用·英语 900 句》单元 2。

2.课文翻译。

3.课后练习 1。

教学重点

1.I'm afraid… 句型的翻译。

2.not…but… 句型中 but 的翻译。

3.play 在不同搭配中的翻译。

4.趋向动词"过来 / 过去""起来"的含义与用法。

教学难点

1.play 在不同搭配中的翻译。

2.趋向动词"过来 / 过去""起来"的含义与用法。

学时分配

8 学时

第三课　At the Barber's

教学目标

1.通过口译练习，培养学生快速翻译的能力。

2. 帮助学生自如流利地翻译本课对话，掌握在理发店时的常用表达方式。

3. 帮助学生掌握英语否定句的焦点位移及翻译方法。

4. 帮助学生掌握英语状语从句在翻译中的调序。

教学内容

1. 口译练习:《即学即用·英语 900 句》单元 3。

2. 课文翻译。

3. 课后练习 1、课后练习 3。

教学重点

1. next 在不同搭配中的翻译。

2. 英语否定句 I don't think... 的焦点位移及翻译方法。

3. 英语状语从句在翻译中的调序。

教学难点

英语否定句 I don't think... 的焦点位移及翻译方法。

学时分配

8 学时

第四课　Weather

教学目标

1. 通过口译练习，培养学生快速翻译的能力。

2. 帮助学生自如流利地翻译本课对话，掌握谈论天气时的一些常用语。

3. 使学生了解汉语讲究双音节、四音节及音节平衡，培养学生对汉语语音节奏的感觉。

教学内容

1. 口译练习:《即学即用·英语 900 句》单元 4。

2. 课文翻译。

教学重点

1. last 在不同搭配中的翻译。

2. 汉语中 "V + 结果补语 / 程度补语" 的用法。

3. 以引导词 there 开头的英语句子与汉语的存现句。

4. 汉语讲究双音节、四音节及音节平衡。

5. or 用于疑问句时的翻译。

教学难点

汉语讲究双音节、四音节及音节平衡。

学时分配

8 学时

下学期：

《英汉翻译教程》（第 1 册）（仅讲授部分内容）

第五课　At the Supermarket

教学目标

1. 通过口译练习，培养学生快速翻译的能力。

2. 帮助学生自如流利地翻译本课课文。

3. 帮助学生初步了解英语定语从句的翻译方法。

4. 帮助学生了解一些长句翻译的基本要点。

教学内容

1. 口译练习：《即学即用·英语 900 句》单元 5。

2. 课文翻译。

3. 课后练习 1。

教学重点

1. rather than... 句型的翻译方法。

2. 英语定语从句的翻译方法。

3. 汉语按时间顺序叙事。

4. 汉语动量词一般用于动词后。

教学难点

英语定语从句的翻译。

学时分配

8 学时

第六课　Right or Left

教学目标

1. 通过口译练习，培养学生快速翻译的能力。

2. 帮助学生自如流利地翻译本课课文。

3. 要求学生掌握汉语中"V＋得＋Adj/Adv"表状态的用法。

教学内容

1. 口译练习:《即学即用·英语 900 句》单元 6。

2. 课文翻译。

3. 课后练习 4。

教学重点

1. few/a few、little/a little 的翻译。

2. 汉语中"V＋得＋Adj/Adv"表状态的用法。

3. as…as… 的翻译。

教学难点

汉语中"V＋得＋Adj/Adv"表状态的用法。

学时分配

8 学时

第八课　The Guitar

教学目标

1. 通过口译练习，培养学生快速翻译的能力。

2. 帮助学生自如流利地翻译本课课文。

3. 要求学生掌握英汉方式状语在句中位置的差别。

4. 帮助学生了解英汉翻译中主语灵活转换的现象。

教学内容

1. 口译练习:《即学即用·英语 900 句》单元 7。

2. 课文翻译。

3. 课后练习 2。

教学重点

1. 英汉方式状语在句中位置的差别。

2. 英汉翻译中的主语转换现象。

3. 英语介词 in 和 at 在某些场合中的省译。

4. "……是……的"的使用场合与用法。

教学难点

"……是……的"的使用场合与用法。

学时分配

8 学时

第九课　Tea Drinking

教学目标

1. 通过口译练习，培养学生快速翻译的能力。

2. 帮助学生自如流利地翻译本课课文。

3. 帮助学生初步了解英语被动句的一些翻译方法。

4. 帮助学生进一步熟悉英汉翻译中灵活转换主语的方式。

教学内容

1. 口译练习：《即学即用·英语 900 句》单元 8。

2. 课文翻译。

3. 课后练习 1、课后练习 3。

教学重点

1. 英语被动句的处理方法。

2. 巩固汉语讲究双音节、四音节及音节平衡的特点。

教学难点

英语被动句的处理方法。

学时分配

8 学时

四、实践环节及要求

平均每两周完成一次翻译作业，要求翻译完成后，学生先修改，修改过后再提交。

五、课程学生成绩评定

成绩评定方式表

考核环节	百分比（%）	考核／评价细则
平时成绩	30	平时作业、课堂表现、出勤情况
期中考试	20	选择、填空、完成句子、用给出的词语翻译
期末考试	50	选择、填空、完成句子、用给出的词语翻译

六、教学资源

课程的基本教学资源

资源类型	资源
教材	《英汉翻译教程》（第 1 册），杜玉兰主编，北京语言文化大学出版社，2001 年
参考书目	《即学即用·英语 900 句》，张丹阳、张弛主编，北京航空航天大学出版社，2010 年

第十五章　中级英语综合课程教学大纲

一、课程概览

课程中文名称	中级英语综合
课程英文名称	Intermediate English Comprehensive Course

课程学分	4	课程总学时数	64 学时（理论教学 40 学时，实践教学 24 学时）

课程类别	专业课	课程性质	选修	课程形态	线上／线下／线上线下混合

考核方式	考试

开课学部（学院）	国际中文学院	授课对象	本科留学生
面向专业（方向）	所有专业（方向）	开课学期	二年级上、下
大纲编写人	王锐	审核人	韩立冬

课程简介	本课程以培养学生中级英语使用技能为目标，以教材中的 12 个学习单元为基础，进行词汇、句型、语法结构、阅读及写作教学。本课程在第一学年的基础上进一步巩固学生的基本语言知识，进一步培养学生的听、说、读、写能力，使学生在此阶段掌握 3000 左右的常用词、200 个常用语法点及相关的语法知识，培养语言对比及文化对比意识。通过文化对比，增强学生对中国文化及中国社会的了解，提高学生跨文化交际的意识和能力。

二、课程目标

项目	具体内容
课程总目标	1. 中级英语综合课旨在培养学生的英语综合语言能力，提高学生的英语听、说、读、写水平。 2. 提高学生英语水平的同时，增强学生对英语国家文化及社会的全面了解。 3. 帮助学生培养语言对比和文化对比意识，培养和提高学生汉英语言对比及文化对比的能力和跨文化交际的能力。
价值塑造目标	帮助学生提高语言对比和文化对比意识，加强跨文化交际的意识，使学生通过语言学习提高正确认识世界、理解和尊重不同文化的基本素养。
知识传授目标	掌握 3000 左右的常用词、200 个常用语法点及相关的语法知识。
能力培养目标	培养学生阅读各种中等难度、多种文体的文章的阅读能力，培养学生可以听懂中等语速、多种功能场景中日常对话及专门用途对话的能力，使学生能够用所学的语法及词语就特定话题进行基本的书面表达和口头表达。

三、各课教学内容和学时分配

上学期：

《剑桥国际英语教程 2》（第三版）（仅讲授部分单元）

第一单元 A Time to Remember

教学目标

1. 认识其他同学。

2. 相互分享个人信息及童年回忆。

3. 使用一般过去时、used to 谈论过去发生的事。

教学内容

1. 交友及童年回忆。使用一般过去时、used to 谈论过去发生的事。

2. 介绍中国人交朋友的方式，让学生了解中西方初次见面及交友的差异。教师引导学生讲述在不同国家和文化中生活的经历，分享在中国生活的点滴和收获。以交际法学习为主，教师通过跟学生交流引出本单元要学习的内容，让学生通过听课文的对话，熟悉每个单元的语法点和所需掌握的词语。以学生为中心，教师根据每个学生的实际水平安排合适的练习，并将中国人与人交往的方式、中国文化的特点和中国人的道德准则融入练习中。

教学重点

1. 自我介绍、相互交流个人信息。

2. 分享童年回忆。

3. 过去时态的使用。

4. used to 的正确用法。

教学难点

1. 分享童年回忆。

2. 各种过去时态的异同及正确的使用方法。

学时分配

4 学时

第二单元　Caught in the Rush

教学目标

1. 描述自己国家或所在城市的交通情况。

2. 在具体的书面表达及口头表达中使用 many、much、more、few、less、(not) enough 等进行数量和程度的描述。

教学内容

1. 使用 many、much、more、few、less、(not) enough 等进行数量和程度的描述。

2. 学习与交通有关的词语和表达。

3. 对中国城市的交通情况进行简单介绍，将中国当代社会发展中的"中国速度""高铁""共享单车"等最新成果介绍给学生。

教学重点

1. 描述某一城市的交通情况。

2. 正确使用数量副词 many、much、more、few、less、(not) enough 等。

3. 描述自己国家或所在城市的交通情况。

教学难点

1. 数量副词 many、much、more、few、less、(not) enough 等的用法及区别。

2. 用 many、much、more、few、less、(not) enough 正确介绍和描述某地的交通状况。

学时分配

4 学时

第三单元 Time for a Change!

教学目标

1. 用 too、many 描述住宅的优缺点。

2. 使用 (not) as...as 比较两个房子。

3. 掌握类比的方法。

4. 使用 too、many 等词正确修饰英语名词。

教学内容

1. 学习用 too、many 进行评价，用 (not) as...as 进行对比。

2. 学习与居住条件及环境相关的词语和表达。

3. 对中国城市住宅等建设情况进行简单介绍，将中国当代社会发展中的房地产、社区软硬件建设、社区文化建设等的最新成果介绍给学生。

教学重点

1. 描述和解释住房类型。

2. 副词 too、many 的用法及区别。

3. 用 (not) as...as 进行比较。

教学难点

1. 副词 too、many 的用法及区别。

2. 用 (not) as...as 就不同的房屋进行比较。

学时分配

4 学时

第四单元 I've Never Heard of That!

教学目标

1. 学习介绍和描述一道自己喜欢的菜。

2. 掌握如何描述完成一项工作的环节和顺序。

3. 学习 first、next、after that、then、finally 的使用。

教学内容

1. 学习如何用 first、next、after that、then、finally 描述完成一项工作的环节和顺序。

2. 学习与饮食及烹饪相关的词语和表达。

3. 介绍中国的饮食文化和中国的传统美食，介绍中国的著名菜系及中国人日常的烹饪方法，增加学生对中国文化的了解。

教学重点

1. 掌握表示顺序的副词的用法。

2. 掌握一般过去时和现在完成时的不同。

3. 学习如何介绍自己国家的传统美食。

4. 学习描述一道菜的烹饪过程。

教学难点

1. 掌握表示顺序的副词的用法。

2. 了解和掌握一般过去时和现在完成时的不同。

学时分配

4学时

第五单元　Going Places

教学目标

1. 介绍自己的假期旅行计划。

2. 学习动词的一般将来时。

3. 学习 need to、must、(don't) have to、better、ought to、should 等词语的具体使用方法。

教学内容

1. 学习如何用 need to、must、(don't) have to、better、ought to、should 提出建议和要求。

2. 学习与旅游及出行相关的词语和表达。

3. 简单介绍中国主要的名胜古迹，介绍中国物质文化遗产和旅游业的发展，引导学生分享在中国的旅行经历和故事，增加学生对中国文化的了解。

教学重点

1. 一般将来时态的正确使用。

2. need to、must、(don't) have to、better、ought to、should 等的用法。

3. 谈论自己的假期旅行计划。

教学难点

1. 正确使用 need to、must、(don't) have to、better、ought to、should 进行表达。

2. 用 need to、must、(don't) have to、better、ought to、should 提出建议和要求。

学时分配

6学时

第六单元 OK，No Problem!

教学目标

1. 讨论父母与孩子的关系和相处问题。

2. 掌握 two-part verb 的正确使用方法。

3. 学习用情态动词提出要求。

教学内容

1. 学习使用 two-part verb 提出要求。

2. 学习与亲子关系及代沟相关的词语和表达。

3. 介绍中国传统文化中的家庭观念，介绍当今中国的家庭结构及家庭生活特点。

教学重点

1. two-part verb 的用法。

2. 用情态动词提出要求。

3. 讨论代沟和亲子关系。

教学难点

1. two-part verb 的用法。

2. 用情态动词提出要求。

学时分配

6学时

下学期：
《剑桥国际英语教程2》（第三版）（仅讲授部分单元）

第七单元 Back to the Future

教学目标

1. 熟悉不同的时态表达。

2. 用不同的时态阐述某事物的发展历程。

教学内容

1. 复习并练习使用特定的过去时态、现在时态、将来时态描述不同事物的发展变化。

2. 学习与交通、通讯、娱乐相关的词语和表达。

3. 对中国的城市交通、通讯、娱乐产业进行简单介绍，将中国当代社会发展中的"5G""中国功夫电影"等成果介绍给学生。

教学重点

1. 对过去时态、现在时态、将来时态进行对比和总结练习。

2. 用不同时态讨论交通、通讯、娱乐的发展。

教学难点

过去时态、现在时态、将来时态的综合运用。

学时分配

6 学时

第八单元　I Don't Like Working on Weekends!

教学目标

1. 了解和掌握动名词的用法。

2. 学习用特定形容词描述人的性格和能力。

3. 用 because 阐述选择某种职业的原因。

教学内容

1. 学习使用特定的形容词描述人物性格，用 because 相关从句阐述原因。

2. 学习可以用来描述性格的形容词。

3. 介绍中国年轻人的职业规划及当前通过互联网找工作这种新途径的发展和优势。

教学重点

1. 动名词的使用。

2. 原因状语从句的使用。

3. 描述个人能力、技能及性格特征的方法。

教学难点

1. 描述性格特点的形容词。

2. 动名词的正确构成和用法。

学时分配

6 学时

第九单元　It's Really Worth Seeing!

教学目标

1. 了解介绍事物的方法。

2. 掌握被动语态的使用方法。

3. 掌握用被动语态介绍自己国家的方法。

4. 写一篇介绍自己的故乡（国家 / 城市）的文章。

教学内容

1. 引导学生使用被动语态介绍和描述国家或城市的标志性建筑。

2. 学习描述著名建筑物及景点的词语和表达。

3. 对中国古今著名地标性建筑进行简单介绍，将中国的"长城""鸟巢""北京 CBD"等介绍给学生。

教学重点

1. 介绍一个国家或城市的地标性建筑。

2. 被动语态与过去时态的搭配使用。

3. 被动语态与现在时态的搭配使用。

教学难点

1. 被动语态与一般过去时的搭配使用。

2. 被动语态与一般现在时的搭配使用。

学时分配

6 学时

第十单元　It Could Happen to You!

教学目标

1. 熟悉一般过去时和过去进行时结合使用的方法。

2. 讲解现在完成进行时的用法。

3. 了解和掌握描述事情发展的英语副词。

教学内容

1. 使用一般过去时、过去进行时、现在完成时介绍过去的经历和见闻。

2. 引导学生讲述在不同国家和文化中生活的经历，分享在中国生活的点滴和收获，分享在中国生活时的暖心故事。

教学重点

1. 一般过去时和过去进行时的结合使用。

2. 现在完成进行时的使用。

3. 可以用来描述故事发展的英语副词的使用。

教学难点

1. 一般过去时和过去进行时的结合使用。

2. 现在完成进行时的使用。

学时分配

6 学时

第十一单元　Good Book, Terrible Movie!

教学目标

1. 掌握过去分词做定语的正确用法。

2. 掌握过去分词和现在分词做定语的不同。

3. 掌握用定语从句介绍书、电影、歌曲等的方法。

教学内容

1. 学习使用过去分词及现在分词介绍和描述文化作品。

2. 学习与本课主题相关的做定语的现在分词和过去分词。

2. 简单介绍中国的经典文学作品、经典电影作品，引导学生全面了解中国文化的优秀成果，理解中外文明互鉴的内涵及意义。

教学重点

1. 过去分词做定语。

2. 现在分词做定语。

3. 定语从句。

教学难点

过去分词和现在分词做定语的区别。

学时分配

6 学时

第十二单元　So That's What It Means!

教学目标

1. 学习 may、might、must、could 表示推测的用法。

2. 使用 possibly、probably、definitely 表达不同程度的推测。

3. 掌握用情态动词表建议、要求和规定的方法。

教学内容

1. 学习使用特定的情态动词、特定的副词进行推测。

2. 讲解并练习 may、might、must、could 表示推测的用法，引导学生练习使用 possibly、probably、definitely 表达不同程度的推测。

3. 以学生为中心，根据每个学生的实际水平安排合适的练习，对比中国和西方国家在身体语言方面的不同，介绍中国文化中特有的手势语及其文化内涵。

教学重点

1. 情态动词表猜测。

2. 情态动词表建议。

3. 不同手势、身体语言的描述方法。

教学难点

情态动词表猜测和建议的用法。

学时分配

6 学时

四、实践环节及要求

要求学生每个学期阅读 12 篇与所学主题相关的英语文章，在阅读过程中完成三篇读书笔记，并精选一个话题进行一次 5 分钟的课堂演讲。

五、课程学生成绩评定

成绩评定方式表

考核环节	百分比（%）	考核／评价细则
平时成绩	20	作业、考勤、课堂表现（按照平时上课表现及每次作业成绩进行评分）
期中考试	20	每学期一次，满分 100
期末考试	60	每学期一次，满分 100

六、教学资源

课程的基本教学资源

资源类型	资源
教材	《剑桥国际英语教程 2》（第三版），（美）理查兹等，外语教学与研究出版社，2007 年

第十六章　韩汉翻译基础课程教学大纲

一、课程概览

课程中文名称	韩汉翻译基础			
课程英文名称	Basics of Korean-Chinese Translation			
课程学分	4	**课程总学时数**		64 学时（理论教学 40 学时，实践教学 24 学时）
课程类别	专业课	**课程性质**	选修	**课程形态**	线上 / 线下 / 线上线下混合
考核方式	考试			
开课学部（学院）	国际中文学院	**授课对象**		本科留学生
面向专业	所有专业（方向）	**开课学期**		二年级上、下
大纲编写人	罗远惠	**审核人**		张扬
课程简介	本课程是本科生二年级留学生的选修课之一，是为了提高学生的语际转化能力而设置的一门课程，教学内容由翻译理论、对比知识、翻译练习（实践）三个部分组成。 　　翻译理论包括翻译的定义、标准、过程、步骤、原则，要求学生对翻译的实质有一个正确的认识，走出"翻译是词语对应"的错误思维模式，为今后的翻译实践奠定扎实的理论基础。 　　对比知识包括结构、数量、时态等的对比，让学生对韩语和汉语的异同有一些基本的了解，为养成正确成句的习惯提供可行性。 　　翻译练习（实践）分为两部分，一部分是与理论同步的翻译实践，一部分是按功能安排的翻译练习。通过实践，学生能够了解、熟悉翻译原则，掌握一些常见的对译句式，解决一些词语搭配、句型使用及句与句之间衔接的问题，从而提高翻译能力，提高汉语的表达能力。			

二、课程目标

项目	具体内容
课程总目标	通过理论学习和大量的实践，培养和提高学生的汉语实际运用能力，深化学生对核心价值观内涵的理解，将内化的核心价值观外化，使学生成为知华、友华的人才。
价值塑造目标	基于翻译教学的人文性，引导学生培养核心价值观念，深化学生对核心价值观内涵的理解，将内化的核心价值观外化，使学生成为知华、友华的人才。
知识传授目标	使学生理解汉语与其母语（或媒介语）在词汇、语法及表达方式方面的异同，掌握汉外语言互相转化的特点和规律。
能力培养目标	培养和提高学生实际运用汉语的能力，使学生能运用所学的知识，翻译常用句型、生活会话和短文，学会在宏观上把握原文的功能和语义，有效提高翻译水平。

三、各课教学内容和学时分配

上学期：

（使用自编教材）

第一课　翻译知识

教学目标

1. 能够对翻译的实质有正确的认识，能逐渐养成从传递信息的角度寻求表达译文的正确习惯。

2. 知道翻译的标准。

3. 知道翻译的过程。

4. 知道翻译的步骤。

教学内容

第一节　什么是翻译？

1. 翻译的定义。

2. 翻译的标准。

教师通过翻译实践（可采用书中的例句或练习）进行理论讲解，让学生知道翻译不是词的对应，而是根据语义进行表达的一种语际转换活动，但这种转换不是随意的，即不能随意省略原文的语义，也不能随意增加原文没有的语义，要求根据原文的语义，用译语的语言习惯进行表达。因此，翻译的标准为忠实、通顺。

3. 练习：简单的句子让学生共同翻译，稍长或稍难的句子请个别同学翻译或板书在黑板上，让大家共同讨论，然后教师进行讲评、归纳。注意以下句子的翻译：

（1）아빠가 부르실 때는 "왕자님"，엄마가 부르실 때는 "뚱보"，제가 부를 때는 "말썽꾸러기"예요.

（2）时间词的位置

중국에 온 지 일 년 됐어요.

오기 전에 학원에서 2년간 중국어를 배웠습니다.

어머니는 작년까지 회사에 다니셨지만 지금은 집에 계십니다.

4. **作业**：写一篇 300 字左右的自我介绍。要求：先用韩文写，再用汉语翻译出来。

第二节　翻译的过程

1. 理解。

2. 表达。

第三节　翻译的步骤

1. 准备—理解—表达—校对—定稿。

在弄清翻译实质的基础上，让学生进一步明白翻译中的理解和表达是从整体上去理解、表达，要避免出现"翻译症"。

2. 练习：简单的句子让学生共同翻译，稍长或稍难的句子请个别同学翻译或板书在黑板上，让大家共同讨论，然后教师进行讲评、归纳。注意以下句子的翻译：

（1）时间的表达

반시간이나 넘게 기다렸어.（"多"的位置）

다음 번에 꼭 제 시간에 와야 해！

학창 시절에 운동 많이 하셨습니까？

（2）"都"的位置

구기는 조금씩 다 좋아했지요.

（3）数量词的位置

그럼 나하고 탁구 시합 한번 할까요？

（4）常用句型

... ㄹ 자신이 있다 / 없다

아무리 ... 해도

... 못 당하다

另：（1）提醒学生不要依赖词典，词典中只有词的基本语义，没有词的所有含义，要根据原文的语义去寻求表达。

（2）注意标点符号的使用。

3. **作业**：请思考韩语和汉语在语序上有哪些异同。

教学重点和难点

1. 翻译的定义与标准。

2. 翻译的理解和表达。

学时分配

4 学时

第二课　韩汉语言对比 I

教学目标

1. 对韩汉两种语言的句法结构有基本的了解。

2. 了解翻译的表达不是句法结构的转化，而是语义的转化，因此在表达时，要根据具体的语义选择表达方式。

3. 了解动量词和宾语的位置。

教学内容

1. 韩语的基本语序为 SOV（주어 + 목적어 + 동사）。

（1）谓语在句子最后，其他成分都在谓语左边，扩展方向为左。

（2）修饰语在被修饰语的前面（数量词除外）。

（3）词与词之间的关系是通过粘着成分（후치사 postposition）表达的，语序相对来说比较灵活，词语可随粘着成分进行移位（定语除外）。

2. 汉语的基本语序为 SVO（주어 + 동사 + 목적어）。

（1）谓语在句子中间，其后可出现宾语和补语成分，扩展方向为左右。

（2）修饰语在被修饰语的前面。

（3）词与词之间的语法关系是通过先后顺序和虚词表现的，语序比较固定。

3. 翻译表达时应注意的问题：

（1）位移。

（2）宾语和数量补语的语序问题。

教师通过提问、实例分析找出韩语和汉语在语序上的不同，让学生进一步明白韩汉两种语言的异同，提醒学生在翻译时还应注意句法结构是固定的，表达是灵活的，而同一种语义关系可以用好几种句式表达，至于哪种句式好，需要根据具体的意思、具体的语境选择。

4. 练习：

第 1 题：

主要是练习量词的位置。名量词问题不大，重点在动量词的位置。

动量词用于补充说明动作的次数，在韩译汉中一般翻译成补语，但当韩语中的动量词带有

"에"时，翻译成汉语时要注意，不能用补语表达。如：

세 입에 사과 한 개를 다 먹었다.

三口吃完了一个苹果。

나는 봄 쇼핑 2번 다 가지 못했다.

春游我两次都没去成。

注意"增加了"和"增加到"、"减少了"和"减少到"的区别。

第 2 题：

称呼：叔叔和大叔

1 斤 =500 克   1 근 =600 克

比较句

"Adj 지다"表示变化，注意"싸지면 살께요"和"싸게 해주면 살께요"的区别。

5. 作业：要求学生用韩语造 5 个含数量词的句子和 5 个表增减的句子，并用汉语翻译出来。

教学重点和难点

量词的位置，特别是动量词与宾语的位置。

学时分配

4 学时

第三课　韩汉语言对比 II

教学目标

1. 了解韩语的"았 / 었 / 였"和汉语的"了"的不同。

2. 了解时间词在韩汉翻译中的转换。

教学内容

1. 时态和时间的区别：

"았 / 었 / 였"是表示时态变化的语法形态，"了"表示动作的完成、事态的变化或实现。

2. 时间的转换表达：时点、时段。

通过提问、实例翻译找出"았 / 었 / 였"和"了"的区别，知道两者不是等同的，同时归纳总结出在韩汉翻译中时间词的几种转换现象。

3. 练习：

第 1 题重点训练时间词的转换。

第 2 题检测学生对"了"的掌握。

4. 作业：以"我的一天"或"周末"为题，写一篇文章。要求：400 字以上，先用韩文写，再用汉语翻译出来。

教学重点和难点

1. "았 / 었 / 였" 和 "了" 的区别。

2. 时间词的转换，特别是表示动作结束的时间。

学时分配

4 学时

第四课　韩汉语言对比Ⅲ

教学目标

1. 明白主语和话题是两个不同的概念。

2. 了解选择谓语时应注意的一些现象。

3. 对韩汉定语的顺序有一些简单的认识。

教学内容

1. 主语 ≠ 话题（存现句）。

　손님이 왔다 .

2. 谓语部分。

3. 定语的安排。

　　韩语是话题型语言，汉语是结构性语言，因此在选择表达话题时不能一一对应，要转换句式或添加词语。谓语是进行说明的部分，因此在翻译选择时要注意谓语与话题及宾语的搭配，要考虑谓语是否为离合词，是否有多用的现象等。定语翻译时，能直译的采取直译的方法，不能直译的要采取分译或复指的方法。

4. 练习：

　注意存现句的翻译，注意表示心理活动的词语的翻译。

　... 는 것이 밉다 .

　... 는 것이 부럽다 .

　常用词或句型：

　N 답다

　... 는 예감이 들다 .

5. 作业：复习本节所学内容，思考汉语中状语和补语的区别及韩语中有无补语。

教学重点和难点

1. 主语和话题的区别。

2. 谓语的选择。

学时分配

4 学时

第五课　韩汉语言对比 IV

教学目标

1. 了解状语和补语的区别。

2. 明白韩语中也有补语，但韩语中的补语跟汉语中的补语不是一一概念。

3. 了解时间词、场所词做状语和补语时的区别。

教学内容

1. 状语与补语的区别：

（1）从结构上看：状语是修饰、限定谓语的成分，在谓语的前面；补语是补充说明谓语的成分，在谓语的后面。

（2）从意义上看：状语是对谓词的动作、状态进行叙述性的描写，表意的重心在谓词上；补语则是对谓词的动作、状态的变化的补充和说明，表意的重心在补语上。

教师通过实例说明状语和补语的区别，特别是说明状语和补语中时间词与处所词的语义区别，以及情态和描述的区别。

2. 练习：要求学生用状语或补语进行翻译。

句型 "Adj 아서"，学生常常习惯分开表达，但在练习时要求学生用补语翻译。如：

추워서 온 몸이 떨린다.

더워서 아주 잠을 잘 수가 없어요.

그는 배워서 총명해졌다.

3. 作业：复习整理已学的关联词。

教学重点和难点

状语和补语的区别。

学时分配

2 学时

第六课　韩汉语言对比 V

教学目标

1. 明白韩语中的连词（이음토）与汉语中的连词不是一一对应的关系。

2. 知道韩语中的常用连词在汉语中的对应词语。

3. 知道关联词是配对使用的，搭配不同，句与句之间的关系也不同。

4. 复习整理关联词。

教学内容

1. 什么叫复句？

2. 关联词的搭配与对应。

3. 练习：注意关联词的搭配，注意关联词的位置。

4. 作业：预习40页的第2题。

教学重点和难点

选择复句、条件复句、让步复句。

学时分配

2学时

第七课　翻译的原则

教学目标

1. 理解翻译的原则，知道翻译时必须遵守的原则是：必须符合原意。

2. 进一步明白翻译是翻译意思，不是简单的结构对应。

3. 在翻译时要运用翻译原则灵活处理问题。

教学内容

1. 实例分析：

오랜만에 기분 좋은 이야기를 듣는군.

나는 언제나 너의 편이다.

주중 대한민국 대사관.

그 동안에 머리가 많이 자랐지요?

한 마디로 다 이야기할 수 없을 정도로 문제가 복잡하다.

배로 갈 예정이었으나, 나중에 비행기로 바꾸었다.

난 먹고 싶을 때 먹고 자고 싶을 때 잘 수 있는 자유가 좋다.

2. 巩固练习：

아무튼 난 이런 여자를 만날 때까진 결혼 안해.

작은 고추가 맵다.

한국은 세계에로, 세계는 한국에로.

그 것은 10년도 넘은 일이지만 나는 어제의 일처럼 똑똑히 기억하고 있어 잊으려 해도 잊을 수가 없다.

다 큰 처녀에게 남자 친구가 많다니, 그런 일이 있을 수 있겠니 ?

엄마, 전 결혼 같은 건 절대 안 할 거예요 . 언제까지나 엄마 곁에 있겠어요 .

야 ! 너였구나 ! 우린 5 년 만에 만나는 거지 ?

이 노래를 들으면 나는 마치 해변에 서서 넓디 넓은 바다를 마주보고 있는 같은 느낌이 듭니다 .

그는 말수가 적은 편이라 남이 말을 걸어야 겨우 입을 연다 .

그 여대생은 지난번에는 키가 큰 남자하고 다니더니 오늘은 못 보던 사람이네 .

3. 练习：第 2 题，建议以段为单位理解、表达，允许学生灵活处理。

4. 作业：复习第一章到第三章的内容，准备发表自己的文章《自我介绍》《我的一天》《周末》。

教学重点和难点

1. 翻译的原则。

2. 翻译原则的运用。

学时分配

2 学时

第八课　翻译实践（1）안녕하세요？

教学目标

1. 能运用所学的翻译知识进行表达。

2. 掌握介绍时的一些常用表达方式，并能自如地翻译本课内容。

3. 复习并运用汉语的一些语言点，如"是……的"和时间词的位置。

4. 掌握韩语中的常用句型：

"... 는 걸 보면"

"... 러 오다 / 가다 / 다니다"

"... 밖에 없다 / 지 않다"

"... ㄹ 계획이다"

"... 했으면 좋겠다"

教学内容

1. 内容参见 42—43 页。

翻译时：（1）要求学生能主动、大胆地表达。

（2）要求学生表达时要考虑说话的语境，不要受原文的干扰。

（3）能自如地翻译本课内容，掌握"是……的"和时间词的翻译。

（4）掌握韩语的常用句型。

2.作业：翻译本课的课外练习，复习比较句。

教学重点和难点

1."是……的"。

2.时间词的位置。

3.短文的翻译。

学时分配

2学时

第九课　翻译实践（2）쇼핑

教学目标

1.能运用所学的翻译知识进行表达。

2.掌握购物时的一些常用表达方式，并能自如地翻译本课内容。

3.复习并运用汉语的一些语言点，如比较句。

4.了解句与句之间的衔接方法之一——复指。

5.掌握韩语中的常用句型：

"... 보다는 ... 는 것이 좋다 /... 걸 좋아하다"

"... 는지 보세요 / 모르겠다"

"Adj 지다"

教学内容

1.内容参见 44—45 页。

翻译时：（1）要求学生能主动、大胆地表达。

　　　　（2）要求学生表达时要考虑说话的语境，不要受原文的干扰。

　　　　（3）能自如地翻译本课内容，掌握 "... 보다는 ... 는 것이、좋다 /... 걸 좋아하다"。

2.作业：复习本课内容。

教学重点和难点

1.比较句。

2."合适"和"适合"的运用。

3.对话2中后四句的表达。

学时分配

2学时

第十课 翻译实践（3）방 구하기

教学目标

1. 能运用所学的翻译知识进行表达。

2. 掌握找房子时常用的一些词语和句型，并能自如地翻译本课内容。

3. 会用"没有、不如"，了解两者的差异。

4. 掌握韩语中的常用句型：

"... Adj/V 기 Adj/V 지만 ... 못 하다"

"... 생각보다 ..."

教学内容

1. 内容参见 46—47 页。

翻译时：（1）要求学生能主动、大胆地表达。

（2）要求学生表达时要考虑说话的语境，不要受原文的干扰，要注意句子的完整性。

（3）能自如地翻译本课内容，掌握 "...Adj/V 기 Adj/V 지만 ... 못 하다""... 생각보다 ..."。

2. 作业：复习本课内容。

教学重点和难点

1. "不如"与"没有"的不同点。

2. 短文的表达。

学时分配

2 学时

第十一课 翻译实践（4）우체국

教学目标

1. 能运用所学的翻译知识进行表达。

2. 能自如地翻译本课内容。

3. 复习并运用"不"和"没"。

4. 对韩语中"에""에서"的表达有所认识。

5. 掌握韩语中的常用句型：

"처음에 ... 요새는 ..."

"... 기 쉽다 / 힘들다 ..."

"... ㄹ 수도 있고 ... ㄹ 수도 있다"

383

"...V 는 / 은 길에"

"...V 는 대로"

教学内容

1. 内容参见 48—49 页。

翻译时：（1）要求学生能主动、大胆地表达。

（2）要求学生表达时要考虑说话的语境，不要受原文的干扰，要注意句子的完整性，并能自如地翻译本课内容。

（3）掌握词尾 "에" "에서" 的翻译。

2. 作业：预习《은행》中的短文。

教学重点和难点

1. "에" "에서" 的翻译。

2. 短文的表达。

学时分配

2 学时

第十二课　翻译实践（5）은행

教学目标

1. 能运用所学的翻译知识进行表达。

2. 能自如地翻译本课内容。

3. 复习并运用 "把" 字句。

4. 掌握韩语中的常用句型：

"... 걱정 했는데 이젠 마음이 놓이다"

"... 려던 참이다"

"... 되려면 아직 멀었다"

"...V 고 ... 니까 ..."

教学内容

1. 内容参见 50—51 页。

翻译时：（1）要求学生能主动、大胆地表达。

（2）要求学生表达时要考虑说话的语境，不要受原文的干扰，要注意句子的完整性，并能自如地翻译本课内容。

（3）掌握本文中常见的词语和句型。

2. 作业：复习《은행》中的短文。

教学重点和难点

1. "把" 字句。

2. 短文的表达。

学时分配

2 学时

第十三课　翻译实践（6）주말

教学目标

1. 能运用所学的翻译知识进行表达。

2. 能自如地翻译本课内容。

3. 复习并运用被动句。

4. 掌握韩语中的常用句型：

"... ㄴ 김에 ... 해야지요"

"... 까지 ..."

"...V 나마나 ..."

教学内容

1. 内容参见 52—53 页。

翻译时：（1）要求学生能主动、大胆地表达。

（2）要求学生表达时要考虑说话的语境，不要受原文的干扰，要注意句子的完整性，并能自如地翻译本课内容。

（3）掌握本文中常见的词语和句型。

2. 作业：复习《은행》中的短文。

教学重点和难点

1. 被动句。

2. 课外练习的表达。

学时分配

2 学时

第十四课　翻译实践（7）전화

教学目标

1. 能运用所学的翻译知识进行表达。

2.能自如地翻译本课内容。

3.复习并运用动量词和比较句。

4.掌握韩语中的常见句型：

"혹시 ... ㄹ 수 없을까요 ?"

" ...V/Adj 아도 ..."

注意 "메모, 따로, 집들이, 짜증 " 的表达。

教学内容

1.内容参见 54—55 页。

翻译时：（1）要求学生能主动、大胆地表达。

（2）要求学生表达时要考虑说话的语境，不要受原文的干扰，要注意句子的完整性，并能自如地翻译本课内容。

（3）掌握本文中出现的比较句和其他的常见句型。

2.作业：复习翻译练习 1—7。

教学重点和难点

1. ...V/Adj 아도 ...

2.比较句。

3.短文的表达。

学时分配

2 学时

下学期：

（使用自编教材）

第十五课　翻译实践（8）음식

教学目标

1.能运用所学的翻译知识进行表达。

2.能自如地翻译本课内容。

3.复习并运用动量词、比较句，扩展跟饮食有关的词语。

4.掌握韩语中的常见句型：

"어쩐지 ... 어더라"

" ...도 잘 V 고 ... 도 잘 V"

"N 같은"

"... ㄹ 만 ... 하다"

"...V 는 대로 ..."

教学内容

1. 内容参见 56—57 页。

翻译时：（1）要求学生能主动、大胆地表达。

（2）要求学生表达时要考虑说话的语境，不要受原文的干扰，要注意句子的完整性，并能自如地翻译本课内容。

（3）掌握本文中出现的常见句型。

2. 作业：复习本课内容。

教学重点和难点

1. 句中 "N 같은" "...V 는 대로 ..." 的表达。

2. 短文的表达。

学时分配

2 学时

第十六课　翻译实践（9）별원

教学目标

1. 能运用所学的翻译知识进行表达。

2. 能自如地翻译本课内容。

3. 复习并运用 "差点儿、又、再、之所以……是因为……"。

4. 掌握韩语中的常见句型：

"... ㄹ 뻔 했어요 ..."

"(월래)...V 이라서 ... ㄹ 줄 알다 "

"N₁ 만큼 ...N₂ 도 없을 것이다 / 많지 않다"

教学内容

1. 内容参见 58—59 页。

翻译时：（1）要求学生能主动、大胆地表达。

（2）要求学生表达时要考虑说话的语境，不要受原文的干扰，要注意句子的完整性，并能自如地翻译本课内容。

（3）掌握本文中出现的常见句型。

2. 作业：复习本课内容。

教学重点和难点

1. 언제부터 그렇습니까? 사흘전부터예요.

2. "又" 和 "再"。

3. 어떻게 하다가 이렇게 다치셨어요?

4. N_1 만큼 ...N_2 도 없을 것이다 / 많지 않다.

5. 补语的运用。

学时分配

2 学时

第十七课　翻译实践（10）빨래

教学目标

1. 能运用所学的翻译知识进行表达。

2. 能自如地翻译本课内容。

3. 复习并运用存现句和"几乎、都"，扩展跟洗衣相关的词语。

4. 掌握韩语中的常见句型：

"...V 자마자 ..."

"... 까지 ..."

"...NP 에 V "

"... ㄹ 까 봐"

教学内容

1. 内容参见 60—61 页。

翻译时：（1）要求学生能主动、大胆地表达。

（2）要求学生表达时要考虑说话的语境，不要受原文的干扰，要注意句子的完整性，并能自如地翻译本课内容。

（3）掌握本文中出现的常见句型。

2. 作业：复习本课内容。

教学重点和难点

1. 재킷에 무엇이 묻었군요.

2. 입자마자 더러워졌군요.

3. ... 까지 배달해 드리겠다.

388

4. 词语的选择、短文和课外练习的表达。

学时分配

2 学时

第十八课　翻译实践（11）운동

教学目标

1. 能运用所学的翻译知识进行表达。

2. 能自如地翻译本课内容。

3. 注意关联词的搭配和运用。

4. 掌握韩语中的常见句型：

"무슨 N 이든지"

"... 면 ..."

"... ㄹ 뿐만 아니라 ... 도 ..."

"... ㄹ 테니까 ..."

"... ㄹ 때마다 ..."

教学内容

1. 内容参见 62—63 页。

　　翻译时：（1）要求学生能主动、大胆地表达。

　　　　　　（2）要求学生表达时要考虑说话的语境，不要受原文的干扰，要注意句子的完整性，并能自如地翻译本课内容。

　　　　　　（3）要注意词语的选择。

　　　　　　（4）掌握本文中出现的常见句型。

2. 作业：复习本课内容。

教学重点和难点

1. 关联词的运用。

2. 对话 2 和短文的表达。

学时分配

2 学时

第十九课　翻译实践（12）지금 몇시나 되었지요？

教学目标

1. 能运用所学的翻译知识进行表达。

2. 能自如地翻译本课内容。

3. 复习并运用"越……越……"。

4. 掌握韩语中的常见句型：

"... 는 법이다"

"... 틀림없이 ... ㄹ 것이다"

"... 처럼 ..."

"... 기 원하다 / 바라다"

教学内容

1. 内容参见 64—65 页。

翻译时：（1）要求学生能主动、大胆地表达。

（2）要求学生表达时要考虑说话的语境，不要受原文的干扰，要注意句子的完整性，并能自如地翻译本课内容。

（3）要注意词语的选择。

（4）掌握本文中出现的常见句型。

2. 作业：复习翻译练习 8—12。

教学重点和难点

1. 时间的表达。

2. "... 는 법이다"、短文的表达。

学时分配

2 学时

第二十课　翻译实践（13）실수와 사과

教学目标

1. 能自如地翻译本课内容。

2. 能根据原文正确地选择词语，灵活地表达。

3. 注意关联词的搭配。

4. 掌握拆译、复指的方法。

教学内容

1. 内容参见 66—67 页。

翻译时：（1）要求学生能主动、大胆地表达。

（2）要求学生表达时要考虑说话的语境，不要受原文的干扰，要注意句子的完整性，并能自如地翻译本课内容。

（3）要注意词语的选择。

（4）掌握本文中出现的常见句型。

2. 作业：复习翻译练习 8—12。

教学重点和难点

1. 拆译、复指在短文中的运用。

2. 词语的选择，如对话中的"실수, 가벼운 인사, 신경 쓰지 않다 . 착각 ..."。

学时分配

2 学时

第二十一课　翻译实践（14）부탁합니다

教学目标

1. 能运用所学的翻译知识进行表达。

2. 能自如地翻译本课内容。

3. 掌握韩汉常用语的对应翻译。

教学内容

1. 内容参见 68—69 页。

翻译时：（1）要求学生能主动、大胆地表达。

（2）要求学生表达时要考虑说话的语境，不要受原文的干扰，要注意句子的完整性，并能自如地翻译本课内容。

（3）要注意词语的选择。

（4）掌握本课中常见的表达方式。

（5）提前给出翻译练习 15 的词语。

2. 作业：预习《세대차이》的对话。

教学重点和难点

1. 词语的选择。

2. 短文的表达。

学时分配

2 学时

第二十二课　翻译实践（15）세대차이

教学目标

1. 能运用所学的知识进行表达。

2. 能自如地翻译本课内容。

3. 注意词语的处理和增译的运用。

4. 掌握有关代沟的相关表达。

5. 掌握韩语中的常见句型：

"... 오히려 ..."

"... ㄹ 필요는 없잖아요？"

"... ㄹ 줄만 알았지，... ㄹ 줄 몰랐지"

"... 는 듯하면서 ..."

教学内容

1. 内容参见 70—71 页。

翻译时：（1）要求学生能主动、大胆地表达。

（2）要求学生表达时要考虑说话的语境，不要受原文的干扰，要注意句子的完整性，并能自如地翻译本课内容。

（3）要注意词语的选择。

（4）掌握本文中出现的常见句型。

2. 作业：复习本课内容，提交课外练习的作业。

教学重点和难点

1. 增译的运用。

2. 反而、倒、在意、何必……呢、只是……而已。

3. 对话 1.2。

学时分配

2 学时

第二十三课　翻译实践（16）결혼

教学目标

1. 能运用所学的翻译知识进行表达。

2. 能自如地翻译本课内容。

3. 注意词语的选择运用，扩展与本课相关的词语。

4. 复习并运用比较句，掌握韩汉常用语的对应翻译。

5. 掌握韩语中的常见句型：

"... 마련이다 ."

"...V 다가 보니 /V 고 보니 ..."

"... 면 ..."

"... 보다 ... 는 것이 좋다 ."

"... 차라리 ..."

教学内容

1. 内容参见 72—73 页。

翻译时：（1）要求学生能主动、大胆地表达。

（2）要求学生表达时要考虑说话的语境，不要受原文的干扰，要注意句子的完整性，并能自如地翻译本课内容。

（3）要注意词语的选择。

（4）掌握本文中出现的常见句型。

（5）给出翻译练习 17 的相关词语。

2. 作业：预习翻译练习 17。

教学重点和难点

1. 韩汉常用词的对应，如"국수 먹다、눈 높다、눈 낮추다 ..."。

2. 对话 2 的表达。

学时分配

2 学时

第二十四课　翻译实践（17）가정

教学目标

1. 能运用所学的翻译知识进行表达。

2. 能自如地翻译本课内容。

3. 注意词语的选择和情态补语的运用。

4. 复习运用"把"字句，掌握韩汉常用语的对应翻译。

5. 掌握韩语中的常见句型：

"... 면 좋겠구나 "

"... ㄹ 테니까 ...V 기나 하렴"

"... ㄹ 때만 ...V 더라"

"... ㄹ 어찌나 V 던지 ... "

"... 얼마나 Adj 는지 몰라요"

"...V 더라니 !"

教学内容

　　1. 内容参见 74—75 页。

　　翻译时：（1）要求学生能主动、大胆地表达。

　　　　　　（2）要求学生表达时要考虑说话的语境，不要受原文的干扰，要注意句子的完整性，并能自如地翻译本课内容。

　　　　　　（3）要注意词语的选择。

　　　　　　（4）掌握本文中出现的常见句型。

　　＊ 本节内容稍难，难在词语的选择，建议课前提前给出词语，降低难度。

　　2. 作业：复习翻译练习 13—17，提交本课的《과외연습》。

教学重点和难点

1."把"字句、补语的运用。

2. 对话 2 和短文的表达。

学时分配

2 学时

第二十五课　翻译实践（18）민간신앙

教学目标

1. 能运用所学的翻译知识进行表达。

2. 能自如地翻译本课内容。

3. 对韩国和中国的文化有所认识。

4. 复习并运用"别说……，就连……也不……""偏偏"和存现句。

5. 掌握韩语中的常见句型：

"... 하필이면 ... "

"...N 는 물론 N 도 V 지 않다 ."

"... 나름대로 ..."

"... 그렇듯이 ... 도 ..."

教学内容

1. 内容参见 77—78 页。

翻译时：（1）要求学生能主动、大胆地表达。

（2）要求学生表达时要考虑说话的语境，不要受原文的干扰，要注意句子的完整性，并能自如地翻译本课内容。

（3）要注意词语的选择。

（4）掌握本文中出现的常见句型。

2. 作业：复习本课内容。

教学重点和难点

1. "...N 는 물론 N 도 V 지 않다 ."

2. "... 그렇듯이 ... 도 ..."

3. 对话 1 和短文的表达。

学时分配

2 学时

第二十六课 翻译实践（19）사회의 이모저모

教学目标

1. 能运用所学的翻译知识进行表达。

2. 能自如地翻译本课内容。

3. 注意词语的选择和句子的完整性。

4. 复习因果复句、选择复句。

5. 掌握韩语中的常见句型：

"... 길래 ... "

"... 이라면 ..."

"... 이면야 ..."

"... 나 ... 한다든가 ... 한다든가"

"... 까지만 해도 ..."

"...V 더라니 !"

教学内容

　　1. 内容参见 79—80 页。

　　翻译时：（1）要求学生能主动、大胆地表达。

　　　　　　（2）要求学生表达时要考虑说话的语境，不要受原文的干扰，要注意句子的完整
　　　　　　　　性，并能自如地翻译本课内容。

　　　　　　（3）要注意词语的选择。

　　　　　　（4）掌握本文中出现的常见句型。

　　2. 作业：提交本课的《과외연습》。

教学重点和难点

　　1. 词语的选择、选择复句的运用。

　　2. 对话 1 和短文的表达。

学时分配

　　2 学时

第二十七课　翻译实践（20）생화과 신문

教学目标

　　1. 能运用所学的翻译知识进行表达。

　　2. 能自如地翻译本课内容。

　　3. 注意词语的选择和减译的运用，了解与本课内容相关的词语。

　　5. 掌握韩语中的常见句型：

　　"... 만큼 ... 도 없거든요 "

　　"...V 기로 ... 을 따른 게 있겠습니까 ?"

　　"뭐니뭐니 해도 ..."

　　"... 될 수 있는 대로 ..."

教学内容

　　1. 内容参见 82—83 页。

　　翻译时：（1）要求学生能主动、大胆地表达。

　　　　　　（2）要求学生表达时要考虑说话的语境，不要受原文的干扰，要注意句子的完整
　　　　　　　　性，并能自如地翻译本课内容。

（3）要注意词语的选择。

（4）掌握本文中出现的常见句型。

2. 作业：提交本课的《과외연습》。

教学重点和难点

1. 词语的选择、句子的连贯。

2. 对话 2 和短文的表达。

学时分配

2 学时

第二十八课　翻译实践（21）세월이 참 빠르군요！

教学目标

1. 能运用所学的翻译知识进行表达。

2. 能自如地翻译本课内容。

3. 掌握与本课相关的韩汉常用语的对应翻译。

4. 掌握韩语中的常见句型：

"... 면 얼마나 좋겠어요？"

"... 하던 때가 엊그제 같은데 벌써 ..."

"... 오늘 따라 왜 이렇게 ... ㄹ까요？"

"... 만 해도 ... "

"... 하는 생각을 한 번 쯤 한다"

"... 되고 나면 그때부터에는 ... 게 된다."

教学内容

1. 内容参见 84—85 页。

翻译时：（1）要求学生能主动、大胆地表达。

（2）要求学生表达时要考虑说话的语境，不要受原文的干扰，要注意句子的完整性，并能自如地翻译本课内容。

（3）要注意词语的选择。

（4）掌握本文中出现的常见句型。

2. 作业：复习翻译练习 18—21，提交本课的《과외연습》。

教学重点和难点

1. 词语的选择、句子的完整性。

2. 对话 1.2 的表达。

学时分配

2 学时

四、实践环节及要求

本课程主要为翻译实践课，要求学生多进行翻译练习，教师在教学时应采取"实践＋总结＋归纳，巩固＋讨论"的方法，即以学生表达、讨论为主，以教师讲授为辅，以培养学生的表达能力为主，以教师的总结、引导为辅。具体方法为：

（1）实例分析。通过实例翻译（翻译单句或短文）提出问题并解决问题。

（2）巩固练习。理论部分的练习是作为巩固本章所学知识而设计的，翻译练习中的内容是根据功能设计的。教师要让学生对问题进行讨论、评价，指出译得好的好在哪里，译得不好的错在哪里，应该怎样译，为什么要这样译。这样，学生通过自己的实践和讨论，就能更生动、更具体、更深刻地理解各种翻译技巧，并初步形成运用这些技巧的能力。

教师在分析、讨论的基础上再加以讲解、归纳。在讲解时，教师应抓住理解和表达这两个环节，抓住词语、句子和篇章这三个层次，并对韩语和汉语的异同进行必要的对比，强调在表达时要注意语境，要注意在不同情况下做灵活处理，防止"翻译腔"。

五、课程学生成绩评定

成绩评定方式表

考核环节	百分比（%）	考核／评价细则
平时成绩	30	考勤、作业、课堂表现（包括课堂小考成绩、学习态度）
期末成绩	70	考试形式为闭卷笔试，客观题占 20%—30%，主观题占 70%—80%

六、教学资源

课程的基本教学资源

资源类型	资源
教材	自编教材
参考书目	《한국어》(1-5), 연세대학교 한국어학당, 연세대학교출판부, 1996년-2005년 《국어문법》, 서정수, 집문당, 2013년 《표준국어문법론》(제4판), 남기심、고영근, 박이정, 2014년 《现代汉语八百句》, 吕叔湘, 商务印书馆, 1980年 《语法讲义》, 朱德熙, 商务印书馆, 1982年 《实用现代汉语语法》, 刘月华、潘文娱、故韡, 外语教学与研究出版社, 1983年 《实用翻译教程》, 范仲英, 外语教学与研究出版社, 1994年 《中国翻译教学研究》, 穆雷, 上海外语教育出版社, 1999年 《朝汉语语法对比》, 柳英绿, 延边大学出版社, 1999年 《汉语语义学》, 贾彦德, 北京大学出版社, 1999年 《韩汉范畴表达对比》, 崔健, 中国大百科全书出版社, 2002年 《现代汉语语法研究教程》, 陆俭明, 北京大学出版社, 2003年 《文体与翻译》(第二版), 刘宓庆, 中国对外翻译出版有限公司, 2012年